Helmut Tietz • Die sieben Monde

Manche Leute behaupten,
bei den Hippies ginge es nur
um Drogen und Sex.

Sie haben völlig recht.

Aber eigentlich ging es
um etwas ganz Anderes ...

Helmut Tietz

Die sieben Monde

Ein Hippie erzählt seine Geschichte

Autobiografie

Bibliografische Information der Deutschen Nationalbibliothek
Die Deutsche Bibliothek verzeichnet diese Publikation in der
Deutschen Nationalbibliografie; detaillierte bibliografische
Daten sind im Internet über http://dnb. dnb.de abrufbar.

www.medu-verlag.de

Helmut Tietz
Die sieben Monde
Ein Hippie erzählt seine Geschichte
Autobiografie
© 2018 MEDU Verlag
Dreieich bei Frankfurt/M.
Lektorat: Carl Thormann
Bilder im Innenteil:
© Helmut Tietz / Antonia Blasi (Landkarten)
Coverillustration:
© Michael Engelhardt „Am Strand von Imjambakam"
Umschlaggestaltung: im Verlag

Printed in EU

ISBN 978-3-96352-019-8

Für Jonathan, Christoph, David
und alle, die auf der Suche sind

Inhalt

TEIL I

1.	Panjim	11
2.	Vagator	20
3.	The House Of The Rising Sun	29
4.	Do what you like	33
5.	Norbert	43
6.	Straße nach Asien	52
7.	Durchs wilde Kurdistan	61
8.	Herat	67
9.	Licht in Kabul	75
10.	Taxi Himalaya	80
11.	Feuer über Amritsar	88
12.	Varanasi	96
13.	Andrea	104
14.	Writing A Book	114
15.	Shivas Abschiedslied	121

TEIL II

16.	Brennendes Gold	131
17.	Harehare Berlin	138
18.	Die Party	147
19.	Der Geist in den Wassern	160
20	Wer hat die Kokosnuss geklaut?	167
21.	Tu le fais bon!	171
22.	Die letzte Reise	175
23.	Das Gatter	183
24.	Bob Dylan und die Biene Maja	195
25.	Jog Falls – you blow my mind	203
26.	Sai Baba und Jesus	210

Teil III

27.	Whitefield	229
28.	No paisa	235
29.	„Everest"	250
30.	Heilige Inder	254
31.	Auf der Schweibenalp	269
32.	Wer ist Babaji?	274
33.	Haidakhan	279
34.	Guru Darshan	293
35.	Auf der Erde	296
36.	Auf dem Mond	301
37.	Der Anfang	308
Epilog		313
Danksagung		315
Über den Autor		316

Teil I

1 Panjim

Panjim. Eine kleine Hafenstadt am Arabischen Meer. Doch immerhin die Hauptstadt des indischen Bundesstaates Goa. Nicht vergleichbar mit ihren Kolleginnen Delhi, Kalkutta, Bangalore oder Bombay. Neben diesen Millionenmolochen ist Panjim eher ein Provinznest, aber mit Charme, small and beautiful, mit einstöckigen, weißen Häuschen zwischen Kokospalmen, kleine Parks, Kirchen, ein Fischmarkt, freundlichen, quirligen Menschen mit dunkelbrauner Hautfarbe und vielen Booten auf dem Wasser des Mandovi Rivers, einem breiten Fluss, der aus dem Hinterland strömt und hier ins Meer mündet. Früher war Goa eine portugiesische Kolonie, mit einer großen, blühenden Vergangenheit. Ozeanriesen kamen hierher, als die Seemacht Portugal auf allen Kontinenten Stützpunkte unterhielt und Handel mit exotischen Produkten betrieb, was dem Land zu ungeheurem Reichtum verhalf. Drei solcher Handelsschiffe täglich fuhren hier ein und aus, dreimastige Galeonen, die auf den Weltmeeren zu Hause waren und hier im winzigen Goa landeten sie, wurden vollgepackt mit exotischen Kräutern und Gewürzen, Kaffee, Pfeffer, Zimt und Kardamon, Bananen, Popeias, Mangos, Kokosnüssen und natürlich Edelsteinen, Gold und Silber. 300000 Menschen sollen um den Hafen herum gelebt haben, in einer Stadt, die größer war als Lissabon oder London, mit Palästen, Prachtstraßen und vielen katholischen Kirchen.

300 Jahre später, im Jahre 1973, saß ich auf den Stufen eines Denkmals, am Hafen von Panjim. In meiner Fantasie sah ich diese herrlich geschmückten, stolzen Prachtschiffe vom Ozean her hereinschweben und das Ufer ansteuern, dort wo ich bequem alles überblicken konnte. Das muss ein Getriebe gewesen sein, ein Lärm, ein Gewusel von Menschen, die in der heißen Sonne die Schiffe be- und entluden, zentnerschwere Lasten auf dem Buckel schleppten, sich um Proviant, die Takelage, die Rei-

nigung, Geldgeschäfte kümmerten. Waren aus Europa kamen von Bord, Schätze aus Indien rein, alles in Handarbeit, rund um die Uhr. Hunderte von Menschen müssen auf dem Hafenvorplatz wie die Ameisen herumgerannt sein, jeder mit seiner Aufgabe, dazwischen Pferdekutschen, in denen Geschäftsleute und Passagiere im feinen Zwirn chauffiert wurden.

Von der damaligen Hochkultur existieren heute nur noch ein paar Ruinen, Portugiesen gibt es keine mehr. Die wurden 1961 in einem blitzschnellen Militärstreich aus dem Land gejagt, kurz vor Weihnachten, als die wenigen Soldaten auf Heimaturlaub waren, oder mit dem Kokosnussschnaps Fenni auf eine stille Nacht, heilige Nacht anstießen. Ein geschickt eingefädelter Coup!

Übrig blieb die Erinnerung an eine glorreiche Zeit, ebenso wie gut gepflegte Kokospalmenplantagen, die bis ans Meer heranreichten. Und dort entdeckten die Weltenbummler der 60er-Jahre die schönsten Strände des Planeten, herrliche, breite Strände mit feinstem Sand, oder kleine, versteckte Buchten, die man erst nach einem langen Fußweg erreichte, andere, direkt vor den Ortschaften gelegen, schnurgerade und kilometerlang, wie Calangute und Colva Beach. Dort blieben sie ein paar Wochen oder Monate und genossen ein paradiesisches Leben, wie man es sich schöner nicht vorstellen kann.

Oh! Ein Zuschauer, ein Zuhörer, ein Leser! Willkommen! Es freut mich, lieber Leser, liebe Leserin, dass du dieses Buch in die Hände bekommen hast. Ich möchte dir gerne meine Geschichte erzählen. Da sind so irre, unglaubliche Sachen dabei, die ich die ganzen Jahre in meinem Kopf herumgetragen habe. Die waren dort ganz gut aufgehoben, denn dort gehören sie eigentlich hin, denn wen, außer mir, geht meine Geschichte etwas an? Aber in mir lebt ein Unruhegeist, der immer wieder mal stichelte, ich solle sie doch aufschreiben. Ich habe ihn ignoriert, denn zum Geschichtenschreiben war niemals Zeit. Alles andere war immer wichtiger. 20 Jahre lang habe ich diesen Unruhegeist ignoriert. Dann wurde er zum Quälgeist. Er führte alle möglichen Gründe an, doch endlich damit anzufangen. Mein Quälgeist und ich sind eigentlich sehr gute Freunde. Wir leben seit Jahrzehnten auf engstem Raum friedlich zusammen. Wir verstehen uns gut. Er ist mein ständiger Begleiter und Berater in allen Lebenslagen. Probleme gibt es allerdings, wenn ich auf seine Stimme nicht hören will. Im schlimmsten Fall werde ich dann krank oder verletze mich. Das ist für mich ein liebevolles Zeichen, dass die Richtung nicht mehr stimmt. Das war der Fall. Weil mein Quälgeist sehr liebevoll quält, brachte er auch noch meinen Lieblingsmusiker Neil Young ins Spiel, der in einem Song den persönlichen Rat gibt: „You gotta tell your story, boy, you know the reason, why ..."

Die beiden haben mich schließlich überzeugt. Also habe ich mir einen wunderschönen Bauwagen schenken lassen, auf die Bergwiese oberhalb meines Wohnhauses gestellt, gemütlich hergerichtet und hübsch angemalt. Dorthin zog ich mich zurück und nahm mir vor, ab und zu ein Kapitel zu schreiben. Im ersten Jahr schaffte ich ein Kapitel, im zweiten Jahr zwei Kapitel, im dritten Jahr schon drei, es wurden immer mehr, bis ich schließlich sogar Spaß daran hatte, die leeren Blätter auf dem Schoß vollzuschreiben. Im Winter fahre ich gerne irgendwo in den Süden an einen sonnigen Strand und nehme ein paar Blätter Papier und einen Stift mit. Auch dort lässt es sich vortrefflich schreiben.

Ich will mich kurz vorstellen. Ich heiße Ernst. Von Beruf bin ich Geschichtenerzähler. Nein, nicht ganz, ich erzähle keine Geschichten, ich schreibe sie, also bin ich Schriftsteller, das heißt, vielleicht darf ich mich so nennen, wenn das Buch fertig ist, denn dies ist mein erstes.

Die Geschichten, die ich erzählen möchte, hatten sich hauptsächlich während meiner Reisen nach Indien ereignet. Seitdem bin ich ein anderer Mensch. Ein wohliger Schauer streicht mir den Rücken herunter, wenn ich daran denke. Aber davon kommt später mehr.

13

Wo waren wir stehen geblieben? Bei dem Paradies, das die Weltenbummler entdeckt haben. Natürlich hat sich das herumgesprochen. Aus Amerika, Australien und Europa zuerst setzte sich die Jugend in Bewegung. Indien hieß das Zauberwort.

Na ja, nicht alle kamen, sondern nur die, die, so wie ich, genug hatten vom trockenen Universitätsstudium, solche, die nicht an die Karriere als Lebensziel glaubten, die anders leben wollten als ihre Eltern und Großeltern, oder einfach von der Faszination gepackt wurden, in die große, weite Welt zu reisen. All das war bei mir der Fall.

Eigenartigerweise wurden bei all diesen Menschen, die diesen Drang verspürten, die Haare immer länger, die Kleider immer bunter und der Horizont immer weiter. Man nannte sie Hippies. Zuerst gab es sie in San Francisco. Dort tanzten sie auf den Straßen mit Blumen im Haar. Sie setzten sich ein für Frieden und Liebe, was ja in den Zeiten des Kalten Krieges und Vietnam nichts Schlechtes, sondern dringend notwendig war. Diese Bewegung schwappte in Begleitung der Popmusik und einem neuen, frischen Lebensgefühl von Amerika über den ganzen Planeten bis zu mir nach Deutschland herüber und so war ich eines Tages selbst ein Hippie und saß Ende Februar des Jahres 1973, wie ich schon sagte, hier am Hafen von Panjim auf den Stufen eines Denkmals. Ein bunter Beutel mit meinem gesamten Hab und Gut über der Schulter, mit exotischen Klamotten am Leib, langen orangerot gefärbten Haaren. Malaketten um den Hals, so ließ ich meinen Blick über den Hafenvorplatz schweifen.

Der Geräuschpegel war heute vermutlich ähnlich wie damals im 17. Jahrhundert, aber jetzt lärmten Maschinen, LKWs und Fischerboote. Statt Portugiesisch rief man in Englisch und Konkani, der Sprache Goas. Taxis und Motorrikschas bahnten sich den Weg durch die Menschenmenge, Busse luden Fahrgäste ab, voll beladene Ochsenkarren brachten verschnürte Bündel, Koffer und Kisten. Händler übertrafen sich gegenseitig im Anpreisen von Souvenirs, Tüchern und Kleidern aus Karnataka, Malas und Götterfiguren aus Messing, sie schrien um die Wette, um den Reisenden noch Souvenirs, warme Speisen, coole Drinks und heißen Chai zu verkaufen.

Lange beobachtete ich Hunderte von Menschen, die sich mit ihrem Gepäck aus dem Chaos herauslösten und wie im Sog über die Gangway in den Bauch des Schiffes gezogen wurden. Viele Hippies waren darunter. Sie wollten zum Flughafen nach Bombay oder in den Norden in die Täler der Himalayaberge oder nach Nepal auf der Flucht vor der Hitze Südindiens, die bald unerträglich werden würde.

Jeden zweiten Tag gab es die gleichen Bilder, die gleiche Hektik. Heute fuhren keine Ozeansegler mehr, es waren nur noch zwei Passagierdampfer, die im Wechsel die Route Goa – Bombay bedienten. Einer davon hatte am Morgen angelegt und sollte am Nachmittag den Hafen verlassen: Die Panjim, benannt nach dieser Stadt.

Dieses Schiff hatte ich fest im Blick, ein stattlicher Dampfer, schneeweiß mit zahlreichen Roststellen, schwarzer Rauch stieg bereits aus seinen Schloten. Bald sollte er ablegen. Ich wurde nervös.

Vor zweieinhalb Monaten war ich hierhergekommen, am Heiligabend. Seit sechs Uhr am frühen Morgen hatte sich der Zug mit der Dampflok von Bombay über Belgaum nach Margao, dem Hauptbahnhof von Goa, langsam durch den bergigen Urwald gekämpft. Wir waren zu zweit. Mein Begleiter hieß Krishna und war Hindu-Sadhu. Krishna war eine pittoreske Erscheinung, er hatte lange, braune, verfilzte Haare, einen langen Bart mit weißen Strähnen, der seine tiefdunkle Haut halb verdeckte, klare, hellwache, schwarze Augen und ein für Sadhus typisches orangenes Gewand, das Gaon, das bis zu den Füßen reichte. Sein Hals war genauso wie meiner reichlich mit Ketten behängt, Malas, die beim Meditieren und Rezitieren von Mantras hilfreich sind. Sadhus sind die „heiligen Männer" Indiens, sie pilgern durch das Land, auf den Spuren Shivas, der höchsten Gottheit. Sie haben keinen Besitz, werden respektiert, manchmal auch hoch angesehen oder einfach nur geduldet und durchgefüttert.

Krishna war schon während meiner Zeit in Benares Stammgast auf dem Ganges-Hausboot gewesen. Hier war die bevorzugte Wohnadresse der Hippies. Er hielt sich gerne in unserer Nähe auf. Hier gab es warme Mahlzeiten, Chai und Charas, eine Tabakbeimischung, die er gerne in seine Zigaretten krümelte. Oft waren wir beide durch Benares gelaufen. Er kannte alle Tempel in der Stadt und überall war er bekannt. So lernte ich viele Tempel auch von innen kennen, was manchen Touristen verwehrt wurde. Die vielen Götter interessierten mich nicht besonders, aber ich liebte den Duft der Räucherstäbchen, das Gebimmel der vielen Glöckchen, die Blumen auf den Altären, die Farben und das Prasad, leckere Süßigkeiten, die die Tempelbesucher geschenkt bekamen.

Gerne nahm er meine Einladung an, mit mir in den Süden zu reisen, denn auch in Benares fallen im Winter die Temperaturen schon mal unter 20 Grad und nachts in den Tempeln, wo er übernachtete, konnte es unter seiner leichten Decke „tandi, tandi, both", richtig kühl werden.

Für die 1800 Kilometer und zwei Tage lange Bahnfahrt mit dem Varanasi-Bombay-Express leistete ich mir ein Sleeper Ticket mit Fensterplatz. Als Student kostete mich das Ticket in der zweiten Klasse ganze acht DM, was jedoch eine ganze Menge Rupien waren. Krishna konnte als Sadhu in der dritten Klasse umsonst mitfahren. Bei den vielen längeren Aufenthalten trafen wir uns wieder auf dem Bahnsteig, vertraten uns die Beine, kauften Bananen und Chai und Krishna konnte allen Leuten lebhaft erzählen, dass er mit dem Mann aus Dschermani bis nach Goa unterwegs war. Natürlich konnte er auch gleich loswerden, dass er von Manali im Norden bis zur Südspitze in Kannyakumari alle Landschaften des indischen Kontinents bereist hatte. Er hatte immer viele Zuhörer, und so wurde auch ich als sein Begleiter freundlich behandelt, denn solange ich reicher Europäer in Krishnas Nähe war, brauchten sie ihm nichts zu geben. Zur Weiterfahrt kehrte ich zu meinem Fensterplatz zurück und schaute mir im Lotossitz stundenlang die vorbeiziehenden indischen Länder an. Das war so wie in Atkinsons Ghandi-Film, nur noch echter und hautnah selbst erlebt, und nie wurde es langweilig.

So kamen wir also am 24. Dezember pünktlich zu Weihnachten am Bahnhof in Margao an, zwei barfüßige Langhaarige, dreckig, fix und fertig von der langen Bahnreise, neugierig auf das, was da auf uns zukam. Es wurde richtig heiß und das gefiel mir. Wir stärkten uns an einem der unzähligen Chai-Shops mit Baji, einem goanischen Kokosnussgemüse, das hier im Süden wieder ganz anders schmeckte als am Ganges und lecker scharf war.

Für die nächste Etappe organisierten wir die Busfahrt nach Panjim. Die musste man auf sich nehmen, um an die Strände im Norden Goas zu gelangen, denn dort wollten wir hin. Immer, wenn ein Bus gefüllt war, spurtete er los und bald waren wir in der Hauptstadt, so wie jetzt gerade wieder.

Daran musste ich denken, nicht einmal zweieinhalb Monate war das her. Dabei hatte ich die großartigste Zeit meines Lebens erlebt und Welten kennengelernt, die mein Weltbild und Fundament grundsätzlich verändert hatten, von der Zeit an den Stränden, an die Begegnungen mit vielen Freaks aus aller Welt, an die Bucht von Vagator, wo wir wochenlang wie Adam und Eva hausten. An die unvergessliche Party von Anjuna musste ich denken und dann natürlich auf die Begegnung oben auf dem Berg, wo sich mir der Himmel öffnete.

Von all dem möchte ich erzählen, lieber Leser, wenn ich nur wüsste, mit was ich anfangen sollte…

Die Bordsirene heulte, sie war über die ganze Stadt und die umliegenden Strände zu hören, und holte mich schlagartig aus meinen Gedanken. Menschenmassen strömten immer noch über die Gangway an Bord, die letzten Taxis fuhren vor, die

Rufe der Händler wurden lauter, um schnell noch ein paar Last-Minute-Rupien zu ergattern.

Wegen der Panjim war ich hier. Meine Zeit in Goa war abgelaufen. Alle Zeichen zeigten auf eine Heimkehr nach Deutschland. Dieser Dampfer sollte mich über die erste Etappe nach Bombay bringen. Es gab nur ein kleines Problem: Ich hatte keinen Pass, kein Ticket und – kein Geld.

Noch konnte ich mich nicht rühren. Das Herz schlug mir bis zum Hals. Aber ich hatte keine andere Wahl.

Brian, der Engländer, der am Strand von Vagator lebte, wusste, dass die Fahrkarten an Bord verkauft würden, am Eingang gäbe es keine Kontrollen. Es stimmte, dort stand niemand. Zunächst konnte also gar nichts passieren. Danach würde es spannend werden. Die Sirene heulte wieder. Ich musste los. Wie in Trance stand ich auf, hängte mein bescheidenes Hab und Gut – einen kleinen Stoffbeutel – über die eine Schulter, eine Trommel über die andere, klemmte eine Decke unter den Arm, marschierte hinüber zum Aufgang, verschmolz mit der Menge auf der Gangway und schon war ich oben auf dem Schiff.

So einfach wird man blinder Passagier.

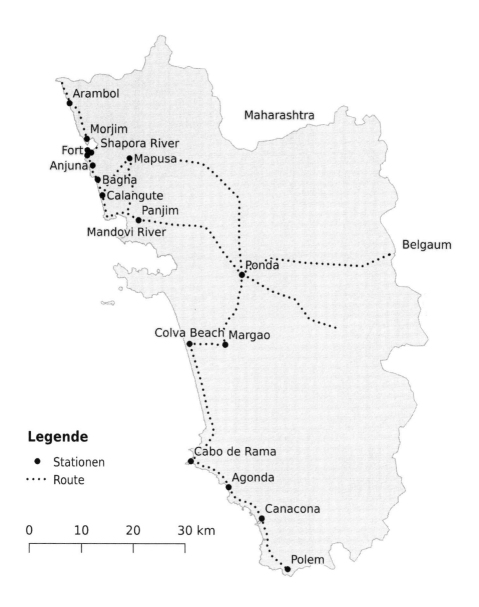

Karte von Goa

2 Vagator

Bald waren wir auf dem Meer, dem arbi samudra, dem Arabischen Meer. Ich stand an der Reling und beobachtete gebannt den Palmensaum an der Küste. Eine Gänsehaut überkam mich. Die ganze Küste von Nordgoa lag am nahen Horizont. Jeden Strand hatte ich besucht, Calangute, Bagha, Anjuna, Vagator, Arambol bis Querim am Terekhol River, der Grenze nach Maharashtra. Von Panjim bis zum Fort im Norden hatte ich jeden Küstenmeter barfuß abgelaufen, durch feinsten Sand über die schönsten Strände der Welt, aber auch über die steinigen Hügel, die die Dörfer voneinander trennen, oft bei unerträglicher Mittagshitze auf glühenden, steinigen Pfaden, und einmal in einer unvergesslichen Vollmondnacht. Hier war ich zu Hause. Hier erlebte ich jeden Tag eine neue Geschichte, die aber in Wirklichkeit eine einzige war.

Das alles lag plötzlich wieder lebendig vor mir. Wie einen Film erlebte ich die in Zeitlupe vorbeiziehende Küste und die Erlebnisse der letzten drei Monate, die Ankunft in Goa, mein Leben in Vagator, die Begegnungen mit den vielen Freaks aus aller Welt, die Ausflüge in das Land und Reisen in mein Unterbewusstsein und in Welten, die jenseits meiner bisherigen Vorstellungskraft lagen.

Und ich verschmolz mit dem Film und erlebte die ganze Reise noch einmal:

Krishna und ich waren also am Busbahnhof von Panjim angekommen, doch plötzlich hatte ich Krishna aus den Augen verloren und fand ihn auch nach langem Suchen nicht wieder. Ich wollte aber bald am Zielort Vagator sein und setzte die Tour alleine fort, mit dem nächsten Bus. Um Krishna brauchte ich mich nicht sorgen, irgendwann würden wir uns schon wieder über den Weg laufen. Am Nachmittag erreichte ich in Calangute endlich den weißen Sand unter Palmen und das Meer.

Der Tipp für Vagator kam von Mark, einem Engländer, der schon seit Monaten mit seiner Freundin Jenny unterwegs war. Ich hatte ihn im Zentrum von New Delhi, am Connaught Place getroffen. Er lebte dort auf dem Dach eines Hotels, das für Hippies und Backpackers Schlafplätze für einen Dollar die Nacht vermietete. Mark und Jenny waren gerade bei einem „neuen" Guru gewesen, der auf dem Mount Abbu in Rajasthan viele Anhänger aus dem Westen um sich scharte und mit diesen in Poona einen Ashram gründen wollte. Er wurde bald als „Baghwan" oder später „Osho" weltbekannt und zigtausende Schüler strömten zu ihm. Ich erzählte ihm, dass ich irgendwo nach Goa wollte und Mark meinte: „Go to Vagator, Vagator is the most beautiful beach in Goa." So wurde also Vagator mein neues Ziel und ich fragte mich durch. Obwohl überall Busse fuhren, Riksha- und Taxifahrer stimmgewaltig mit Händen und Füßen ihre Vehikel anpriesen, wollte ich aber die letzten Kilometer zu Fuß am Meer entlang laufen. Allein zu sein fand ich dann auch wieder ganz angenehm. Krishna traf ich natürlich später wieder, als er mit einer Gruppe Italiener durch Vagator zog.

Von der Reling aus konnte ich die Strände gut erkennen. Ich sah Calangute, das ich seiner vielen Drogenjunkies, den Heroinsüchtigen wegen schnell passiert hatte, Bagha Beach, wo ich die erste Nacht am Strand verbrachte, und den Berg zwischen Bagha und Anjuna. In Anjuna hatte ich eine von diesen tollen Partys von Weltruhm miterlebt. Das war der Hammer in der Februar-Vollmondnacht! Natürlich erlebte jeder dieses Ereignis wohl auf seine Art. Für mich war es weniger die Party, die so umwerfend war, sondern die Folgen, der Film, der Trip, der in mir ausgelöst wurde. Mit diesem Film im Kopf stand ich nun an der Reling und schaute mir diese noch ziemlich frische Erinnerung aus einigen Kilometern Entfernung wie einen Flashback noch einmal an und konnte es nicht fassen, dass ich das alles erlebt hatte, nicht einmal vier Wochen war das her:

Hier hatte ich in einer Vollmondnacht ein Erlebnis, das zu den Highlights in meinem Leben zählt. Gebannt sah ich die Palmen von Anjuna und Bagha und den roten Berg, den ich in jener Nacht überquerte. Dort verlor ich alles, was ich hatte, mein Geld, meine Papiere und Klamotten, aber ich gewann mein Leben.

Das war am Vollmond. Ich hatte mich von der Party entfernt und war die ganze Nacht alleine unterwegs, zwischen Palmen, Erde und Planeten. In dieser Nacht hatte sich der Himmel geöffnet. Die Welt bestand nur aus mir, dem Mond und den Planeten und der Kraft, die alles zusammenhält. Gebannt starrte ich auf diese Silhouette am Horizont und entschwebte mit meinen Gedanken auf diese denkwürdige Nacht, ich sah, wie sie begann, wie sie verlief, was dann passierte. Ich schloss die Augen, träumte die Geschichte noch einmal, ein kalter Schauer lief mir den Rücken herunter und als ich erwachte, war der Berg von Bagha aus dem Bild ebenso entschwebt wie der weiße Strand von Anjuna mit seinen Kokoshütten, wo diese Nacht begann und ich war wieder im Jetzt, denn der nächste Berg tauchte auf, der zwischen Anjuna und Vagator, obwohl diese Erhebung von Weitem eher wie ein Hügel aussah, in der Wahrnehmung eines Wanderers allerdings war das schon ein richtiger Berg.

Bei meiner Ankunft hatte ich diesen Berg auf einem schmalen, mörderisch heißen und gefährlichen Pfad in der Mittagshitze passiert. Oft war ich mit den nackten Füßen auf dem Geröll ausgerutscht und kam nur langsam vorwärts, steil unter mir klatschte die Brandung an die Klippen. Meine Adidas-Schuhe hatte ich verschenkt, ich wollte Indien wie ein einfacher Sadhu erleben, mit den Füßen erspüren. Das ist mir auf diesem Pfad besonders gut gelungen. Und ich lernte, durchzuhalten, nicht aufzugeben. Ich konnte ja auch nicht zurück. So erreichte ich kurz vor einem umwerfend herrlichen Sonnenuntergang in Glutrot mein Tagesziel, den Strand von Vagator:

Hinter dem letzten Felsen lag unter mir ein Traumstrand, wie im Paradies: Weißer Sand, Hunderte von Palmen auf Terrassen einer kleinen Bucht, keine Menschen waren zu sehen. Im Zauberlicht der untergehenden Sonne ein Anblick, der alles Erlebte nochmals übertraf.

Und das an Weihnachten.

Der Blick zurück ging weiter: Ich kletterte den Pfad hinunter, dort passierte ich die erste Hütte aus Palmenblättern, vor der ein eng umschlungenes Pärchen saß und die untergehende Sonne betrachtete. Sie begrüßten mich mit einem freundlichen „Hello" und wandten sich wieder dem Schauspiel auf dem Meer zu.

So kam ich an den Strand, und ich genoss endlich wieder den warmen, weichen Sand unter meinen Füßen, das war eine Wohltat nach der Selbstkasteiung auf dem Lavageröll. Hier setzte ich mich erst einmal nieder. Auch ich war ganz von der Sonne in den Bann gezogen, als die Feuerkugel unaufhaltsam immer tiefer schwebte, schließlich den Horizont erreichte und jede Sekunde immer mehr von dem vergehenden Tag abgeben musste und dabei die Welt von einem gelb-orange in ein orange-rot verwandelte und das wurde rot und dann rot-purpur, es war unglaublich spannend. In dem Moment, als der letzte Lichtschein im Meer versank, wurde plötzlich die bis dahin herrschende Stille zerrissen, überall zwischen den Palmen ertönten Trötlaute wie Schiffssirenen, das waren geblasene Muscheln und Rufe wie Boom Shankar und Om Shivay, die die Göttin Sonne verabschiedeten und die Nacht begrüßten. Ich sah, dass Feuer angezündet wurden, ich hörte Stimmen und Gelächter von den Terrassen, das Theater war zu Ende und das gespannte Auditorium löste sich auf und verwandelte sich in eine belebte Szene. Auch ich kam wieder zu mir und hatte Lust, wieder unter Menschen zu sein. Ich stand auf und wurde von zwei Palmhütten angezogen, die nicht weit entfernt als einzige „Gebäude" auf dem Sand standen.

Das waren die beiden Chai-Shops von der Mama und von Wishwash. Hier war das Zentrum von Vagator Beach. Wishwash war gerade 16 Jahre alt, alleine und selbstständig. Die Mama führte ihren kleinen Betrieb mithilfe ihrer fünf Kinder und ihrem Mann.

Hier landete ich zuerst, bekam einen leckeren Tee für meine ausgetrocknete Kehle und ein sabsi mama, die beliebte Vagator-Spezialität. Zwischen den sonnigen, strahlenden Gesichtern fühlte ich mich gleich sehr wohl und blieb lange sitzen. Auch einige Strandbewohner verbrachten hier den Abend, einer klampfte gemütlich auf seiner Gitarre.

Ich erfuhr, dass man sich auf den Terrassen seine eigene Hütte bauen konnte, das Material dazu gab es im Dorf oberhalb der Klippen. Viele Hippies hatten das getan, wie es am anderen Morgen nach einer herrlichen Nacht am Strand unter leuchtenden Sternen sichtbar wurde. Bis in die höchsten Terrassen hinauf konnte ich Palmhütten locker verstreut unter den Kokospalmen erkennen, ab und zu war auch ein buntes Zelt dabei, aufgehängte Wäsche, Typen, die im Schatten Gitarre spielten, meditierten, kochten, lasen, einfach so da waren. Eine bunte Mischung origineller Typen aus aller Welt war hier versammelt und genoss den schönsten Platz der Erde.

Bald fand ich „meinen" Platz: Ein Traumgrundstück, eine zimmergroße, schattige Terrasse auf der ersten Etage, gleich neben einer Wasserquelle, nicht weit zum Strand. Ich besetzte ihn mit meinen Sachen, kraxelte zweimal hoch ins Dorf, besorgte Bambusstangen und geflochtene Palmblätter, verschnürte alles zu ein paar Wänden und vor Sonnenuntergang war mein erstes eigenes Haus gebaut, mit Dach und einem Fenster zum Meer. Die Einrichtung war einfach. Das Bett bestand aus einer Kokosmatte mit einer leichten Baumwolldecke, als Küche bot sich eine Ecke zwischen den Felsen an, in die eine natürlich gewachsene Feuerstelle passte und eine große Indienkarte an der Wand mit vielen abenteuerlichen Reisezielen diente als Traumfabrik. Bald brannte das erste Feuer und verhalf mir zur ersten Tasse duftendem Tee.

Ich war zu Hause angekommen.

Es war ein unbeschwertes Zuhause, wie ich seitdem keines mehr vorgefunden habe. Es gab keine Verpflichtungen, keine Prüfungen, keine Telefonate, keine Termine, keinen Stress. Ich war für nichts und niemanden verantwortlich, nur für mich selbst. Ich wurde von niemandem geweckt und zur Arbeit geschickt. Der Wecker waren die Wellen und die Sonne, die, sobald sie über die Felsen spitzte, die Luft so schnell erwärmte, dass man es im Bett nicht mehr aushielt und eine Runde im Meer schwimmen musste. Danach verlangte aber der Magen nachdrücklich sein Frühstück. Das bestand aus einem Chai mit Porridge oder Milchreis mit ganz vielen Früchten drin, Bananen, Guavas, Papayas, Kokosnuss und Honig oben drüber. Ein Traum von Frühstück, das einen großen Teil des Vormittags in Anspruch nahm. Aber man hatte auch faule Tage. Da ging man nach einer Katzenwäsche einfach zu Wishwash oder zur Family und ließ sich bedienen, es kostete ja nicht viel, und andere waren auch dort. Ganz winzig am Strand glaubte ich vom Schiff aus die beiden Hüttchen zu erkennen, dahinter die dicht mit Kokospalmen bewachsenen Terrassen von Vagator.

In meiner Vorstellung sah ich die Bewohner von Vagator noch einmal. Lauter verrückte Gestalten, Aussteiger, Hippies, wahnsinnig hübsche Mädchen, ganz normale Freaks, Weltenbummler, ca. fünfzig an der Zahl, die die Palmenterrassen bevölkerten, jeder auf seinem eigenen, speziellen Trip, aber fast alle entspannt, relaxt, offen, interessant.

Dave aus New York borgte sich immer meinen Eimer aus, wenn er duschen und seine langen Rastas waschen wollte. Auf meine Frage, ob er schon einmal hier gewesen war, zählte er an seinen Fingern auf: „This year and last year and the year before and the year before and the year before." Mit einem breiten Grinsen sagte er „Five times!" Damit gehörte er zu den Pionieren, die diesen Platz entdeckt hatten.

John war auch aus New York. Dort fuhr er Taxi. Er war mit einer ganzen Gruppe aus Amerika angereist. Sie waren zum ersten Mal hier. Nach jedem Essen saß er am Strand und schrubbte Teller und Töpfe sauber.

„Das ist mein Job", sagte er, „die anderen kochen. Ich tu lieber abspülen. Das habe ich schon immer gerne gemacht. Du kannst mich sehen im Woodstock-Film, auch beim Geschirr waschen."

Phillip gehörte zu der gleichen Gruppe. Er kam aus Kalifornien. Wir fanden heraus, dass wir schon einmal das gleiche Konzert im Audimax in Erlangen besucht hatten. Dort spielten die Bluesrocker Alexis Korner und Peter Thorup. Phillip war hier bei der Army stationiert, nachdem er in Vietnam verwundet worden war. Seine Eigenart war, dass er die Menschen in „Givers" und „Takers" einsortierte. Besonders schnell wurde man zum „Taker", wenn jemand öfter zum Tüten schnorren kam, ohne selber eine zu drehen. Phillip hatte bei der Army einen lukrativen Nebenjob. Immer, wenn Zahltag war, ging er über die Flure der Kaserne und verteilte Tütchen mit Gras und Shit an seine Kollegen. Der Bedarf war immens, die Dollars saßen locker. Ob er dabei Giver oder Taker war, habe ich nicht herausgefunden.

Am Strand gab es einen großen Felsen, unter dem sich eine Höhle befand. Dort lebte ein Norweger, den sie alle „Viking", den Wikinger, nannten. Er sah auch so aus. Bärenstark, rotes, gegerbtes Gesicht, lange, verfilzte Haare und ein roter Vollbart zierten ihn, es fehlten nur die Hörner auf dem Kopf. Täglich rannte er am Strand auf und ab, trainierte Kondition und Schnelligkeit. Mit ein paar Felsbrocken baute er seine Muskeln auf. Er erklärte das so: „Letztes Jahr habe ich meinen Spirit trainiert, heuer bringe ich meinen Körper in Form."

In der hintersten Ecke seiner Höhle zeigte er mir ein Loch im Felsen. Dort wohnte die Kobra.

„Ich füttere sie, manchmal sehe ich, wie sie herauskommt, um ihr Essen zu holen. Wir respektieren uns. Ich tue ihr nichts, das weiß sie, und sie tut mir auch nichts."

Gleich um die Ecke war das Atelier einer australischen Künstlerin. Sie schnitze Buddhas in Baumstümpfe und malte alles an, was ihr unter die Finger kam, am liebsten Palmblätterstiele.

Lothar war aus Ostberlin. Auf der obersten Terrasse hatte er ein Palmeniglu gebaut und genoss eine super Aussicht über die ganze Plantage. Er wollte nicht darüber reden, wie er aus der DDR bis hierher gekommen war.

Es gab noch einen weiteren John, ein Österreicher. Er wurde begleitet von einem Goldäffchen, das er an einer langen Kette führte. Es war ein irres Gefühl, wenn das Tier mit seinen kleinen Fingern die Kopfhaut nach Flöhen absuchte. Da es keine Flöhe gab, war es auch sehr mit einer Banane zufrieden.

Eines Tages fiel ein Engländer auf, im Anzug und Krawatte kam er vom Dorf herunter, er hatte kurze, gepflegte Haare, einen aufrechten, steifen Gang, er sah aus wie von der Londoner Börse entlaufen. Sein Gepäck war ein normaler Reisekoffer, den er auf der untersten Etage in der Nähe der Chai-Shops auspackte und sich dort häuslich niederließ. Im Laufe einiger Wochen sah ich seine Haare und Bart sprießen und seine Kleidung reduzierte er auf einen Lendenschurz. Ich weiß nicht, was ihn bewegte, aber er schien sehr zufrieden zu sein.

Neben den vielen Individualisten fühlten sich auch einige Pärchen hier wohl. Zwei junge Schweizer waren sehr mit sich beschäftigt, im Februar tauchten Mark und Jenny auf, die ich von New Delhi her kannte und zwei weitere Engländer oder Australier hatten sich etwas abseits in einer Grotte eingerichtet, einem herrlichen Ort. Weiter oben lebte ein sehr junges Mädchen aus Bremen, sie war bestimmt noch keine 18, mit einem Brasilianer in einer Hütte. Man sagte, sie sei auf Trip von einem Inder vergewaltigt worden. Sie redete nicht viel.

Gleich in der Nachbarschaft machte ich Bekanntschaft mit einem holländischen Pärchen. Beide waren übel drauf, terrorisierten sich gegenseitig und ihre Umgebung, zum Glück waren sie schnell wieder weg. Auch solche Leute gehörten dazu.

Süß waren die Mädchen. Sie kamen alleine oder mit Freundinnen, blieben ein paar Tage oder Wochen, auf der Suche nach sich selbst oder nach Abenteuern. Sie kamen in den schönsten Kleidern, die aber bald fielen. Sie hatten alle möglichen Hautfarben und alle waren sie wunderschön. Sie hatten perfekte jugendliche Körper, lange im Wind wehende Haare, die bloßen

Brüste waren eine Augenweide. So stellt man sich das Paradies vor.

Die Schönste von allen war Annette aus Schweden. Auch ihre luftige, farbenfrohe Garderobe war durchgestylt, als sie ankam. Sie stöhnte unter der Hitze.

„Zieh dich aus", sagte ich ganz selbstverständlich vor allen Freaks im Chai-Shop. Sie brauchte drei ganze Tage, dann sah man sie nur noch mit einem leichten Tuch um die Hüften und barbusig. Sie brauchte sich wirklich nicht zu verstecken. Sie konnte ein paar wenige Brocken Deutsch, ihr Vater war Regierungsdirektor in Hannover. Ich suchte ihre Nähe, wir saßen oft zusammen, gingen Schwimmen, Tee trinken, und in die Stadt zum Einkaufen. Wir verstanden uns gut, aber sie ließ mich nicht an sich heran. Irgendwann rückte sie damit heraus, dass sie einen Vater für ihr Kind suchte. Da war ich natürlich genau der Falsche. Später war sie dann tatsächlich mit einem Typen zusammen. Na ja, Geschmäcker sind eben verschieden.

Ich hatte noch drei Diafilme im Gepäck, sie eine tolle, teure Canon Spiegelreflexkamera. Damit durfte ich zwei Tage lang in ganz Goa herumrennen und Dias machen, so verhalf mir Annette zu einer fast unsterblichen Erinnerung an eine wunderbare Zeit.

3 The House Of The Rising Sun

Die Schiffsmaschinen stampften unaufhaltsam, der warme Fahrtwind wehte durch meine langen Haare und nahm den Hauch dieser Stimmung mit sich fort, denn das alte Fort der Portugiesen oben auf dem Berg kam allmählich ins Bild und damit eine neue Geschichte. Von den Mauerresten dieser Ruine aus hatte ich die Welt betrachtet, das weite Meer, die Strände, unter mir die Bucht von Shapora und das Hinterland mit seinen ausgedehnten Palmenwäldern. Ich träumte davon, einmal am Fluss entlang ins Landesinnere zu wandern. Und schon am folgenden Morgen wurde dieser Traum wahr, ich konnte gar nichts dagegen tun.

Doch das kommt später.

Die „Panjim" stampfte auf die hohe See hinaus. Goa war jetzt nichts weiter als ein Streifen am Horizont, immer schwächer werdend. Mein Tagtraum vermischte sich mit Dieselduft und Maschinenlärm. Und brutal wurde ich in die Realität zurückgeholt. Da waren sie: Zwei Herren, weiße Uniformen, weiße Mützen, zwanzig Meter links, am Bug. Einer kassierte, der andere gab die Tickets aus. Sie kamen näher. Jetzt begann mein Job. Dieser Abstand musste konstant bleiben, das war mein Auftrag! Ich nahm mein Bündel und schlich an der Reling entlang Richtung Heck weiter, vorbei an entspannt träumenden Freaks, knutschenden Pärchen, plappernden Grüppchen, die hatten ja alle keine Ahnung, in welch schwieriger und riskanter Mission ich gerade unterwegs war! Unauffällig versuchte ich, meine Feinde zu überwachen, die von Passagier zu Passagier, eifrig sachlich, ihren Dienst versahen. Wenn jetzt ein zweites Team von der anderen Seite her kam, saß ich in der Falle. Es war ja bekannt, was mit blinden Passagieren angestellt wird! Das Meer ist voller Haie. Aber die Gegenrichtung sah gut aus. Vorsichtig lugte ich in den Gang zwischen den Kabinen zur anderen Schiffsseite. Alles ruhig. Ich konnte es wagen, dorthin zu schleichen. War dort schon abkassiert? Ich war jetzt auf der Gegenseite. Nun musste ich die beiden Kontrolleure verfolgen. Ich sah eine Frau mit einem roten Zettel in der Hand. Das konnte ein Ticket sein. Ich starrte es an, dann die Frau, die sich wunderte. Ich ging weiter. Keiner zeigte mir sein Ticket. Ich könnte ja fragen. Die beiden Kontrolleure kamen in Sichtweite. Mutig näherte ich mich ihnen. Jetzt sah ich es ganz deutlich. Die Tickets waren rot und so groß wie das von der Frau vorhin. Jetzt war alles gut. Auf meiner Seite waren sie schon gewesen. Ich war in Sicherheit. Ganz cool stützte ich mich aufs Geländer, beobachtete noch eine Weile, schloss dann erleichtert die Augen und atmete tief durch. Die ganze Anspannung der letzten Viertelstunde löste sich und platschte ins Meer. Erleichtert starrte ich auf die hohen Wellen, die vom Bug ausgelöst wurden. Die Gischt sprühte bis zu mir hinauf, eine willkommene Erfrischung. Ich hatte tatsächlich Schweiß auf der Stirn, und der kam nicht von der Sonne, die fast senkrecht über uns stand. Aber nun gehörte ich zum Schiff, ich fühlte mich wie ein echter Passagier, das hatte ich mir erarbeitet.

Ich konnte wieder tagträumen. Diesmal schweifte der Blick aufs Meer hinaus, Richtung Westen, wohin meine Reise jetzt ging, nach Hause, von wo ich vor einer halben Ewigkeit, vor sechs Monaten gestartet war.

„There is a House in New Orleans, they call the Rising Sun …", sang Eric Burden. Ein paar Meter weiter stand eine Gruppe Langhaariger, die ihren Kassettenrekorder laut aufgedreht hatten. „Oh mother, tell your children not to do what I have done …" Ich genoss die Klänge dieses Songs, den ich so liebte. Da war doch was! Der hatte Bedeutung für mich! Eric Burdon and the Animals und Westerkappeln! Lange her. Ich summte den Song mit. Eric Burdon beamte mich in einer Sekunde von diesem Schiff 8000 Kilometer nach Nordwesten in die Vergangenheit, rund zehn Jahre zurück nach Westerkappeln:

Eine gute Gelegenheit, endlich mit meiner Geschichte anzufangen, lieber Leser, liebe Leserin, falls du noch immer nicht dieses Buch weggelegt hast. Mit Eric Burdon und Westerkappeln hat wirklich einiges angefangen! Und jetzt kann ich der Reihe nach ein Geschichtchen nach dem anderen loswerden.

Westerkappeln ist ein ruhiges Städtchen am Rande von Nordrhein-Westfalen. Dort gibt es eine Kirche, einen Friedhof, eine Pinte und eine Turnhalle. Einmal in der Woche war dort Übungsstunde des Turnvereins, an der ich gerne teilnahm. Mein 15 Jahre alter Körper verlangte nach den vielen Schulstunden einen Ausgleich. Er wollte rennen, turnen, kämpfen, stark werden. Wir waren ein Haufen Gleichaltriger, wir fuhren gemeinsam mit dem Bus in die Stadt zur Schule, wir kannten uns nur oberflächlich, denn ich lebte erst ein halbes Jahr hier und war noch nicht so richtig integriert. Aber seit ich ein paar Mal bei den Turnabenden dabei war, konnte ich einige Pluspunkte sammeln. Und schließlich fragte mich Reinhard, der Sohn vom A&O-Laden und Wortführer der Gruppe sogar, als wir am Ende verschwitzt die Halle verließen: „Kommste noch mit in die Pinte auf'n Bierchen?"

„Ja klar", sagte ich lässig, als wenn das so normal wäre.

Aber ich war mächtig stolz und kam dann eben ganz selbstverständlich noch auf ein Bierchen mit. Noch nie war ich ohne Eltern abends in einer Pinte auf ein Bierchen gewesen.

So schlurfte unser Grüppchen Pubertierender in die voll verqualmte Pinte und bestellte erst mal eine Runde Bier. Abwechselnd nuckelte jeder an seinem Pils, das machte leicht, und an seiner Zigarette, die machte erwachsen. Dazu diskutierten wir, welche Weiber den schönsten Brustansatz hätten. Reinhard hatte sogar schon mal eine angefasst, die hatte ihn sogar gelassen. Dann natürlich redeten wir über die Beatles, die in allen Ländern die Charts anführten, manchmal sogar die ersten fünf Plätze belegten. Jeder am Tisch hatte seinen Lieblingssong, ich fand aber die Beatles damals noch nicht so toll und „I wanna hold your hand" richtig doof. Das erzählte ich ihnen aber nicht. Stattdessen konnte ich punkten mit der Geschichte von einer neuen Band aus London. Die waren zu fünft und jedes Bandmitglied hatte so viele Haare auf dem Kopf wie alle vier Beatles zusammen. Und außerdem waren sie die Wildesten in ganz England und rollten dort gerade die Charts von unten auf. Die hießen The Rolling Stones, aber von denen hatte hier noch niemand etwas gehört, es gab ja ständig neue, laute Bands. Mein Wissensvorsprung stammte von meinem Brieffreund aus Newcastle on Tyne, der in jedem Brief über die neuesten Popnews in England berichtete. Aber irgendwann wurde ich abgelenkt durch einen Gitarrensound, der den ganzen Abend über schon im Raum war, aber allmählich merkte ich, wie er von der Wurlitzer Musikbox kommend direkt an mein Gehirn klopfte, erst ganz unauffällig, subtil, und dann musste ich genauer hinhören, es ließ mich nicht mehr los. Der Sänger mit seiner rauchigen Stimme sang irgendwas von seinem besoffenen Vater in New Orleans und seiner Mutter, und ihren Blue Jeans. Es war nicht der Text, der so faszinierte, sondern die Melodie, der kernige Gitarrensound, einfach, eingängig, von dem konnte man nicht genug bekommen. Das Lied hatte jemand auf Dauer abonniert, es war der einzige Song, so schien es mir, der den ganzen Abend über aufgelegt wurde. Aber niemand störte sich daran, im Gegenteil, es war, als wäre die ganze Kneipe wie verzaubert davon. Aber am meisten war ich selbst verzaubert. In diesem „House of The Rising Sun" war eine Botschaft, die ich da noch nicht verstand, aber ich spürte, wie in diesem Zigarettenqualm, zwischen dem Gemurmel der Dorfleute, in diesem schwerelosen Zustand nach ein paar Schluck Bier mir die Musik von Eric Burdon meinem Leben in dem Nebel meiner Pubertät eine Richtung zeigte.

Und so nahm ich an diesem Abend Abschied von meiner Kindheit, denn die „Rising Sun" aus Eric Burdons Song entpuppte sich als die aufgehende Sonne einer neuen Zeit und versprach sehr viel Spannendes.

4 Do what you like

„Wollen wir Schluss machen?", fragte ich sie.

Wir waren zwei Jahre zusammen, sie war eine kleine, hübsche Französin aus der Partnerstadt, sie war meine erste Liebe, die Erste, deren nackte, seidige Haut ich an mir spüren durfte, die mich mit ihren spielenden Händen fast um den Verstand brachte, die mich in eine lang ersehnte, unbekannte, herrliche Welt einführte, die Liebe heißt und das Schönste ist, was es auf Erden gibt. Wir hatten eine wunderbare Zeit zusammen verbracht, geliebt, geliebt, geliebt, zwei Jahre lang, in halb Europa herumgereist, eine winzige Wohnung zusammen geteilt. Aber jetzt spürten wir beide, dass das Prickeln zwischen uns immer seltener wurde.

Noch etwas spielte eine Rolle: Seit dem Film hatte ich das Gefühl, dass wir uns heimlich in verschiedene Richtungen bewegten, da war ein Riss zwischen uns entstanden, der trübte die Gewissheit, dass wir für immer zusammengehören. Wir hatten uns im Kino den Woodstock-Film angeschaut. Ich war begeistert von der Musik, das war „meine" Musik! Die 300000 auf Yasgur's Farm, das waren „meine" Leute, diese bunten, lachenden, tanzenden, begeisterten Menschen, die genau das Lebensgefühl ausstrahlten, das die Musiker auf der Bühne zauberten. Ich war infiziert, hier war sie wieder, die Morgendämmerung einer neuen Welt. Deshalb war ich so fasziniert von diesem Film.

Sie dagegen fand es bedenklich, dass sich so viele junge Menschen so leicht manipulieren lassen, und fand Vergleiche zu dem Gegröle von Fußball-Events, die so überhaupt nicht ihre Welt waren und sogar zur Massenhysterie des Dritten Reiches. Ich sah das anders, konnte sie aber nicht überzeugen. Crosby, Stills, Nash und Young, Janis Joplin, und Jimi Hendrix, Santana, The Who, Arlo Guthry, Ten Years After, Grateful Dead, Ravi Shankar und all die anderen hatten längst die Weichen gestellt. Mein Zug fuhr nicht in Richtung Rockmusiker, obwohl ich gerne einer gewesen wäre, der mit seiner Gitarre auf der Bühne die Mengen antörnt, aber dazu braucht man Talent, das ich in mir vergebens suchte. Ich hatte keine Ahnung, wo meine Talente lagen, wo mein Zug hinfuhr. Alle aus meinem Abiturjahrgang rannten schnurgerade in die Uni, um Ärzte, Psychologen, Informatiker, Lehrerinnen zu werden, einige gingen sogar lebenslänglich zum Bund. Ich wurde gleich nach ein paar Semestern von irgendwas ausgebremst. Ich spürte deutlich, das war es nicht. Die Klänge der Musik vermittelten keine Berufsberatung, aber ein neues Lebensgefühl. Tief in mir hörte ich seit der Pinte in Westerkappeln ein subtiles Anklopfen, das sich da unbewusst bemerkbar machte und die Aufmerksamkeit lenkte auf das Neue, das bisher unbekannte Lebensgefühl, die umwälzende Veränderung unserer Generation, die da von Amerika rübergeschwappt kam und für mich war klar: „Da musst du dranbleiben, das ist was für dich," tausendfach verstärkt von den Boxen von Woodstock. Und so hörte ich allmählich auf, Kopfmensch zu sein, der die ganzen Jahre lang in der Schule und Uni gefordert war, und hörte mehr und mehr auf mein Gefühl und die Musik und machte mehr und mehr das, was mir Spaß machte.

So entstand eines Abends aus dem Bauch heraus die Frage: „Wollen wir Schluss machen?" Françoise hatte da bereits ein Auge auf den neuen AStA-Vorsitzenden geworfen, der schöne Reden halten konnte, was in den Zeiten der roten Zellen, sozialistischen Hochschulbündnissen und aller möglichen Vereinigungen zum Vorbereiten der Revolution gut ankam. Und ein hübscher Kerl war er auch.

„OK", sagte sie, „und wann?"

„Heute in einer Woche", sagte ich genau so spontan.

„Gut", sagte sie, „in einer Woche."

Eine Woche hatte ich Zeit, mir eine neue Bleibe zu suchen. Ich studierte die Zeitung und fand folgendes Inserat:

> 5-Zimmer-Wohnung Altbau,
> Stadtmitte, kautionsfrei von
> Wohnungsbaugesellschaft
> sofort zu vermieten. Telefon

Ich radelte hin, schaute die Wohnung in dem etwas herunter-
gekommenen Haus in der Bismarckstraße an und unterschrieb
sofort den Mietvertrag. Ein Traum konnte wahr werden: eine
Wohngemeinschaft.

In dem größten und schönsten Zimmer mit Blick über einen
ganzen Straßenzug strich ich die Wände orangerot, baute meine Stereoanlage und das Bett auf, mehr brauchte ich erst mal
nicht. Schnell sprach sich in der Szene herum, dass in einer WG
Zimmer frei wären und nach drei Tagen waren wir voll belegt,
mit illustren Leuten, die ich vorher noch nie gesehen hatte: Der
erste war Larry, ein Philosophiestudent aus Austin, Texas, der
bei seiner Doktorarbeit war. Dann kam Wolli, ein Gitarrist, der
gerade aus Bielefeld eingetroffen war und vielleicht irgendwann irgendwas studieren wollte. Dann Micha, eine tempera-
mentvolle Frau, die sich gerade von ihrem Mann getrennt hatte
und sich neu orientieren wollte.

Das letzte und kleinste Zimmer bekam Werner, ein langhaariger Freak, der schon etliche Landkommunen hinter sich hatte.
Als er seine Möbel drin hatte, brachte er auch noch seine Freundin Moni mit. Die zofften sich dann jeden Tag.

Eine ähnliche Zusammensetzung erlebte die Wohnung unter
uns mit einem Autobastler und ein paar langhaarigen Schülern
und Studenten, und im Erdgeschoss mieteten sich zwei GIs ein,
amerikanische Soldaten, die das Leben in der Kaserne satt hatten. Dort lief ständig die beste und lauteste Musik von Greatful
Dead, Jefferson Airplane, It´s a beautiful day, Carol King, Incre-
dible Stringband und der Szene aus Kalifornien, es gab immer
was zu rauchen, die Fenster waren abgedunkelt, Schwarzlicht

und Räucherstäbchen schafften die richtige Atmosphäre, besonders wenn man sich auf den alten Polstersofas ausstreckte. Die Wände waren beklebt mit Plakaten von Musikfestivals, aber besonders das Plakat von Uncle Sam mit Stars-and-Stripes-Zylinder ist mir in Erinnerung geblieben, wo dieser mit dem Finger auf den Betrachter zeigt und spricht: „The Army wants you", und auf der Ebene dahinter erkennt man eine Totenfratze, denn in Vietnam tobte der Vietnamkrieg.

Dann gab es noch ein kleines Hinterhaus, hier lebte die Krankenschwester Elfi mit ihrem Freund Werner, der immerzu die gleichen Akkorde auf der elektrischen Gitarre übte.

Mit dieser Besetzung wurde die Bismarckstrasse 17, die B 17, schnell eine weit bekannte Adresse. Jeder hatte viele Bekannte und alle kamen und gingen sie ein und aus.

Meine Mutter war zunächst zufrieden, dass ich nun 200 Meter von der Universität entfernt wohnte. Beste Voraussetzung für eine wissenschaftliche Karriere. Gerade hatte ich mit dem Wissen über eine hochinteressante neue syntaktische Methode zur Zerlegung von Sätzen meine Zwischenprüfung bestanden. Doch was sie nicht wusste war, dass mich die Uni seit meinem Einzug in die B 17 nicht mehr gesehen hatte. Das Leben hier verlief eben völlig anders als vorher – sehr relaxed: Lange musste ausgeschlafen werden, um sich von den Strapazen des Vortags zu erholen. Für die Uni gab es keine Zeit mehr. Das Frühstücken dauerte seine Zeit. Danach begab man sich in die Stadt, in den ersten warmen Frühlingstagen war der Schlossgarten ein beliebtes Ziel. Inzwischen waren die ersten Mädchen aus der Schule eingetroffen, hübsche, neugierige Mädels, mit denen sich angeregt plaudern ließ. Wir saßen auf dem Rasen unter gewaltigen Parkbäumen, Ulli oder Mike packte seine Klampfe aus, manchmal kam Purple mit seiner Querflöte dazu und der Maler Michael mit der Bouzouki. Sie spielten bekannte Songs, man summte mit und trommelte auf Büchsen und Flaschen, was gerade da war.

Am Abend traf man sich wieder im Rössl, das war die Szenekneipe in der Goethestraße 12. Die war meist so rappelvoll, dass man lange draußen warten musste, bis innen Platz war. Ein Wirtshaus, wie es weit und breit kein Schöneres gab: Alte Möbel, Teppiche, Lampen vom Sperrmüll, als Tische fungierten alte Nähmaschinenständer, darauf klebten Kerzen. Generationen von weißen und bunten Kerzen hatten Nähmaschine, Tische und Teppiche verkleckert, auf den abgesessenen Sofas drängelten sich doppelt so viele Menschen wie vorgesehen, ein Gedränge an der Theke, es kostete Geduld, bis man sich zu seinem Bier vorgekämpft hatte. Die Luft bestand zu 90 Prozent aus Zigarettenqualm. Man musste brüllen, um sich verständlich zu machen, so laut war die Musik, die neuesten Kracher der Stones, Beatles, Eagles, Doors, Jefferson Airplanes, Sweet Smoke, Clapton, Deep Purple, Blind Faith, Pink Floyd. Hier traf man sich, man war dabei, auf der Szene, hier waren wir zu Hause. Bis ein Uhr, Sperrstunde. Jeden Abend, zehn vor eins legte der Wirt, der aussah wie ein irischer Seebär, „There's Whisky in the Jar" auf, die letzte Runde war eingeläutet.

Danach rauchte man noch was vor der Tür und verzog sich zum „Hühnertod" an der Fuchsenwiese oder ins „Café Arschloch" in der Bismarckstraße, Kneipen, die die ganze Nacht über offen hatten.

Das mit „dem Rauchen" hatte sich auch so allmählich eingebürgert. Zigaretten rauchen war ja in der Schule schon üblich, erst heimlich auf der Toilette, aber in der Oberstufe durften wir Großen 1968 sogar ganz offiziell in einem abgeschlossenen Teil der Schule rauchen, Erfolg unseres Kampfes nach mehr Selbstbestimmung.

Nach dem Erlangen der Reife hatte ich erst mal das Bedürfnis, der Schule so weit wie möglich zu entkommen. Ich stellte mich an die nächstgelegene Autobahneinfahrt, mit Rucksack und Pappschild bewaffnet, mit der Aufschrift „Istanbul". Dies trug einerseits sehr zur Belustigung der vorbeifahrenden bei, aber ab und zu hatte jemand Mitleid mit mir und so kam ich nach ein paar Tagen in Athen an. Athen ist zwar ganz woanders als Istanbul, aber wenn man nach sechs Stunden Wartezeit in der sengenden serbischen Sonne an einem baumlosen Autoput eingeladen wird, mit einem BMW 2000 CS bis nach Athen zu fahren, sollte man sein Reiseziel ganz schnell überdenken. Und das mit Istanbul hatte mein Lebensplaner erst einige Jahre später vorgesehen. So sah ich die Akropolis und probierte den griechischen Wein, bis mir schlecht wurde. Die Stadt war ungemütlich, die Menschen unfreundlich oder verängstigt, überall sah ich Militärfahrzeuge, Soldaten und Polizei, die die Macht eines Herrn Papadopoulos und seiner Militärclique schützten, die sich die Gewinne der Öl-, Reederei-, Zigaretten- und Waffengeschäfte teilten. Der mit Panzern beendete Prager Frühling war mir noch in zu frischer schmerzlicher Erinnerung, und so machte ich mich auf einem überfüllten Schiff nach Italien aus dem Staub.

Italien war eindeutig zu teuer, Monte Carlo und Frankreich erst recht, so trampte ich immer weiter westwärts und landete nach drei Wochen in einem Dorf an der Costa Brava in Spanien. Dort gab es die Pension Ilse einer deutschen Frau, eine Art Jugendherberge für Langhaarige und solche wie ich, die es werden wollten. Hier konnte man schön rumhängen, das Leben war billig und das Publikum international und interessant. Hier passierte „das erste Mal."

Mein Freund und Klassenkamerad Günter war da nicht unbeteiligt. Günter war in der Schule schon immer allen anderen voraus, horizontmäßig. Er schleppte mich auf die erste Demo gegen rechts, gründete die erste unabhängige Schülerzeitung, das „Kerbholz", um sich von den Zensuren durch das Direktorat zu befreien, und war schon in Schulzeiten Mitglied im SDS, einer radikal linken Studentenvereinigung. Mit ihm war ich gerne zusammen, half ihm, wenn er mich brauchte, denn er hatte immer irgendwelche Projekte laufen, ständig war er beschäftigt, „die Revolution vorzubereiten." So organisierte er Lesungen und Diskussionsrunden zum Thema „Sexuelle Befreiung der Frauen", oder über Glaubens- bzw. Nichtglaubensfragen. Einer unserer Lieblingsautoren war Bertrand Russell, ein

Agnostiker, der die These vertrat, niemand könne wissen, ob ein Gott existiere oder nicht. Für einen Gott oder einen Glauben war in unserem Weltbild kein Platz, Religionen waren Opium fürs Volk, darüber machten wir uns nur lustig. Glauben heißt „nichts wissen", in der Mathematik hatten wir gelernt, dass Behauptungen zu beweisen wären. So war ich der provokanten Meinung, wenn es einen Gott gäbe, dann hätte der sich mir gefälligst zu beweisen.

Für Günters linke politischen Ansichten aber hatte ich einen viel zu bürgerlichen Hintergrund, und keine Veranlassung, die Arbeiterklasse zu befreien, denn wer sich auf keinen Fall befreien lassen wollte, das war die Arbeiterklasse, die wollte Bild Zeitung lesen und Fernsehen schauen.

Aber hier waren wir auf einer Wellenlänge: Wir hörten Bob Dylan, Donovan, Joan Baez. Er erzählte von einem Professor in Kalifornien, der mit seinen Studenten ganz legal Experimente mit einem bewusstseinserweiternden Stoff namens LSD machte, der den Menschen die Augen öffnet. Und außerdem wusste er, dass in Amerika alle Leute Haschisch rauchten, ein braun-grüner Stoff, den man zwischen Zigarettentabak einkrümelt und der schöne Erlebnisse macht. Das machte natürlich neugierig und ich konnte es kaum erwarten, diesen Stoff auch einmal zu probieren. Endlich in dieser Pension in Arenys de Mar in Spanien sollte es soweit sein. Eine Clique Engländer war gerade aus Marokko angekommen und am Abend wurde im Schlafsaal ein dicker Joint gebaut, das war eine Zeremonie für sich! Einer klebte ein paar Zigarettenpapiere aneinander und verteilte eine gute Prise Tabak darauf. Der andere Engländer erwärmte währenddessen mit seinem Feuerzeug einen in Alupapier gewickelten Klumpen von diesem marokkanischen Stoff, packte ihn wieder aus und krümelte ihn gut verteilt auf den Tabak. Wie gebannt starrte ich von meinem Doppelstockbett oben auf diese Handlung und war ganz aufgeregt. Jetzt vermischte er den Marokkaner unter den Tabak, drehte das Ganze mit beiden Händen zu einer Art Wurst, baute noch ein Mundstück aus einem Streifen Karton in das dünne Ende und schleckte mit der Zunge über die Klebefläche der Zigarettenpapiere, um sie mit einer gekonnten Bewegung zu verkleben. Das überstehende breitere Papierende wurde noch verzwirbelt und fertig war der Joint. Jetzt nahm er sein Werk zwischen beide Hände und sein Nachbar gab ihm Feuer. Mit ein paar kurzen, kräftigen Zügen glühte das Teil hell auf, der Engländer hielt den Rauch lange in der Lunge, dann blies er alles in einem gewaltigen Stoß heraus, dass der halbe Raum im Nebel war, er grinste leicht und reichte den Joint weiter an den Feuermann. Auch der nahm ihn in beide Hände, zog kräftig, hielt lange inne und blies dann alles wieder in den Raum. So wanderte das Ding von einem zum anderen Engländer. Jetzt wurde ich nervös. Sollte ich darum bitten, auch ziehen zu dürfen, würden sie mir was abgeben, sollte ich überhaupt probieren, was würde passieren, würde ich Albträume kriegen oder einen Hustenanfall, wie sollte ich das Teil überhaupt halten und schon sagte unten jemand „Hey", eine Hand streckte sich zu mir herauf, darin war der Joint. Ich nahm ihn ganz cool zwischen Daumen und Zeigefinger, versuchte ihn wie die anderen mit zwei Händen zu halten, zog irgendwie, das klappte nicht, es kam nur Luft, zog wie an einer Zigarette, das konnte ich, ich zog, spürte den Rauch in die Lunge gleiten, ich wartete, was passierte. Ich schmeckte Tabak mit einem herben Beigeschmack, erforschte die Wirkung – nichts. Ich wartete, vielleicht dauert das beim ersten Mal ja länger, dachte ich, wieder nichts. Ich zog noch einmal, hielt den Rauch genau wie die anderen, beobachtete mich, mir wurde ein bisschen komisch. Das war's, komisch. Wo waren die schönen Bilder, das tolle Gefühl, nichts, nur ein bisschen komisch. Ich betrachtete die glühende Wurst in meiner Hand. Sie roch ganz anders als eine Zigarette. Da war ein Duft in der Luft, der hatte was, der roch schon irgendwie interessant.

„Ey man, what about the joint?", fragte da mein Bettnachbar.

„Ach ja …", ich erwachte aus meinen Betrachtungen und verdattert gab ich ihn hastig weiter an den Engländer unter mir.

„Don´t bogart that joint, my friend, pass it over to me …" hatte schon Easy Rider mal gesungen.

Mit so einem Ergebnis konnte ich mich nicht zufriedengeben. Bei den anderen funktionierte es ja auch.

Wieder zu Hause konnte ich es kaum erwarten, Günter von meinem Abenteuer zu erzählen, aber natürlich war ich jetzt scharf darauf, einen neuen Versuch zu unternehmen, die geheimnisvolle Wirkung von Haschisch zu erforschen. Günter kannte jemanden, der jemanden kannte, der wusste, wo man den „Stoff" bekommen konnte, und nach ein paar Tagen hatte er ein kleines Piece organisiert. Damit zog ich mich auf mein Zimmer zurück – ich wohnte damals noch zu Hause bei meiner Mutter – und vollzog die gleiche Zeremonie wie die Jungs in Spanien, allerdings wurde es für mich alleine ein kleines Zigarettchen. Ich setzte mein Tonbandgerät in Bewegung, ein Dual PK 19, auf das ich sehr stolz war, zündete den Joint an und legte mich entspannt, aber gespannt auf mein Bett und zog. Diesmal ging es blitzschnell. Der Wirkstoff war sofort im Kopf. Mein Körper wurde ganz leicht, bis ich ihn kaum noch spürte. Aber die Musik! Welche Intensität! Plötzlich war ich mitten in der Musik, immer mehr wurde ich eins mit den Klängen der Gitarre, dem Schlagzeug und dem Keyboard. Es gab nichts anderes mehr. Das Zusammenspiel war so perfekt, so harmonisch. Das genoss ich sehr und gab mich dem Sound hin. Jetzt spürte ich jeden Ton in meinem Hirn, erkannte jeden Ton als Tropfen, etwas bewusst Greifbares, als könnte ich die Töne sehen, und dann färbten sich die Tropfen auch noch wie Seifenblasen und der bunte Tropfen explodierte wie ein Feuerwerk und mit jedem neuen Ton explodierte eine weitere Farbe und ich erlebte ein brillantes Gesamtkunstwerk in leuchtenden Farben, die perfekt mit der Musik harmonierten. Es war ein Rausch von Farben und Tönen. Aber jetzt hörte ich die Stimme des Sängers, klar und deutlich sang er „Do what you like, do what you like", Gitarre und Schlagzeug hämmerten dieses „Do what you like" in mein Hirn wie eine Offenbarung. Natürlich, das war's! Die Botschaft für die Welt, was denn sonst, die Botschaft „Do what you like", die ich gerade angefangen hatte zu leben, ging auf so packende und liebevolle Weise um die Welt, dem konnte sich keiner entziehen. Jetzt setzte das Solo am Keyboard ein. Mein Körper hatte jedes Gewicht verloren. Die elektrischen Klänge hoben mich an, ich schwebte plötzlich über dem Bett, ich schwebte durch das Zimmer, der Sound von Blind Faith trug mich durch das Fenster, nach draußen, ich schwebte über der Welt in das Paradies, es war nur noch schön.

Die Türe ging auf, meine Mutter sprach: „Schläfst du, geht's dir nicht gut?"

„Doch, geht gut, ich schlafe", bemerkte ich.

Dabei ging es mir saugut und war eigentlich gerade richtig erwacht.

5 Norbert

Eines Morgens besuchte ich Elfi und Werner im Hinterhaus. Ich betrat ihre Wohnung und war geschockt. Ein Typ mit fettigen, langen Haaren, er sah fix und fertig aus, hing in den Armen von Werner. Ein Mädchen, das häufig hier verkehrte, hielt seinen Oberarm fest, und Elfi, die Krankenschwester, versuchte mehrmals vergeblich, mit einer Spritze eine Vene zu treffen. Sein Arm war recht vernarbt, der Typ zitterte am ganzen Leib. „Jetzt triff halt endlich", wimmerte er, und endlich fand die Nadel einen Weg. Der Körper beruhigte sich sofort, sein verkrampftes Gesicht entspannte sich und strahlte plötzlich sogar Zufriedenheit aus, es war wie eine Erlösung. Welch eine erschütternde Szene! Norbert war heroinabhängig, aber auf dem Weg seine Sucht zu beenden. Elfi und Werner hatten das gleiche Schicksal schon hinter sich, die Heroinsucht tatsächlich überwunden. Sie begleiteten seinen Weg zur Besserung. Er wollte wirklich aufhören, aber Heroin ist ein Teufelszeug, wer es einmal probiert, ist schon verloren. Den Flash, den man dabei erlebt, will man immer und immer wieder erleben. Das Heroin verlangt vom Körper unerbittlich ein permanentes Nachspritzen der Droge. Das wird zum Lebensziel, dem alles andere untergeordnet wird. Es kommt unweigerlich zum Absturz! Sich aus der Sucht zu befreien schafft nur, wer seine Situation begriffen hat und unter allen Umständen ändern will. Dazu sind ein eiserner Wille, eine starke Persönlichkeit und eine fachmännische Begleitung notwendig. Natürlich kommt es dabei oft zu einem Rückfall. Diesen hatte ich gerade life erlebt. Norbert hatte seinen letzten Schuss zu lange hinausgezögert, jetzt war er „auf dem Hook" und konnte sich nicht mehr selber helfen.

So neugierig ich war auf neue Erfahrungen mit Gras oder Haschisch, so abstoßend war dieses Drama und ich schwor mir, niemals Heroin anzurühren. Norbert war aus Nürnberg gekommen, um der dortigen Drogenmafia zu entkommen. Auf unserem Dachboden hatte er einen leeren Raum gefunden, der im Sommer gerade zum Übernachten taugte. Isomatte und Schlafsack hatte er mitgebracht, ansonsten beherbergte der Raum nichts außer einem alten Zahnarztstuhl, vermutlich gab es in dem Haus früher einmal einen Zahnarzt.

Nachdem sich Norbert nun mal in unserem Haus eingenistet hatte, kam er immer häufiger zu uns herunter und belebte unsere Wohngemeinschaft. Er hatte natürlich ständig zu wenig Geld und musste sich häufig was ausleihen. Er hatte aber seine Finanzen einigermaßen im Griff und achtete darauf, dass seine Schulden pünktlich abgezahlt wurden, machte dafür häufig woanders neue. Auch war für ihn wichtig, dass Geben und Nehmen im Gleichgewicht waren. Wir besorgten meistens die Lebensmittel und er wurde unser Chefkoch. Er war ein geselliger und witziger Kerl mit einem schweren Schicksal, deshalb wurde er akzeptiert. Er besaß eine erstaunliche Gabe, Frauen und Mädchen anzumachen, viele ließen sich trotz seines abgefuckten Outfits schnell herumkriegen. Bindungen bedeuteten ihm allerdings nichts. Er war wie ein wildes Tier, dem es egal war, ob bei der Befriedigung seines Triebes eine schwangere 15-Jährige auf der Strecke blieb.

Wie ich hatte er viel Zeit, deshalb kreuzten sich unsere Wege ziemlich oft. Einmal brauchte er dringend 200 Mark, die gab ich ihm, weil ich immer etwas Geld im Haus hatte. Damit verschwand er blitzschnell und kam auch bald wieder mit einer Tüte voll Haschisch, die er bei einem amerikanischen GI aufgetrieben hatte. Seine Super-Geschäftsidee war, den Stoff mit Wasser einzuweichen, um ihn dann mit einem Bügeleisen wieder zu trocknen. Die Restfeuchte bedeutete mehr Gewicht, also mehr Gewinn beim Verkauf. So standen wir in meinem Zimmer in einem süßlichen Duft und produzierten mit Bügeleisen und Alufolie neue Platten von gestrecktem Stoff mit suspektem Aussehen. Auch der Geruch ließ nicht auf Topqualität schließen, eher wie angebrannte Küchenkräuter. So fiel der Reingewinn ein bisschen mager aus, aber wenigstens konnte er seine Schulden begleichen.

Eines Abends waren wir wie so oft auf dem Weg ins Rössl, die Szenekneipe. Da gab er mir eine kleine rote Tablette.

„Was ist das?", fragte ich.

„Acid!" sagte er. Ich schaute ihn fragend an.

„Na Acid halt, LSD", fügte er hinzu.

„Und was soll ich damit?", fragte ich weiter.

„Einschmeißen!", meinte er und – zack – hatte er selbst eine Pille im Mund und grinste. „Ist gut!", sagte er noch mit einer aufmunternden Handbewegung. Verblüfft, aber neugierig, wie ich war, tat ich es ihm nach. Mein Zögern kam zu spät. Da war wieder so eine Grenzüberschreitung. Jetzt gab es kein Zurück mehr. Aber von Acid hatte Günter in der Schule schon geschwärmt, von den Hippies in San Francisco, die mit Blumen und Farben die Welt veränderten, von Musikern, die auf Acid die tollste Musik produzierten, von dem Professor Timothy Leary, der mit seinen Studenten auf bewusstseinserweiternde Reisen ging und so fort. Also konnte es ja nicht so schlecht sein, und eigentlich war es höchste Zeit, LSD auch einmal zu probieren. Norbert hatte die Pillen von zwei Typen aus Dortmund bekommen als Provision, weil er ihnen eine Dopeconnection vermittelt hatte. Von der Hand in den Mund war seine Devise.

Inzwischen waren wir im Rössl angekommen. Heute war es mal nicht so überfüllt. Nach zwanzig Minuten spürte ich noch keinerlei Wirkung von der Tablette. Ich warf eine Mark in den Flipperautomaten, mein Lieblingsspielzeug. Die Eisenkugel musste im Spiel gehalten werden, und die war oft genug viel zu schnell wieder draußen. Aber mit einem Mal gelang es mir, das Timing zu verbessern und durch geschicktes Schießen die Kugel länger im Spiel zu halten. Ich traf die Kugel mit den Hebeln besser, sodass sie im oberen Bereich Punkte machen konnte, dann gelang es mir, die Targets und Bumpers bewusst zu treffen, das zählte besonders. Sonst war das eher eine Glückssache. Ich war verblüfft über meine eigene Reaktion, so gut war ich noch nie und freute mich über die herumfetzende Kugel, die nicht aufhörte, Punkte abzuschießen. Die Zählmaschine lief heiß, meine Aufmerksamkeit steigerte sich, die Freude am Spiel auch. Immer, wenn ich besonders viele Punkte machte, lachte ich laut vor Vergnügen. Ich sammelte Punkte und die ersten Freispiele. Ich hämmerte die Kugel auf die wichtigsten Zielscheiben und bei jedem Treffer stieß ich Jubelschreie aus. Ich sah das Spiel wie in Zeitlupe, das war ein irres Feeling, ich merkte, dass das von der Tablette her kam, eine äußerst vergnügliche Erkenntnis. Ich konnte das Spiel in Zeitlupe sehen! Es war genügend Zeit, zu reagieren und ich konnte die Kugel steuern, wie ich wollte, und – zack – hatte ich wieder ein Freispiel und konnte nicht aufhören vor Lachen. Jetzt wurden die anderen neugierig, stellten sich um den Flipper herum und johlten mit, wie beim Fußball, wenn ein Tor fällt. Und schon wieder gab es ein Freispiel. Inzwischen fanden wir alle das Ganze nur noch lustig, der Ball wollte gar nicht mehr heraus aus dem Spiel, wahrscheinlich machte ihm das auch Spaß, dachte ich mir und musste nur noch mehr lachen. Aber schließlich hatte ich genug gelacht, ich hatte eine Riesenfreude gehabt, die anhaltende Konzentration hatte mich ein bisschen erschöpft und so überließ ich die Freispiele den anderen und ließ mich in einen alten Polstersessel fallen und blickte hinauf auf die Dachbalken. Jetzt passierte wieder etwas völlig Neues und das war auch wieder lustig: Die geraden Linien der Balken begannen Kurven zu kriegen, bewegten sich, pulsierten, bekamen Farben, leuchtende, sich bewegende Farben, dann fing der ganze Raum an zu pulsieren, als wenn er atmen würde. Die Wände wurden beweglich wie Gummi, Farben wurden kräftiger, intensiver, fingen an zu leuchten. Wie ein kleines Kind, das die Welt entdeckt, staunte ich über die wundersamen Veränderungen. Norbert kam her, ich sagte: „Alles bewegt sich", und er kicherte nur, ihm ging es genauso, und meinte mit einem breiten Grinsen „Jaaa" und „Komm mit".

Ich fand das schade, weil es mir gerade sehr gut ging mit diesem Schauspiel, in diesem Film, aber schließlich ertönte das bekannte „Whisky in the Jar" aus den Boxen und so verließ ich doch meinen Sessel und folgte Norbert nach draußen. Dort hatte der sich gerade mit einer kleinen Gruppe von Leuten in Gang gesetzt, ich trabte einfach hinterher. Wir kamen zu einem alten, gelben, von der Post ausrangierten VW-Bus, stiegen alle ein und der Trip ging weiter. Ich erfuhr, dass wir heraus aus der Stadt zu einem Weiher fuhren. Am Stadtrand sah ich im Kegel der Scheinwerfer das Straßenschild „Holzweg" und ich musste wieder lachen, weil wir jetzt „auf dem Holzweg" waren.

Bald waren wir am Ziel, der Bus hielt auf einer Wiese und wir hüpften heraus. Wir waren zu sechst. Norbert und ich, die zwei Bärtigen aus Dortmund und zwei Mädchen, die ich nicht kannte. Kaum war ich im Freien, befand ich mich auch schon mitten in einem Konzert, das sofort meine ganze Aufmerksamkeit beanspruchte, das Konzert der quakenden Frösche im Weiher. „Uoaaack, uoooaaaack, uoaaack", in einer wuchtigen Vielstimmigkeit, die alles Andere vergessen ließ. Wir waren alle gleichermaßen fasziniert, so näherten wir uns dem Ufer, wodurch die Vorstellung noch lauter und beeindruckender wurde. Jetzt konnten wir auch die Künstler sehen, halb im Wasser, mit ihren dicken Backen. Es war lange nach Mitternacht, aber eigenartig hell. Jetzt erst sah ich ihn. Er hatte uns schon seit geraumer Zeit beobachtet: der Vollmond. Hoch am wolkenlosen Himmel stand er und beleuchtete das Land mit seinem zauberhaften Licht. Das verstärkte die Wirkung der Acidtablette noch. Ich befand mich in einer Welt, die mir nicht unwirklich, sondern sogar extrem real vorkam. Ich fühlte mich direkt und unlösbar verbunden mit dem, was mich umgab, mit dem Sound der Frösche, die meine Ohren füllten, mit der frischen Luft, die mich ernährte, mit dem Duft der Wiesen und des Weihers, mit dem, was ich sah: Den nahen Waldrand, das Gefunkel der entfernten Stadt und die fünf Menschen, die ich um mich herum sah, und die möglicherweise die gleichen Empfindungen spürten wie ich. Jetzt nahm ich diese Menschen erst richtig wahr. Ich nahm sie als Menschen wahr, als Wesen wie ich selbst, als Geschwister.

Und sie waren alle sehr schön, die beiden Originale aus Dortmund, die beiden Mädchen mit ihren langen Haaren und bunten, weiten Kleidern, sogar Norbert, der für mich sonst immer ziemlich fertig und alt aussah. Es war ein elementarer, paradiesischer Zustand, so muss das bei Adam und Eva gewesen sein! Wir waren auch nur sechs und die Natur und der Mond, sonst nichts, wir waren die Welt!

Norbert fing an, sich auszuziehen, splitternackt, setzte sich ans Ufer, tauchte die Füße ins Wasser, glitt hinein und schon war er drin im Weiher und quakte genau wie die Frösche. Wir mussten alle lachen, aber das Wasser hatte eine so starke Anziehungskraft, es rief „komm rein, komm rein!" So ließ auch ich meine Klamotten fallen und maß mit dem Fuß die Temperatur. Kalt war es nicht, obwohl das Frühjahr noch nicht alt war, und die Nacht frisch. Das Wasser war weich, freundlich, es liebkoste meine Haut, und schon zog es mich in sich hinein. Ich fühlte mich wohl, schwebte ein paar Züge unter der Oberfläche, genoss, wie das Wasser über die nackte Haut glitt, ein Fest der Sinne, ein Liebesakt mit dem Element.

Jetzt war auch das Mädchen mit den Hennahaaren mit hereingekommen und Norbert spritze uns beide voll. Ich sah ein Feuerwerk! Jeder Wassertropfen verwandelte sich im Mondlicht in ein buntes, leuchtendes Kügelchen und ich rief: „Schaut, ein Feuerwerk", und mit den Händen produzierte ich Fontänen von Feuerwerken. Die beiden anderen im Wasser sahen das auch, produzierten auch Feuerwerke und erfreuten sich genauso an dem Spektakel.

Wieder an Land fingen wir alle drei zu zittern an. Das Mädchen bekam blaue Lippen. Ich spürte keine Kälte, aber der Körper reagierte so und wir rubbelten uns gegenseitig ab, was uns guttat. „Feuer schüren" war die Idee des Augenblicks und schnell war ein Haufen trockenes Brennholz vom Waldrand gesammelt und mit Reisig angezündet. Wir hielten die Hände über die Flammen, nahmen die Wärme auf. Das aktivierte die Lebensgeister. Ich konnte regelrecht spüren, wie sie sich in meinem Körper ausbreiteten, jede Zelle kitzelten, die Meldung überbrachten „angenehme Temperatur, alles in Ordnung" und für gute Laune sorgten. Ich sah auf meine Hände und bemerkte etwas Verblüffendes: Ich konnte das Blut fließen sehen, in den Adern, durch die Haut hindurch! Gebannt verfolgte ich diesen Vorgang. Zunächst war ich erschrocken. War das echt? Die Hände wie unter dem Röntgenschirm, deutlich erkennbar, durchzogen von Adern, in denen dichter Verkehr herrschte, wie auf der Autobahn, diese Assoziation erheiterte mich wieder. Bewegte ich die Hände vom Feuer weg, wurde das Fließen langsamer, meine Empfindung sagte „frischer!" Kam ich zurück über die Flammen, wurde der Kreislauf angefeuert, und die Empfindungszentrale meldete „unglaublich wohltuende Wärme", bis es ihr zu heiß wurde, und ich wieder ausweichen musste. Dieses Spielchen beobachtete ich eine ganze Weile. Auch jetzt wieder sah ich alles in Zeitlupe und erkannte den Dialog, der sich zwischen Ursache und Wirkung abspielte. Hinter jeder automatisch erscheinenden Handlung verbarg sich ein Befehl von einer mir bis dahin unbekannten Ebene in meinem Innern. Dieser Befehl kam gar nicht von mir, sondern von irgendwo in meinem Innern her, aber eigentlich auch von mir, denn dieser Auftraggeber war ja auch ein Teil von mir, mein Ich, aber nicht bewusst. Also war da jemand in mir, der Handlungen steuerte ohne Absprache mit mir, also dem bewussten Teil von mir. Das fand ich höchst interessant und rätselhaft! Dem musste ich auf den Grund gehen. So vergaß ich die Zeit und alles andere. Scheinbar Stunden saß ich so am Feuer, mit mir selbst beschäftigt, fasziniert im Hier und Jetzt, bis das letzte Stückchen Holz niedergebrannt war. Die Kühle des Morgens machte sich bemerkbar und brachte einen neuen Aspekt in meinen entrückten Zustand. Am Horizont regte sich die Dämmerung und weckte Vögel auf. Die Vögel weckten andere Vögel auf und bald zwitscherte der ganze Wald und ich befand mich in einem neuen Konzert. Die Frösche waren schon lange fertig. Ich saß allein an der Feuerstelle. Die anderen hörte ich irgendwo kichern. Der Mond war hinter den Bäumen verschwunden, erhellte aber immer noch den Schauplatz wie im Traum, unterstützt von dem beginnenden Tageslicht im Osten. Der VW Bus stand im glitzernden Tau, seine gelbe Oberfläche war wie Samt, ein putziges Plüschspielzeug zum Verlieben. Das LSD in meinem Körper war immer noch sehr wirksam.

Ich war inzwischen aufgestanden, streckte die müden Glieder, ging ein paar Schritte und stellte fest, dass ich mit jedem Schritt Gras plattmachte, womöglich auch noch Käfer und Ameisen zertrat. Das tat mir sehr leid und ich versuchte mich ganz leicht zu machen. Dann beruhigte mich aber der Gedanke, dass die Gräser schon wieder aufstehen würden und die Käfer müssten halt aufpassen, wenn sich da ein solcher Riese näherte. Und plötzlich erlebte ich ein weiteres unglaubliches Schauspiel:

Ich bildete mir ein, kleine, drollige Wesen im Gras zu sehen, kleiner als Grashalme. Ich schaute genauer hin, es war keine Einbildung, sie waren echt! Sie freuten sich, hopsten im Kreis. Es war eine Schar bunt gekleideter rundlicher Männlein und Weiblein mit dicken Backen. Sie hatten Ähnlichkeit mit den Trollen von Astrid Lindgren, vielleicht hatte die Frau ja auch schon solche Bekanntschaften gemacht. Plötzlich merkten sie, dass sie beobachtet wurden. Sie blickten zu mir hoch, hörten auf zu tanzen, tuschelten miteinander und winkten mir dann freundlich zu. Ich lachte und winkte zurück, völlig verzaubert. Waren das Elementarwesen, wie sie in den Märchen vorkommen? Jetzt waren sie in meinem eigenen Märchen aufgetaucht. Da hörte ich meine Mitmenschen zum Aufbruch rufen. Kurz war ich abgelenkt und schon waren meine neuen Freunde verschwunden, so schnell, wie sie erschienen waren. Sehr schade! Ich war ein bisschen traurig, aber ich hatte es wahrhaftig erlebt!

Norbert und die anderen Freunde näherten sich, sie wollten wieder fahren. Ich bat sie, auf die Elementarwesen im Gras Obacht zu geben. Sie bogen sich vor Lachen, ihre Stimmung war auch noch sehr angeheitert.

Wir fuhren nach Forchheim in die Wohnung der beiden Mädels. Sie kochten einen Kräutertee und legten die Doors auf, Riders on the Storm. Damit ließ sich gut weiterträumen. Das Acid im Körper wirkte immer noch. Mir gegenüber lag die mit den Hennahaaren bequem im Sessel, die Beine über die Armlehne gelegt, und wippte mit ihren Füßen im Rhythmus zu Jim Morrisons kräftiger Stimme. Die ganze Nacht über hatten wir kaum miteinander gesprochen. Jetzt, wo ich ihr gegenübersaß, fiel mir ihr hübsches Gesicht erst richtig auf. Sie hatte die Augen geschlossen, ihre langen Haare bewegten sich im Rhythmus der Doors. Ihre üppigen Rundungen zeichneten sich unter ihrer weiten indischen Bluse ab. Sie trug keinen BH. Sie bemerkte meinen Blick und hielt ihm stand. Ich konnte meine Augen nicht von ihr abwenden, war wie gefesselt. Mein Herzschlag wurde schneller, ich bildete mir ein, den ihren zu hören, im gleichen Rhythmus. Ich sah, wie ihre Brustwarzen anschwollen. Sie merkte, wie ich das bemerkte, schaute tief in mich hinein. Auch in meiner Hose schwoll einiges an. Sie schaute dorthin. Ich atmete schwer. Schließlich stand sie auf und meinte, sie wolle duschen. Als sie an mir vorbei kam, berührten sich unsere Hände. Wie in Trance folgte ich ihr. Sie nahm meine Hand und wir verschwanden im Badezimmer. Wir seiften uns gegenseitig ein und wuschen unsere hungrigen Körper gründlich und überall, bis wir beide wie Leuchtraketen im frühen Morgenhimmel explodierten.

6 Straße nach Asien

Am Anfang eines neuen Jahrtausends sitze ich in der Bambushütte einer kleinen gemütlichen Hotelanlage inmitten der Kardamon-Berge in Südindien am Rande des Dschungels. Hier gibt es wilde Elefanten und Tiger, Hornbills und Eisvögel, Zimtbäume, Vanille und riesige Bambuspflanzen, hier ist das Land, wo der Pfeffer wächst. Die Hotelzimmer sind kleine Holzhütten auf Stelzen, es gibt einen winzigen Raum, in den gerade ein Doppelbett passt, mehr braucht es da nicht, aber davor haben wir einen Balkon. Inzwischen habe ich eine Frau, seit Wochen sind wir in diesem wundervollen Teil Indiens unterwegs. Jeden längeren Aufenthalt nutze ich, mit diesem Schreibprojekt weiterzukommen. Zum ersten Mal auf dieser Reise benutze ich zum Schreiben Tisch und Stuhl, welch ein Luxus. Meine Gedanken wandern aber in eine ganz andere Gegend, dorthin, wo Kirschbäume blühen, wo schnelle Bäche zwischen bizarren Kalkfelsen fließen, wo Fuchs und Hase sich gute Nacht sagen: Weit weg von hier, in die liebliche Fränkische Schweiz, es ist der Sommer 1972.

Dort gibt es zahlreiche Höhlen. Irgendjemand hatte zu einer Geburtstagsparty eingeladen und irgendjemand hatte mich mitgenommen. In einer für solche Zwecke beliebten Höhle hatten um die 50 Leute Platz, es spielte sogar eine Band mit Fiedel und Gitarre, die hieß Liberty Valance. Ein knisterndes Feuer brannte in der Mitte und erhellte den Raum. Draußen im Wald herrschte eine angenehm warme Juninacht, aber hier drinnen war es recht frisch. Ich kannte kaum jemanden und viel Stimmung wollte nicht aufkommen. Das merkte wohl auch der Maler Pinsel, ein stadtbekanntes Original. Der zog sich nach ein paar Bierchen splitternackt aus und hüpfte wie Rumpelstilzchen kreuz und quer über das Feuer, womit er ein bisschen Applaus und ein weiteres Bier erntete. In einer Musikpause versuchte ich die Sängerin der Band anzumachen, die gefiel mir von allen Frauen noch am besten. Aber sie war recht kühl und außerdem war ihr kalt. Ich bot ihr an, meine Jacke zu holen, das fand sie gut, also stieg ich zwischen den am Boden sitzenden Leuten hindurch zum hinteren Teil der Höhle, wo meine Sachen lagen. Plötzlich stolperte ich bei dem schwachen Licht über einen Stein, eine Handtasche oder meine eigenen Füße, geriet in Schieflage, fiel nach vorne und landete im Schoß einer verdutzten Frau. Verblüfft blickten wir uns beide an, dann passierte etwas Eigenartiges: Wir waren beide so überrascht, genauso schauten wir uns an, die Szene hatte so etwas Komisches. Und in dem kurzen Moment sagten mir ihre Augen: „Hättest ja mal anklopfen können vorher, so einfach vom Himmel in meinen Schoß fallen, gehst ja ganz schön ran junger Mann, aber wenn du schon mal da bist, na ja, auf dieser Party ist eh nix los, ich hoffe du liegst bequem, alles in Ordnung?"

Das las ich in ihren Augen, und mit meinen Augen entgegnete ich: „Ja, ja, alles okay, hat mich was geschubst, nett von dir, dass du nicht gleich ausflippst und ich auf deinem Schoß liegen darf", und „du hast ganz liebe Augen und ein schönes Gesicht", sagten sie, „und dein Mund gefällt mir auch!"

In diesem Sekundenbruchteil erhob sich mein Kopf, näherte sich ihrem, meine Lippen drückten ihr einen Kuss auf den Mund und sie wehrte sich nicht, plötzlich konnten wir nicht anders, als uns zu küssen, erst zum Spaß, ich spürte immer noch keine Ablehnung, dann ging es über in ein vorsichtiges Herantasten, auch das wurde erwidert, die Zungen fingen an, miteinander zu spielen, das machte Spaß, der Spaß wurde heftiger, wir kamen auf den Geschmack, wir küssten uns immer leidenschaftlicher. Es gab keine frierende Sängerin und keine Höhle mehr, nur noch unsere Zungen und dieser andere Mensch und das Gefühl, dass gerade etwas völlig Irres passiert. Nach zwölfeinhalb Minuten entlud sich dieser Moment in ein lautes, lang anhaltendes Lachen und wir konnten uns schließlich auch höflich vorstellen.

Drei Tage lang ließen wir uns nicht aus den Augen, dann holte ich ein paar Sachen aus meiner Wohnung und zog zu ihr.

Sie war Lehrerin, frisch geschieden, und hatte Pfingstferien. Ganze Tage verbrachten wir im Bett und hörten ununterbrochen die neue Platte von Traffic. John Barleycorn starb tausend Tode. Wir liebten uns früh, mittags und abends und nachts. Wir kriegten nicht genug. Manchmal fuhren wir mit ihrem R 4 in die Natur oder vögelten auf einem Joe Cocker Festival im Schlafsack inmitten von Tausenden von Menschen. Aber wir konnten auch ganz brav in eine Kneipe oder auf ein Konzert gehen. Eines Abends spielte ein Bekannter von ihr mit seiner Gitarre in der „Pupille" sozialkritische Lieder wie „16 tons, what do you get? Another day older and deeper in debt …". Er war aus Hamburg und hieß Hufnagel-Rainer, weil er sein Medizinstudium mit aus Hufnägeln angefertigtem Schmuck finanzierte. Ute brachte uns zusammen, weil ich ihr zum Beginn unserer Freundschaft von meinem Wunsch erzählt hatte, weit wegzureisen, nach Afrika oder Asien oder so, irgendwo hin, weit weg. Nach so vielen Jahren Schul- und Unizeit war ich geistig ausgetrocknet und hatte Sehnsucht auf die hautnahe, lebendige Geografie, die große weite Welt. Die gab es in keinem Hörsaal.

Hufnagel-Rainer hatte sich einen alten Ford Transit gekauft und wollte damit nach Afghanistan fahren, um einen ehemaligen afghanischen Kommilitonen in Kabul zu besuchen, der ihn eingeladen hatte. Er suchte noch Leute, die mit ihm auf die Reise gehen und die Kosten teilen wollten. Da gab es schon einen Zahnarzt mit seiner Freundin und vielleicht zwei Studenten aus Nürnberg, die interessiert waren. Die Route sollte über Jugoslawien, Bulgarien, die Türkei, Iran und durch die persische Wüste gehen, seine Schilderung machte mich ganz kirre. Das war es, was ich suchte. Die Aussicht auf diese Reise übte eine magische Kraft auf mich aus. Ich war verliebt in eine Frau, die mir seit Wochen den Himmel auf Erden schenkte, ich konnte es selbst nicht begreifen, aber die Sehnsucht nach der Ferne war so stark, ich konnte nicht darauf verzichten und danach würden wir uns natürlich wiedersehen. Ich buchte „Kabul einfach",

packte einen Rucksack und am 10. August gab es einen trau-
rigen Abschied. Der alte Transit legte ab Richtung Asien.

Ihre Trauer währte nicht lange, Norbert wartete schon.

Wir waren zu viert. Schnell ging es durch Österreich und über
den Balkan. Wir sind mit nur wenigen Pausen über den jugo-
slawischen kaputten Autoput und die noch schlimmere Staats-
straße bis Bulgarien gehoppelt. Nach einer unvermeidlichen
Reifenpanne waren wir die Nacht durchgefahren und wurden belohnt von einem grandiosen Sonnenaufgang über den
Moscheen von Edirne, der ersten türkischen Stadt, der ersten
im Morgenland. Sonnenaufgang über dem Morgenland, eine
Wahnsinnsinszenierung! Immer weiter ging es nach Osten, bis
die Nationalstraße an das Marmarameer traf. Das dringende
Bedürfnis nach Erfrischung ließ uns ein herrliches Stückchen
Sandstrand finden, den die schnell kletternde Sonne schon
ganz gut aufgewärmt hatte. Hier ließ es sich gut Pause machen,
der ersten nach der nächtlichen Panne in Bulgarien, und wir
stürzten uns ins Wasser. Nicht weit von uns räkelte sich gerade ein Franzose aus seinem Schlafsack. Er war alleine auf dem
Rückweg von Asien nach Europa. Natürlich tauscht man seine
Reiseziele aus. Wir vier wollten alle nach Afghanistan. Das fand
unser Weltenbummler schon interessant und sehr sehenswert.
Aber die Krönung wäre Indien. Und im Süden Indiens, in Goa,
meinte er, trifft sich zu Weihnachten die ganze Hippiewelt zu
einer großen Party, die er schon mehrmals miterlebt hatte. Die
dürfe man nicht verpassen. Das fand ich überzeugend und so
verlängerte ich kurzerhand mein Reiseziel von Afghanistan bis
Goa. Jetzt war es August. Bis Weihnachten konnte das zu schaffen sein. Ich hatte ja weiter nichts vor.

Punktgenau am Heiligen Abend war ich also in Goa angekommen. Ich musste an den Franzosen denken, der so begeistert
von diesem Landstrich berichtet hatte. Er hatte recht. Goa war
wirklich ein Traum. Und diese Vollmondparty von Anjuna war
der Hammer! Aber jeder erlebte dieses Ereignis wohl auf seine
Art. Für mich war es war weniger die Party, die so umwerfend

war, sondern die Folgen, der Film, der Trip, der in mir ausgelöst wurde. Mit diesem Film im Kopf stand ich nun an der Reling und schaute mir diese noch ziemlich frische Erinnerung aus einigen Kilometern Entfernung wie einen Flashback noch einmal an und konnte es nicht fassen, dass ich das alles erlebt hatte, nicht einmal vier Wochen war das her:

Ein paar Stunden später rollten wir in Istanbul ein. Bis hierher hatte ich weite Teile Europas gesehen, den Norden, Süden und Westen. Alles war interessant und weitete den Horizont. Aber irgendwie kamen mir alle Kulturen bekannt und verwandt vor, trotz aller Unterschiede. Istanbul war anders. Nur noch ein bisschen Europa. Das Rufen der Muezzins, die kunstvollen Moscheen, die Sprache, die Kleidung, das quirlige Treiben und Feilschen in den Basaren, die Mosaiken im Badehaus, die Düfte der Gewürze, der Gestank in den Gassen, die überfüllten klapperigen Busse, alles war neu. Stundenlang saß ich bei vielen Tassen zuckersüßen Tees, war einfach da im Hier und Jetzt und betrachtete das Leben um mich herum und versuchte es zu fassen. Auch die Menschen waren anders.

Hier mussten wir erst einmal bleiben. Billige Hotels gab es im Zentrum genug. Sehenswürdigkeiten auch. Am dritten Tag traf ich Peter und Andi, die Studenten aus Nürnberg. Wahrscheinlich war Istanbul eine Kleinstadt. Sie schlenderten genauso wie ich ziellos über den Hauptbasar. Andi überragte alle, natürlich war er leicht zu finden. Die beiden waren am gleichen Tag wie wir gestartet, aber per Anhalter. Wir ließen uns im berühmten Puddingshop nieder, das war der Treffpunkt für die ganze Backpackerszene. Es wimmelte nur so vor Langhaarigen. Gerade war eine ganze Busladung hier abgestiegen. Ihr Bus war ein in London ausrangierter roter Doppeldecker, gestartet in Amsterdam, Ziel New Delhi, Fahrzeit zwei bis vier Wochen. Unten saßen die Passagiere, oben waren der Schlafsaal und der Rauchersaloon. Jetzt waren wir meist zu dritt unterwegs, Andi, Peter und ich. Das Topkapi-Museum, die großen Moscheen, das Taksim-Viertel, ein Hamam waren Standard-Programm, wir liefen uns die Füße wund. Istanbul war doch keine Kleinstadt. Aber jetzt wollten wir noch etwas Besonderes machen: zu Fuß nach Asien laufen. Gerade war die erste Brücke über den Bosporus fertiggestellt worden und lud geradezu dafür ein. Es war heiß und ein langer Weg, neben uns rollte eine Unmenge lauter Verkehr, aber großartig war der Blick zurück nach Europa, nach tief unten auf kleine und große Schiffe, auf den Bosporus und vorwärts nach Üsküdar, nach Asien, das schafften wir auch noch. Zum ersten Mal betraten wir drei asiatischen Boden, ein kleiner Schritt für unsere Füße, aber ein großer Schritt in unserer Biografie.

Peter und Andi wollten bald weiter, Richtung Afghanistan, am liebsten mit dem Schiff über das Schwarze Meer. Ich überlegte, mit ihnen weiterzureisen, sie hätten nichts dagegen. Mit dem Hufnagel hatte es immer wieder Stress gegeben, darauf hatte ich keine Lust mehr. So verabschiedete ich mich von der Transit-Crew, leider auch von dem im Voraus bezahlten Ticket. Jedoch wurden die Fahrtkosten je östlicher umso billiger, für 1000 Kilometer musste man ca. zehn DM ansetzen, das war erschwinglich. Und ich hatte keinen Getriebeschaden in der persischen Wüste wie die anderen, die ich natürlich in Kabul wieder traf.

Für die nächsten drei Tage gab es nun eine Menge Arbeit: Zunächst musste auf der iranischen Botschaft ein Transitvisum für das Reich des Schahs beschafft werden, und um an ein billiges Studententicket für das Schiff zu gelangen, bedurfte es Passbilder für die Antragstellung eines türkischen Studentenausweises, um sich damit eine Reservierungskarte für die Passage zu sichern, mit der schließlich ein Dampferticket nach Trabzon am Ende des Schwarzen Meeres erworben werden konnte. Damit stachen wir am Morgen in See.

Nach dem netten nächtlichen Erlebnis mit der Pille am Weiher hatte ich ein paar kalifornische Trips mit auf die Reise genommen. Hier auf diesem Schiff bekam ich Lust auf ein neues Abenteuer. Die Freunde aus Nürnberg hatten keinen Appetit, aber ich fand es gut, dass zwei Bekannte in der Nähe waren, für alle Fälle. Also zögerte ich nicht lange und warf ein.

Ich erlebte mich selbst als einen, der seinen Traum lebt, als wenn ich mich von oben herab beobachte. Ich sah das endlos weite blaue Schwarze Meer, darauf einen blütenweißen Dampfer mit einem Ernst auf dem Weg in Tausendundeine Nacht. Wieder erlebte ich einen herrlichen Tag mit intensiven Farben und geschärften Sinnen. Viel leichter als sonst entwickelten sich Gespräche mit wildfremden Reisenden, so zu einer Familie die zu einer Hochzeit unterwegs war und alles über Deutschland wissen wollte. Eine alleinreisende Studentin wollte zurück zu ihrer Familie in Trabzon, und war ganz aufgeregt, ihr frisch gelerntes Englisch loszuwerden.

Richtig Spaß aber machten die Geschichten der Weltenbummler. Viele waren schon Monate unterwegs, die meisten wollten nach Indien, andere nach Bali. Ein Holländer war am Anfang einer Reise um die ganze Welt und hatte sich dafür drei Jahre Zeit genommen. In meinem angetörnten Zustand sah ich den ganzen Erdball mit den schönsten Zielen vor mir und bekam noch mehr Reisefieber.

Die Nachbarn unserer Kajüte waren Amerikaner, die mit einem Minibus auf dem Weg nach Australien waren. Bei ihnen lief eine Tüte nach der anderen und gerne setzte ich mich dazwischen.

Einer erzählte von einem Acid-Trip, den er in den USA erlebt hatte. So hatte er verschiedene Stadien durchlaufen, Erfahrungsebenen, levels, die in einer höchsten Stufe, einer Art Explosion im Kopf aus pinkfarbenem Licht gipfelte. Die Pille nannte sich „Pink Mist". Ich hörte mit großen Ohren zu, erzählte aber nicht, dass ich auch drauf war.

Bald wurde es mir hier unten zu eng und ich musste wieder an Deck an die frische Luft.

An der Reling sah ich ein Mädchen stehen, traumhaft schön, ihre langen, hellblonden Haare wehten im Wind. Ihre Augen waren geschlossen, sie döste oder träumte. Ich konnte meinen

Blick nicht von ihr wenden, magisch wurde ich zu ihr hingezogen. Ihr Körper, ihre gebräunte Haut, ihr Lächeln auf den Lippen, das war einfach so perfekt, ich stand ganz nah neben ihr und war verzaubert. Sie bemerkte mich nicht, aber ich konnte nicht anders und streichelte ihren Arm. Da wachte sie auf und wunderte sich über meine Hand auf ihrem Arm und bemerkte irgendetwas auf Englisch mit einem schwedischen Akzent, etwas verwundert, aber nicht ungehalten. „Oh, är dü svensk?", fragte ich und freute mich, meine paar Brocken schwedisch anzubringen, die ich bei meinem letzten Schwedenaufenthalt gelernt hatte. Sie lachte und ich erklärte ihr, warum ich ihren Arm streicheln musste, „förlot, men dü är so söt", weil sie einfach so hübsch aussah. Das hätte ich ohne die Droge niemals fertiggebracht, aber das erzählte ich ihr nicht. Das Kompliment gefiel ihr wohl und nun plauderten wir ein bisschen holperig auf Schwedisch. Dabei machte ich natürlich Fehler, aber noch bevor sie mich korrigieren konnte, hatte ich schon erkannt, dass das falsch formulierte Wort bei ihr eine Reaktion auslöste, mich korrigieren zu müssen. Wunderbarerweise waren meine Antennen in der Lage, das korrigierte Wort blitzschnell zu empfangen, bevor sie es aussprechen konnte, und so kam meine Verbesserung im gleichen Moment wie ihre. So wurde das natürlich eine lustige Unterhaltung. Wir kicherten beide um die Wette. Mich belustigte die Erkenntnis, dass ich in meinem Zustand in der Lage war, fremde Gedanken aufzufangen, das war mir neu. Als plötzlich ihr Freund auftauchte, veränderte sich die Stimmung. Das fand ich schade und trollte mich.

Das Leben auf dem Schiff war so interessant, ich verbrachte viele Stunden damit, die unterschiedlichen Menschen zu beobachten, die Fische im Wasser, die Wellen, die Wolken, den Wind, die Farben des Sonnenuntergangs und plötzlich war es Nacht. Ich hatte keinen Hunger und war hellwach. Ich legte mich aufs menschenleere Deck, genoss die laue Brise, lauschte dem Rauschen der Wellen und meinen Gedanken und betrachtete die Sterne, die wie Brillanten am glasklaren Himmel funkelten.

Einer von denen, am Zenit, nicht einmal der hellste, zog meine Aufmerksamkeit besonders auf sich. Ein geheimnisvolles Funkeln erreichte mich. Ich konzentrierte mich auf diesen Stern. Er wurde heller, das Funkeln brillanter. Er wurde noch heller, oder kam er näher? Ich hielt den Atem an. Das Licht wurde schwächer. Ich atmete durch, ließ ihn nicht aus den Augen. Wieder wurde er heller, diesmal kam er wirklich näher, aus der irrsinnigen Weite des Alls, immer näher, heller und weißer werdend, aber immer noch weit entfernt. Mein Herz klopfte. Ein Gedanke: „Der will zu dir …" Ich spürte seinen Lichtstrahl in meinem Auge, fühlte eine Verbindung zwischen uns. „Er will mir etwas mitteilen!" Der Gedanke schwächte das Licht wieder ab. Ich wurde ruhiger. Meine Konzentration nahm wieder zu. Es kam wieder, das Licht, es wurde heller, greller, intensiver, größer, näher, immer näher, ein schneller weißer Blitz in meinem Auge, bedrohlich, ich erschrak, es wird in mich eindringen, ich werde explodieren, ich musste an den „Pink Mist" der Amerikaner vorhin in der Kajüte denken, das ist es, jetzt passiert es, jetzt, wird es auch so sein, oder vielleicht werde ich explodieren, verbrennen, ich bekam Angst, ich war noch nicht bereit, nein, jetzt noch nicht, das kommt zu plötzlich, ich bin nicht vorbereitet! Das Licht zog sich zurück, langsam, immer weiter weg zu einem kleinen harmlosen Sternchen am Firmament, als wäre nichts gewesen. Schweißgebadet kam ich wieder zu mir, um mich herum das Stampfen des Dampfers und das Rauschen des Schwarzen Meeres …

Ich spürte mein Herz rasen. Ich hatte überlebt und war glücklich darüber. Aber das war noch nicht das Ende. Der Lichtstrahl hatte meine Neugier angekitzelt.

7 Durchs wilde Kurdistan

Am östlichen Ende des Schwarzen Meeres lief unser Schiff in den Hafen von Trabzon ein. Unser Bus wartete schon. „Iran Border, Iran Border" rief er, und meinte ganz gezielt die paar Rucksackreisenden, die nicht mit dem eigenen Mobil unterwegs waren, und so aussahen, als wollten sie nach Indien trampen. „Iran Border, come on, come on ..." Klar, wollen wir dahin. Der Fahrpreis war schnell ausgehandelt, very cheap, der kleine Mercedes füllte sich, das Gepäck auf das Dach geschnallt, und ab die Post. Eddi war der Fahrer, Ali, der Tourmanager, Übersetzer und Ticketverkäufer, Oktay der Bordmechaniker und zuständig für die Radmuttern. Wir anderen waren ca. 15 und zumeist Franzosen, und wir drei die fränkische Minderheit. Die Stimmung war gut, wir freuten uns alle auf den Orient und ein süßer Duft türkischer Kräuter verbreitete sich in unserem Minibus. Bei den ersten Rauchschwaden drehten sich die Crew- mitglieder um und grinsten nur. Sie kannten das.

Ein Freak packte die Gitarre aus, wir sangen „I can´t get no satisfaction ...", und der Minibus schlängelte sich hoch in die baumlosen Berge Nordost-Anatoliens, lediglich stündlich un- terbrochen durch einen kurzen Halt zum Festziehen der Rad- muttern. Einmal hielt unserer Fahrer unvermittelt in der Pam- pa, die drei Türken begaben sich mit einem kleinen Teppich auf eine ebene Fläche, wischten die Steine beiseite, verneigten sich mehrmals in Richtung Mekka und murmelten Gebete wie „la ilaha illa llah, muhammad rasulu-llah", „es gibt keinen Gott au- ßer Allah und Mohammed ist sein Prophet." Das machten sie fünf Mal am Tag, jeden Tag, erklärten sie später. „Allahu akbar!" „Allah ist der Größte!" Wir Ungläubigen durften uns solange die Beine vertreten, wir sahen menschenleere braune Berge um uns herum, es wehte ein kräftiger, warmer Wind. Es ging weiter über Hügel und Täler, Kurven und Steigungen, Stunden und Stunden, die Löcher im Asphalt rüttelten uns durch, die Sonne heize das Auto auf, wir dösten durchs Fenster, nickten ein und in den Traum hinein mischte sich allmählich immer lauter und aufgeregter werdendes Palavern und Diskutieren der Crew, die sich nervös immer wieder mal nach uns umdrehte, schließlich bei einem einsamen Landgasthaus anhielt und uns aufforderte, den Bus zu verlassen. Das dauerte recht lange, denn wir protestierten, wollten den Grund wissen, den uns auch Ali, der Dolmetscher schwer verständlich machen konnte. Aber mit Händen und Füßen hieß er uns, das Gepäck vom Dach wieder an uns zu nehmen. Sollten wir hier in der Wüste abgesetzt und geprellt werden? Nicht mit uns! Einige setzten sich mit Gepäck wieder ins Fahrzeug, Eddi schob sie wieder raus, die Gemüter erhitzten sich. Ali tat sein Bestes, uns zu beruhigen. Dann kam die Auflösung des Rätsels: Jeder hatte sein Gepäck bei sich, nur einer nicht, ein Franzose, der etwas bedröppelt dastand, ohne Rucksack, der war wohl irgendwie abhandengekommen. Die Besatzung bestieg den Bus, verabschiedete sich mit den Worten „come back, looking," und weg waren sie. Ein guter Trick, aber nicht lustig. Wir standen zwischen Kurdistan und Turkistan, warteten und warteten, tranken einen Tee nach dem anderen, Bier hatten sie nicht. Die Sonne näherte sich den westlichen Bergen und allmählich fertigten einige von uns schon einen Plan B an, da kam plötzlich unser bekannter Minibus die schmale Bergstraße hochgekrochen, aber ohne Rucksack, wie unsere Freunde kleinlaut erklärten. Der Verlust wurde mit dem Franzosen nach langem Feilschen mit 80 Dollar abgegolten, und mit dieser Problemlösung und einem erneuten Festziehen der Radmuttern konnte es beschwingt weitergehen in die orientalische Nacht.

Der rucksacklose Franzose freute sich über sein unverhofft erworbenes Vermögen, das ihn über den Verlust seiner schmutzigen Unterhosen hinwegtrösten half.

Tatsächlich schafften wir auch noch die letzten Berge unserer 500 Kilometer langen Reise bis zur persischen Grenze und herzlich war der Abschied von Eddi, Ali und Oktay.

Auf der anderen Seite, im iranischen Bazargan, begrüßte uns der gütig-freundlich lächelnde Schah von Persien in einer schicken Uniform neben seiner bildhübschen Frau Farah Diba, der Kaiserin, mit einem Diadem aus Diamanten im Haar, überlebensgroß abgebildet in der Abfertigungshalle. Etwas weniger freundlich waren die Grenzbeamten, die sich sehr für unser Gepäck interessierten, beneidenswert viel Zeit hatten und keine Langhaarigen mochten. Aber schließlich wartete auch hier ein bequemer Reisebus der Marke Mercedes Benz, um uns in Windeseile zur Übernachtung bis zur ersten iranischen Stadt Maku zu bringen.

Das Bemerkenswerte an Busfahrten im Iran war der erstaunlich gute deutsche Standard von Straße und Fahrzeug, Ausdruck des Wohlstandes eines ölexportierenden Landes, verbunden mit den guten Beziehungen des Shahregimes zu westlichen Regierungen. Das andere ist die Gewohnheit der Iraner, so lange Pistazien zu knabbern, bis der letzte Fleck des Bodens mit Pistazienschalen bedeckt ist.

Auch bei unserem Hauswirt in Maku glänzte das Konterfei des kaiserlichen Paares unübersehbar an der Wand. Für ihn waren Armut, Verfolgung von Andersdenkenden, polizeiliche Willkür und Folter in seinem Land unbekannt, gelassen konterte er den Einwand vermutlich aller seiner westlichen Gäste mit einem entwaffnendem Lächeln und einem breiten „Shah wääri guud", während bei uns der Besuch des Vaters aller Prügelperser am 2. Juni 1969 in Berlin noch in frischer Erinnerung war und seine Bemerkung zu den Demonstrationen nach dem Tod Benno Ohnesorgs: „Was regen die sich über einen Toten auf, das passiert bei uns jeden Tag …"

Entsprechend mulmig zumute war mir deshalb bei der Einreise in dieses Land. Aber die täglichen Ohnesorgs starben wohl auf einer anderen, den Touristen nicht gezeigten Ebene, wir haben ebenso wie der Hauswirt in der Provinz davon nichts mitbekommen.

Maku liegt zwischen imposanten roten Felswänden in einer Schlucht, aus der uns am Morgen ein weiterer Schnellbus herausführte, über Tabriz fast 1000 Kilometer nach Südosten bis zur Hauptstadt Teheran, die wir im Morgengrauen des nächsten Tages erreichten. Alle Fahrgäste verschwanden schnell irgendwohin. Und wir drei standen alleine am stillen Busbahnhof herum, ohne Plan und Ziel. Kaum eine Menschenseele war zu entdecken, nur am anderen Ende versammelten sich ein paar Gestalten um einen Reisebus. Die meisten waren modern gekleidet, besonders junge Frauen, sogar hübsch geschminkt, die älteren trugen ein dunkles Tuch um den Körper und die Männer ein langes Hemd. Der Bus war startbereit zu einem Ausflug über das Elburs-Gebirge ans Kaspische Meer. Da fuhren wir einfach mit! Die Gelegenheit, das Kaspische Meer zu sehen, das Meer, das 28 Meter unter dem Meeresspiegel liegt, hat man nicht alle Tage, so fiel unsere Entscheidung leicht, und wir hatten wieder ein Ziel. Die Mitreisenden waren freundlich und neugierig. Sie wollten alles über uns wissen. So war die erneute Reise über die Berge schnell geschafft und wir konnten die Seebäder Amol, Babol und Babolsar, die kaspische Riviera unter Dattelpalmen, erleben. Das Meer war grau, die Luft schwül und trüb, in den Orten tote Hose. „Ramadan" erklärte man uns, Fastenmonat. Keiner wollte uns ein Bierchen ausschenken und zu essen gab es auch nichts. Frustriert gingen wir früh zu Bett in einer Pension, wir konnten ja nicht wissen, dass die Moslems nach Sonnenuntergang wahre Feste feierten, ohne uns. Der Hit war dieser Ausflug nicht. Aber schon so manchen Iraner konnte ich mächtig beeindrucken, wenn ich erzählte, ich wäre schon mal in Amol, Babol und Babolsar gewesen.

Für die Rückfahrt fanden wir keinen Bus, es war Sonntag, also beschlossen wir, bis Teheran zu trampen. Wir teilten uns auf, damit wir leichter wegkamen, mit Ziel Treffpunkt Hauptbahnhof. Die beiden Nürnberger blieben zusammen und ich fand erstaunlich schnell eine Mitfahrgelegenheit mit einem älteren Herrn, der gut Englisch sprach, einen Besuch auf dem Teheraner Teppichbasar empfahl und mich am Hauptbahnhof absetzte. Zwei Stunden lang studierte ich Fahrpläne und unterhielt mich angeregt mit dem Kaiserpaar, das hier natürlich auch wieder dominant präsent war, im Gegensatz zu den beiden Herren aus Nürnberg, die waren im Amir Kabir Hotel gelandet, der bekanntesten Hippieabsteige in Teheran.

Ich erzählte Herrn und Frau Shah, dass ihre Zeit hier bald abgelaufen sein werde, weil ein Ajatollah schon in den Startlöchern säße, um bald seine islamische Revolution durchzuführen, und außerdem würde im Jahre 2010 ein durchgeknallter Diktator seinem Volk eine Atombombe schenken wollen. Aber das interessierte die beiden nicht, sie lächelten weiterhin fotogen über ihre Untertanen und Touristen hinweg. So marschierte ich schließlich zu dem Teppichbasar und konnte nicht fassen, wie viele zigtausende von Teppichen ich in den Hallen zu sehen bekam, die ein ganzes Stadtviertel bedeckten. Ganze Waggonladungen zu Spottpreisen hätte ich eingekauft, wäre ich den Wünschen der Händler gefolgt, die mich zum Tee einluden und die Vorzüge ihrer Ware anpriesen, ich konnte nur schwer widerstehen. Auch lernte ich, dass die Qualität eines Teppichs mithilfe einer persischen Zigarette bestimmt wird. Zählt man auf der Unterseite 40 Knoten neben einer Zigarettenlänge, so hat man es mit einer absoluten Topqualität zu tun. Unter 20 Knoten ist das Stück schon um einiges billiger, ich bekäme es heute fast geschenkt.

„Ich bin leider zu Fuß unterwegs, guter Mann und möchte heute noch mit dem Nachtzug nach Meschhed fahren", erklärte ich mehrmals. Dieser Zaubersatz bremste so manchen heißblütigen Händlereifer. Aber dann hatten sie immer noch einen Cousin in Meschhed mit einem Hotel, einem Restaurant, einem Souvenir- oder Bäckerladen, den ich unbedingt besuchen müsste.

Die Sonne versank im Westen, als sich der Wüstenexpress in die entgegengesetzte Richtung in Bewegung setzte, erst das dicht bevölkerte Teheran, dann seine Vororte mit Fabriken, Werkstätten, Tankstellen, Lagerhallen, Wohnsiedlungen, Slums mit vielen Menschen und fußballspielenden Kindern auf den Straßen hinter sich ließ. Bald gab es keine Häuser und Hütten mehr, nur noch Sand und unendliche Weite, die bald von der Dämmerung verschluckt wurde. Bis dahin klebte ich am Fenster, dann war es finster, so konnte ich den alten Hufnagel-Ford-Transit-Bus aus Deutschland nicht erkennen, der am Horizont neben der Wüstenpiste mit Getriebeschaden hängen geblieben war.

8 Herat

Mitten in der sengenden Wüste ist die Grenzstation. Die Abfertigung dauert einen halben Tag, warum, das ist nicht herauszufinden. Inzwischen hat man aber gelernt, dass im Osten alles länger dauert. Zeit spielt keine Rolle. Ein Europäer wird da schnell nervös, aber auf Dauer gewöhnt man sich daran, der Virus ist ansteckend. Man wird gelassener, langsamer, relaxter. Viele Dinge werden nicht mehr so wichtig genommen. Der Pass braucht eben vier bis fünf Stunden, bis er seinen Stempel bekommen hat. Inzwischen kann man ein paar Gläschen Tee in der Bar trinken, dabei ein paar Seiten Hermann Hesse lesen, bis das Hirn ausgedörrt ist, wir hatten schließlich August und Wüste. Man lernt einige nette Menschen kennen, meist Leidensgenossen auf dem gleichen Weg oder zurück. Und man kann sich freuen, auf das, was da kommt. Pausen sind dafür da, innezuhalten, zurückzuschauen, wo komm ich her, was hab ich erlebt, wo bin ich, was mach ich hier, wo geh ich hin. Und da wurde mir plötzlich klar, dass das Land erreicht war, das seit Monaten mein Ziel war, ein weiterer Traum war kurz davor, erfüllt zu werden. Aber diese letzten zweieinhalb Wochen, die unvergesslichen Eindrücke und Begegnungen mit fremden Kulturen und Menschen, Landschaften, Gerüchen und Musiken, war das ein Traum? Der bärtige Afghane in der schon lange nicht mehr gewaschenen Uniform lächelte mich mit lieben, schwarzen Augen an und überreichte mir meinen Pass. Das Visum zierte eine ganze Seite mit kunstvollen Ornamenten und arabischen Schriftzeichen und einer ausladenden Unterschrift. Das war doch kein Traum! Das Visum war echt, der Pass, der Afghane mir gegenüber auch, jetzt ich durfte ich sein Land, Afghanistan, betreten. Freudig lächelte ich dankend zurück, steckte das Dokument in den Brustbeutel und begab mich hinaus in die flirrende Wüstenhitze. Augenblicklich waren alle Gedanken über Träume von vergangenen und erreichten Etappen vergessen. Ein

Mercedes-Bus älterer Bauart und dem Schriftzug eines westfä-
lischen Busunternehmens an den Seiten stand schon länger mit
laufendem Motor wartend am Straßenrand und sammelte alle
Grenzgänger ein, die allmählich den Innenraum füllten. Viele
Afghanen und Iraner kamen aus Meshed, aber natürlich auch
ein paar Freaks aus dem Westen. Mit dem Engländer Peter hatte
ich schon am Vorabend im Grenzdorf auf der anderen Seite einen indischen Liebesfilm mit iranischen Untertiteln angesehen,
so fuhren wir jetzt auch zusammen weiter.

Kerzengerade verlief die holprige Straße in Richtung Herat,
aber immerhin war sie geteert. Die Stimmung an Bord war sehr
heiter. Nach dem stundenlangen Stillstand an der Grenze war
der Bustrip wie eine Erlösung. Es ging weiter! Die Afghanen
hatten sich viel zu erzählen. Auch sie knabberten in einem fort
Pistazienkerne. Durch die offenen Fenster kam ein wenig Erfrischung. Ich sah unendlich viel Sand mit vertrocknetem Grünzeug, eine Ziegenherde auf der Suche nach ein paar Grashal-
men, angeführt von einem Kind, nicht älter als zehn Jahre. Dann

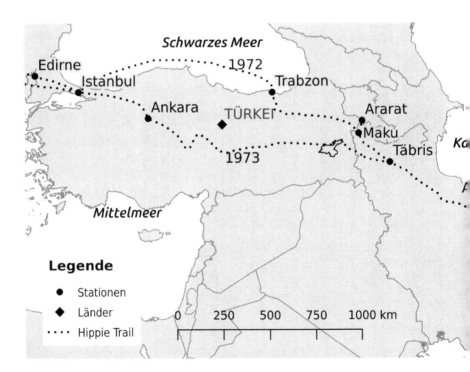

platzte ein Reifen, Pause. Die Straße füllte sich mit Sachverständigen. Man beschloss, einfach weiterzufahren, die ersten Hütten von Herat waren in Sicht. Mit einem belustigendem „flopp, flopp, flopp" rollten wir in die nahe gelegene Tankstelle ein. Mit viel Palaver wurde der kaputte Reifen wieder einmal begutachtet, diskutiert und viel gelacht. Dabei wurde auch gleich aufgetankt, alles natürlich bei laufendem Motor. Der Fahrer hatte den Auftrag, uns bis zum Busbahnhof in der Stadtmitte zu bringen, und das schaffte er dann auch noch. Um den Reifen sollte sich der Chef kümmern.

Das war unser erster Eindruck von dem Traumziel Afghanistan. Nach über sechs Wochen Aufenthalt in diesem Land stand für mich fest, dass die gesamte afghanische Wirtschaft so funktioniert.

Am Busbahnhof erwartete uns das Begrüßungskomitee. Heerscharen von Abgeordneten der verschiedenen Hotels, die alle über die aussteigenden Neuankömmlinge herfielen und ihre Etablissements mit „very cheap", „best price", „good food",

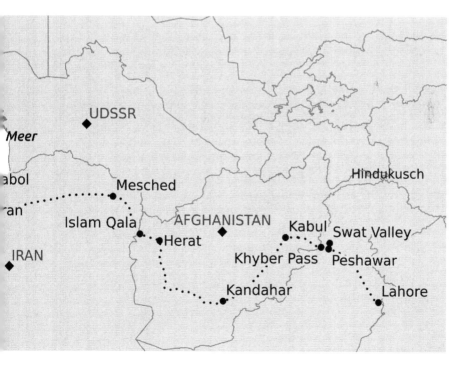

„luxury rooms" usw. anpriesen. Sie waren ja alle sehr nett, aber hartnäckig, und so ließen sich Peter und ich schließlich von einem glücklichen Knaben namens Ali zu seinem Hotel Abdullah abschleppen. Das war billig und gut, im Zentrum gelegen und lud dazu ein, ein paar Tage zu bleiben.

Vor einem Lokal in der Hauptstraße konnte man gemütlich bei einem Glas Tee sitzen und das Leben in der Stadt beobachten. Noch nie hatte ich eine relaxtere Atmosphäre erlebt. Händler warteten vor ihren winzigen Läden geduldig auf Kundschaft, tranken Chai oder diskutierten bei einem Brettspiel die Tagespolitik, Pferdedroschken kreuzten die staubigen Straßen, mit übervollen Handkarren wurden Waren von A nach B transportiert, Autos gab es nicht viele, Teerstraßen gar nicht. Passierende Afghanis grinsten einen freundlich an, da fiel es leicht, sie zu grüßen, was sie gerne erwiderten. Man bekam das Gefühl, dass man willkommen war und irgendwie dazugehörte. Die Männer sahen ulkig aus. Die grauen und beigen knielangen Kaftans und die weiten Hosen darunter kannte ich schon vom Iran her. Auffällig waren ihre Vollbärte und die typischen Afghanistan-Käppis auf dem Kopf. Alle Männer schienen freundlich grinsende Männer zu sein. Blieb man stehen, um ihnen bei einer Tätigkeit zuzuschauen, wurde man sogleich integriert. Gegrüßt wurde mit einer Formel, die sich anhörte wie „turesti, hobbesti, jonni jurasti", gleichzeitig musste man mit den gleichen Worten antworten, was so viel bedeutet wie „Wie geht's altes Haus, alles klar?" Und schon war alles klar, begleitet von lautem Gelächter, wenn man als Fremder dieses Ritual beherrschte. Und schon war seine Arbeit weniger wichtig als der Mann aus Dschermani, von dem man doch wissen musste, woher er kam, wohin er wollte und ob er eine Frau hatte.

Frauen gab es nicht. Von denen sah man nur ein über den Kopf gestülptes dunkelblaues Gewand, die Burka, ein Ganzkörperschleier, der von dem Körper nur die Füße in flachen Schuhen sichtbar ließ. Die Augen waren versteckt hinter einem Visier aus textilem Gitter. Die Frauen lebten also hinter Gittern, so kam es mir vor. Ich fragte mich, wieso ein Volk das Schönste, was es hervorbringt, hinter Gittern versteckt. Das verstand ich nicht. Was war der Sinn, der Vorteil dieser Regelung. Eine Frau kann sich unbeobachtet alle Männer anschauen, ohne von diesen angemacht zu werden. Aber was hilft das, wenn sie einen toll findet. Sie darf ihn ja auch nicht anquatschen. Traditionell werden Beziehungen von den Eltern ausgehandelt, die Beteiligten haben kaum Mitspracherecht. Wird die Frau durch die Burka geschützt? Vielleicht. Sexueller Missbrauch gegenüber Frauen kommt in Afghanistan hauptsächlich in der Ehe vor. Dafür machen sich die Männer an die Männer ran. Überall sah ich junge Männer Hand in Hand herumspazieren. Ich fragte mich, ob das im Sinne der Schöpfung ist, aber ich befand mich auch hier in Afghanistan in einer von Männern erdachten und gemachten Welt, das konnte ich nur beobachten aber nicht ändern. So nahm ich dieses Phänomen in meinen so reich gefüllten, aber immer noch hungrigen Erlebnisspeicher auf.

Gleich zu Beginn meiner entspannten Tage in Herat wurde ich mit einer komplett neuen und dramatischen Erfahrung konfrontiert: Schon am Ortsrand waren mir die elenden Hütten von Slums aufgefallen. Hier in der Stadt herrschte die Armut zwischen allen Geschäftemachern. Natürlich gab es Reiche! Die Dollars tauschte man nicht in der Bank, sondern bei Jugendlichen, die dicke Geldbündel mit sich herumtrugen und wohl auch gut verdienten. Neben den „money-changers" waren die Dollars und Afghanis bei den Hotelbesitzern, Busunternehmern, Tankstellenbesitzern, hohen Beamten, Getreide- und Teppichhändlern usw. zu Hause. Aber viele andere, eigentlich die meisten, die für diese Schichten arbeiteten und schufteten, existierten am Minimum, in zerlumpten Kleidern, in armseligen Hütten ohne fließendes Wasser, ohne Toiletten, ohne Ausbildung, ohne Absicherung, ohne Zukunft.

Dann gab es auch noch eine Menge Menschen, für die selbst dieser Standard nicht erreichbar war, Menschen mit Behinderung, Kranke, Blinde, Verkrüppelte, die durch das soziale Netz gerutscht waren. Diese hielten sich in der Stadt auf, bei den Geschäften und Touristen, um dort ein paar Brosamen zu ergattern.

Am zweiten Tag hat mich diese Ebene voll erwischt: Ich schlenderte gut gelaunt über den Boulevard, als mir ein zehn bis zwölf Jahre alter Junge entgegenkam. Seine beiden dünnen Beine waren verkrüppelt, er lag auf einem Holzbrett auf Rädern. Um die Hände hatte er Lederstreifen gebunden, damit konnte er sich wie mit Kanupaddeln anschieben, so bewegte er sich fort. Erschüttert sah ich dieser Kreatur zu, wie sie direkt auf mich zusteuerte. Der Bub hielt vor mir an, sah mit erwartungsvollen Augen zu mir hoch und streckte die kleine Hand aus. So viel Elend auf einem Haufen hatte ich noch nie gesehen! Verdattert suchte ich meine Taschen nach ein bisschen Geld ab. Ich hätte ihm gerne ein paar Dollarscheine in die Hand gedrückt, aber ich war ohne Geld aus dem Haus gegangen. Wie dumm und peinlich. Ich sagte ihm: „Sorry, ich hab nichts", was er mir natürlich nie geglaubt hätte. Alle Touristen haben die Taschen voller Dollars, dummerweise alle außer mir, suchte aber weiter und fand tatsächlich noch eine winzige afghanische Münze, den Bruchteil eines Eurocents, beugte mich hinab und legte sie achselzuckend in seine schmutzige, kleine Handfläche. Er schloss die Hand, blickte mir in die Augen, ich in seine, er strahlte über das ganze Gesicht, seine schwarzen Augen leuchteten vor Glück und Dankbarkeit. Dieses arme Kind strahlte vor Freude! Das konnte ich nicht fassen. Das war zu viel für mich! Erschüttert drehte ich mich um in Richtung Hotel, wo ich herkam, ging, schneller, lief, rannte die Treppen hoch in mein Zimmer, schmiss mich auf mein Bett und weinte laut und lange.

Nach diesem Schock konnte ich mit dem Elend umgehen. In allen folgenden Ländern wie Pakistan, Indien, Nepal wurde ich mit unzähligem Leid direkt konfrontiert. Gerne hätte ich täglich meine gesamte Barschaft von DM 2000 verteilt und bestimmt ein bisschen kurzzeitige Freude bereitet, aber hätte das die Gesamtsituation verändert? Außerdem brauchte ich selber noch ein paar Scheinchen für die nächsten Monate. Also lernte ich, das Leid als Schicksal für die betroffenen Menschen hinzunehmen und trotzdem immer wieder wohldosiert etwas von meinem Reichtum abzugeben. In der ständigen Begegnung mit der Hilflosigkeit, in denen sich viele Mitmenschen befanden und der Unabänderlichkeit ihres elenden Schicksals erkannte ich, wie gut es mir eigentlich ging und wie dankbar ich dafür sein müsste. So lernte ich den Satz: „Der Gebende hat zu danken."

Herat war nicht nur Armut und Elend, sonst hätten wir es hier nicht ausgehalten. Eine Woche verbrachten Peter und ich im Hotel Abdullah und ließen uns anstecken von der lockeren, relaxten Wüstenoase, in der die Zeit nicht existierte. Den meisten Reisenden erging es hier ebenso. Man vergaß seine Ziele und blieb erst einmal. Weiterfahren konnte man immer noch.

Neben unserem Hotel gab es einen kleinen Tante-Emma-Laden, der etwas geräumiger war als ein Schuhkarton. Dort grinste Jamil hinter seinem Tresen zwischen Waschmitteln, Colaflaschen, Kugelschreibern, Plastikeimern, Marmelade, Pfeffer, Salz, Zigaretten, Bananen und Streichhölzern hervor. Gleich nach unserer Ankunft winkte er uns zu sich, begrüßte uns wie alte Bekannte und zog aus einer Schublade eine grün-schwarze Platte hervor, groß wie eine Tafel Schokolade mit einem eingeprägtem Wappen, einem Qualitätsstempel in der Mitte, auf das er stolz deutete: „Mazar i Sharif", sagte er, und wir verstanden sofort. Von Mazar i Sharif kam der beste Shit, den man auf der Welt kriegen konnte, der berühmte „Schwarze Afghane"! Tief sogen wir den herb-süßlichen Duft der Platte ein, das allein war ein antörnender Genuss! Jamil machte es sichtlich Spaß, uns dabei zu beobachten. Sein Preis war fair, Peter und ich legten zusammen und besaßen 80 Gramm afghanisches Grundnahrungsmittel.

Dieses Naschwerk trug natürlich erheblich zur Gemütlichkeit bei, nicht nur bei uns, denn alle Afghanen bekiffen sich, auch öffentlich, das sahen wir immer wieder. Deshalb grinsen sie auch alle so freundlich, deshalb versteht man sich so gut mit ihnen, darum fällt ihnen das harte Leben leichter.

Mit Peter ging ich oft in die örtlichen Chai-Shops und Restaurants, zum Essen, Schauen und Dasein. Auch er war zum ersten Mal auf dieser Tour. Er kam aus Liverpool, war Elektriker und spielte abends als Schlagzeuger in einer Rockband. Aber die hatte sich soeben aufgelöst, und so beschloss er spontan, wie so viele andere, nach Asien zu fahren, wo er schon immer hinwollte. Natürlich wollte ich von den Beatles etwas erfahren. Jeder in Liverpool kannte einen Beatle, entweder persönlich oder um einige Ecken. George Harrison war mit ihm auf die gleiche Schule gegangen, nur ein paar Klassen höher. Als Jüngerer wurde man da natürlich nicht so beachtet. Aber Peter ist als 13-jähriger schon zu den Konzerten der Quarrymen von John Lennon gegangen, die als eine von unzähligen mittelmäßigen Bands in der Stadt ihr Glück versuchten. Das bemerkte er voller Bewunderung und nicht ohne Stolz als Liverpooler.

Die Busfahrt von Herat über Kandahar und Ghazni war der Härtetest. Enge, harte Sitze, eine kaputte Federung auf über 700 Kilometer schlechten Straßen, heiße und staubige Luft, aber herzliche, interessierte und gesprächige Afghanis waren wieder beeindruckende Facetten dieses Landes. Der Blick aus dem Fenster machte neugierig und war nie langweilig. Irre Landschaften, seltsame Menschen und Tiere liefen wie ein Film an uns vorüber. „Beim nächsten Mal werden wir zwischendurch öfters aussteigen und ein paar Städte und Dörfer besuchen", nahmen wir uns vor. Beim nächsten Mal, denn wir hatten ja nonstop Kabul gebucht.

9 Licht in Kabul

Die Radmuttern blieben fest und die abgefahrenen Reifen hielten bis Kabul. Dort begrüßte uns flirrende Hitze, der Gesang des Muezzins auf der Moschee neben dem Busbahnhof und eine Menge Lärm, verursacht von der Meute Hotelvertreter, unserem Begrüßungskomitee. Ramin Ali Shah hat uns sofort auserwählt. In gutem Englisch überzeugte er uns, dass sein Hotel Pamir die allerbeste Wahl für uns wäre, mit komfortablen Zimmern, gutem Essen, zentraler Lage in der Altstadt, netten Gästen aus dem Westen und zu einem Superpreis. Er hatte Glück mit uns, denn zumindest ich blieb vier Wochen.

Peter und ich erhielten ein brauchbares Zimmer mit drei Betten und Blick zum Hof. Sofort bekamen wir einen Chai serviert von der guten Seele des Hotels. Essen war leider „spfinnish", wie er mit einem strahlenden Lächeln mitteilte. „Bread?" Auch „spfinnish". Spinat (spinach) war zu unserer Belustigung natürlich erst recht „spfinnish". Also suchten und fanden wir ein Lokal gleich um die Ecke, in dem einige Freaks speisten und bestellten uns Hammelkoteletts und Sabas Chai, grünen Tee.

Wieder im Hotel hatten wir inzwischen Zuwachs bekommen. Unser cleverer Ramin brachte vom Bus einen Cliff Ulmer mit, einen Kanadier, der aussah wie ein Paschtune, mit einheimischen Klamotten, einem typischen afghanischen Hütchen, dem Pakol auf dem Kopf, und einem langen Bart, der ihm während vieler Monate des Umherreisens im Norden Pakistans gewachsen war. Immer wieder war Cliff in den Regionen zwischen Kaschmir und Afghanistan, in den Tälern Swat, Chitral und Hunza gewandert und gefahren, er konnte Pashtu, die Sprache des Nordens schreiben, lesen und sprechen. Er liebte die Menschen in dieser Gegend, kannte ihre Gebräuche und Eigenheiten, er war einer von ihnen. Seine Schilderungen waren so lebendig und begeisternd, dass mein nächstes Reiseziel feststand: Die Täler jenseits des Khaybar-Passes, nördlich von Peschawar.

Doch zunächst waren wir drei ständig in Kabul unterwegs. Bereits gegen fünf Uhr früh fing unser Tag an. Es war noch dunkel, als der Muezzin vom Turm der großen Moschee gegenüber zum Gebet rief. Hier gab es noch einen echten Menschen mit kräftiger Stimme, der das „La ilaha illa llah, es gibt keinen Gott außer Gott und Mohammed ist sein Prophet ..." in die Stille über der Altstadt rief. Peter und ich waren da schon wach. Als Ungläubige natürlich nicht wegen des Gebets, sondern wegen des Umstands, dass unsere abendländisch-christlichen Darmbakterien seit einiger Zeit einen erbitterten Kampf um die Zuständigkeit im Unterleib führten gegen die afghanisch-islamistischen, was zur Folge hatte, dass nach jeder eingenommenen Mahlzeit dort ein Krieg ausbrach, nur ein sofort eingeleiteter Spurt auf die Toilette konnte zu einem kurzen Waffenstillstand führen, und das mehrmals täglich. Am Morgen holte der Ruf des Muezzins alle Bakterien wieder auf die Barrikaden, und so fing der neue Tag wieder mit einer Flucht auf das stille Örtchen an. Der Cliff war da schon weiter. Als Einheimischer hatte er keine Verdauungsprobleme mehr, aber er fühlte sich mit uns solidarisch, er drehte einen ersten Joint und der Tag war unser Freund. Der Kampf der Bakterien konnte natürlich nur mit einem Endsieg der islamistischen enden, wenn wir hier bleiben wollten, aber bis dahin sollten noch Wochen vergehen. Ich weiß nicht, ob die Islamisten damals schon terroristische Ziele verfolgten, doch das Darmproblem fühlte sich schon ziemlich terroristisch an, fast alle über Land Reisenden mussten da durch.

Auch die Toilettenkultur gab es für alle westlichen Freaks neu zu erlernen: Im ganzen tiefen Orient gab es kein Blättchen Toilettenpapier. Bereits in der Türkei musste man sich daran gewöhnen, dass die Nahrungsreste einfach in einem Loch im Toilettenboden verschwanden. Daneben stand ein Gefäß zum Nachspülen oder auch noch irgendeine Art von Papier. Keine Spur davon in Afghanistan.

Cliff erklärte ganz lapidar: „Nimm die linke Hand und rechts eine Büchse Wasser, und du bekommst einen sauberen Hintern und ein besseres Verhältnis zu deinem Körper"

So einfach war das.

In den vier Wochen führten uns ausgedehnte Spaziergänge in alle Winkel der Stadt. Häufig liefen wir nach Shari Nau, in den moderneren Stadtteil Kabuls mit neu gebauten Hotels, Restaurants und Geschäften, wo es westliche Sachen zu kaufen gab. Hier befand sich auch der Laden der Familie von Hufnagels Freund, dem Medizinstudenten. Sein Vater betrieb ein Exportgeschäft mit typisch afghanischen Kleidern, Stoffen und Fellmänteln, die in Europa reißenden Absatz fanden. Wir wurden gleich zum Tee eingeladen und trafen die Ford-Transit-Passagiere aus Deutschland wieder, die in einem Hotel in der Nachbarschaft untergekommen waren. Mit der Zeit wurde uns dreien die Stadt ziemlich vertraut, Cliff kannte eine Menge sehenswerter Objekte, Moscheen, Parks, den Zoo, schöne Winkel in der Altstadt.

Kabul war die Landeshauptstadt, zwar international, aber recht provinziell, auf keinen Fall vergleichbar mit Teheran oder Istanbul. Rund um den königlichen Palast, in dem noch ein echter König regierte, befanden sich die Botschaften aller Herren Länder, viele bekannte westliche Konzerne verfolgten wirtschaftliche Interessen, die Russen betrieben ein Krankenhaus und bauten Straßen – auf denen sie fünf Jahre später einmarschierten und das Land besetzten. Ich erinnere mich an viele russische Militärfahrzeuge, die UNO und die Amerikaner fuhren hier genauso herum. Trotzdem hatte ich nicht das Gefühl, auf einem Pulverfass zu sitzen. Ein Trugschluss. 1978 begann die richtig schlimme Zeit für Afghanistan, die bis heute anhält, das sind fast 40 Jahre. Es macht mich traurig, wenn ich daran denke, was aus diesem schönen Land geworden ist.

Meine Erinnerung ist eher romantischer Natur. Ich befand mich auf einem abgehobenen Entdeckungstrip. Meine Erfahrungen waren durchgehend gut bis großartig. Die Schattenseiten sah ich zwar auch, aber ich konnte sie nur zur Kenntnis nehmen, nicht ändern. Ich kam aus einer anderen Welt, sah die Welt wie ein Kind, das selbige erst entdeckt, und die fand ich umwerfend schön. Die Schokoladentafel aus Herat hatte natürlich auch ihren Anteil daran. Der schwarze Afghane schmeckte immer noch vorzüglich, war aber schon beträchtlich geschmolzen. Nie in meinem Leben habe ich mehr gekifft als hier, nicht vorher, auch nicht nachher, weiter östlich.

Die Mondsichel nahm täglich ein wenig zu, sie leuchtete hell am klaren Himmel. Sie erinnerte mich an die kalifornischen Tabletten in meiner Tasche. Peter aus England hatte auch nichts gegen einen psychedelischen Ausflug einzuwenden. Cliff hatte keine Lust drauf, der schien sowieso immer high zu sein. Also warfen wir kurz entschlossen eine Pille ein, Cliff baute uns einen dicken Joint, dann verließen wir wieder zu dritt das Hotel und begaben uns in den Trubel der Altstadt. Jetzt ging alles schnell. Wir waren sofort drauf. Ich tauchte ein in die exotische Welt des Basars. Es war früh am Abend, mein Blick ging nach oben, dort stand der fast halbe Mond. Er gab mir den Kick, „es geht los" meinte er und ich erhielt einen Adrenalinschub, während wir durch ein Meer von Farben, Geräuschen und Gerüchen des Basars gingen. Sofort war ich beim Thema meines Trips, ohne Einleitung: Die Geschichte ging weiter. In aller Deutlichkeit sah ich plötzlich wieder, dass ich mich in einer Fortsetzungsgeschichte befand. Es folgte das Kapitel nach dem Stern vom Schwarzen Meer. Und heute war es soweit! Irgendwie hatte ich das Erlebnis mit dem Stern die ganze Zeit verdrängt, deshalb wurde ich überrascht, ja überrollt, aber jetzt kam ich nicht mehr raus. Wollte auch gar nicht. Blitzschnell war ich bereit. Wir gingen zu dritt durch den Basar, ich hatte einen Begleiter zu jeder Seite und oben den Mond. Sie waren wie Schutzengel, mir konnte nichts passieren. Die Lichter um uns herum leuchteten wie der Stern damals, aber jetzt waren es viele, sie klopften an, drangen in mich ein, wurden wieder schwächer, wurden heller, intensiver, bereiteten mich vor, dass jetzt etwas Großes passiert. Meine Aufmerksamkeit war nun ganz nach innen gerichtet. Ich weiß nicht, ob es so war, aber in meiner Vorstellung gingen wir durch ein Tor, Treppen hinab, Treppen zu der Schatzkammer?

Leuchtende Farben um uns herum, jede Stufe war ich eine Stufe näher dran, mit jeder Stufe steigerte sich meine Spannung, alle paar Schritte spürte ich, wie wir ein weiteres Level auf dem Weg zum Ziel durchquerten, zurück ging kein Weg mehr, es war, als zog mich eine unsichtbare Kraft immer weiter, dann spürte ich meinen Körper nicht mehr, dann kam er angerollt, ich ließ es geschehen, ich gab mich ihm hin, einem gigantischen Orgasmus aus hellrotem unbeschreiblichem, kristallklarem Licht wie einem sexuellen Höhepunkt, aber im Kopf und viel stärker, das große Licht kam aus allen Richtungen, es füllte mich, umspülte alle Zellen des Gehirns und des ganzen Körpers, trug mich, ich sah und spürte nichts mehr als das Licht, warm und weich, sanft und zärtlich, liebevoll, stark, durchdringend und unvergesslich, groß und echt!

Meine Begleiter merkten von alldem nichts. Ich habe keine Ahnung, wie lange dieser himmlische Zustand anhielt, vielleicht ein paar Sekunden, vielleicht Minuten, eine Viertelstunde? Egal, es war das Größte, das ich bis dahin erlebt hatte, der Höhepunkt eines an Höhepunkten reichen Trips.

Aber noch nicht genug.

10 Taxi Himalaya

Der rost-grüne Mercedes-Bus von „Hirsche Reisen Großschlattengrün" brachte mich noch weiter nach Osten, nach Jalalabad. Vom Dach des Hotels am Marktplatz hatte ich einen tollen Blick über die Stadt und das muntere Treiben unter mir. Pferde- und Ochsenkarren, Busse, Laster und alte Autos wirbelten viel Staub auf. Die langsam untergehende Sonne beleuchtete die umgebenden Berge, während die Stadt schon im Schatten lag. Die golden leuchtenden Bergspitzen in der Ferne waren deutlich höher als die Kulisse von Kabul. Wir waren am Fuß des Himalaya! Aus einem Einschnitt im Gebirge schlängelte sich ein Fluss heraus in die Ebene von Jalalabad. Dort musste es zum Khyber Pass gehen, dem geschichtsträchtigen Tor nach Pakistan und Hindustan. Schon Alexander der Große war mit seinem Heer hier durchmarschiert, der einzigen Verbindung nach Osten weit und breit, auch Marco Polo kam hier durch, die englische Armee wurde hier vernichtet und einheimische rivalisierende Stämme schlugen sich immer wieder die Köpfe ein.

Das Leben und das Gewusel der Afghanen auf dem Marktplatz zu beobachten hatte seinen Reiz. Aber anders als in Herat oder Kabul lud mich das nicht mehr zum Bleiben ein. Afghanistan gehörte schon wieder der Vergangenheit an. Der Sog des Ostens war stärker. So bestellte ich beim Hotelmanager für den nächsten Morgen ein Taxi bis zur Landesgrenze nach Torkham. Mein Wirt nannte mir einen akzeptablen Preis für die Fahrt. Der Taxifahrer verlangte das Doppelte, ich bot ein Drittel, wir einigten uns auf die Hälfte, ein lächerlicher Preis für eine 40 Kilometer lange Taxifahrt. So war jeder zufrieden und gleich wollte ich es mir in dem geräumigen, alten Ford aus den 50er-Jahren bequem machen. Doch mein Driver bremste mich ab und erklärte mir mit Händen und Füßen, ich solle erst abwarten und Tee trinken, half hour, er würde Bescheid geben. Zwei Stunden später wurde ich gerufen.

Er hatte inzwischen noch viele Fahrgäste eingesammelt. Ganze Familienclans saßen im Inneren der Limousine. Kisten und Körbe waren auf dem Dachträger befestigt, der Fond war schwarz vor Leuten. Kinder quollen aus den Fenstern und ich schaute dumm aus der Wäsche. Mein Fahrer grinste und zog seine Trumpfkarte aus dem Ärmel: Er öffnete den Kofferraum und bat mich mit einer einladenden Geste Platz zu nehmen. „Chubas?", fragte er. „Chubas", sagte ich, das heißt gut – ich lachte und er lachte zurück, wusste er doch, dass dieser geräumige Platz mit Panoramablick im Fond mit offener Klappe für alle Freaks der Begehrteste war. Ich drehte mir noch einen Joint und schon schwebte die alte Kiste über die Wüstenpiste in das allmählich enger werdende Tal in Richtung Khyber Pass.

„Eine wilde Gegend" hatte Cliff gesagt. Je weiter und höher wir in die Berge vorstießen, umso häufiger sah ich Militärfahrzeuge und Einheimische, die ein Gewehr über der Schulter trugen. Die zwei Länder, die hier ihre gemeinsame Grenze haben, sind auch nicht immer befreundet. Der alte Ford mühte sich beachtlich ab, die kurvenreiche Passstraße schlängelte sich hoch und höher, die Dörfer wurden allmählich weniger und die Fahrgäste auch. Als schließlich der Dachträger leer war, durfte ich dorthin umsteigen und erlebte die letzten Kilometer bis zur Grenzstation Torkham als Galionsfigur mit wehenden Haaren oben auf dem Dach.

So eine Traumreise kann man nicht vergessen. Die folgende Szene an der Grenze auch nicht:

Der afghanische Zollbeamte hatte viel Zeit, es gab nicht viel zu tun. Da kam ich gerade recht. „You have one kilo of hashish", meinte er kumpelhaft.

„Hab ich nicht!", meinte ich bestimmt.

„Hast du doch!", und ich solle das Zeug doch gleich auf den Tisch legen, dann müsse er nicht so lange suchen, meinte er.

„Echt nicht!"

Also musste ich den ganzen Rucksack auspacken, mehr Gepäck hatte ich nicht. Er filzte einmal, er filzte noch einmal, nach dem dritten Mal wurde er richtig sauer. Dann musste es eine Leibesvisitation bringen. Er fummelte mich ab, von oben bis unten, griff in die Hosentasche, holte eine Streichholzschachtel heraus, öffnete sie, fand einen dicken Brocken besten schwarzen Afghanen, mein letztes gutes Stück, schaute mich kurz an, legte die Schachtel auf den Tisch, fummelte weiter bis zu den Füßen, ich steckte die Streichholzschachtel wieder ein, er brummte einen Frust auf Afghanisch, er fand sich dann aber mit seiner Niederlage ab, es war nichts mit der Provision, ich sagte „I´m sorry", stopfte meinen ganzen Krempel wieder in den Rucksack und verabschiedete mich. Nach ein paar hundert Metern war ich oben auf der Passhöhe, durchquerte den geschichtsträchtigen steinernen Bogen, der die Straße überspannte und schon war ich in Pakistan.

Von Landi Kotal auf der anderen Seite fuhr ein Minibus durch 1000 Kurven die enge Passstraße hinab, vorbei an Militär- und Polizeistationen, kargen und steilen Felswänden einem Gebirgsbach folgend, immer tiefer, bis das Tal breiter, fruchtbarer und belebter wurde. Wir kamen in die Ebene der Großstadt Peshawar.

Schon wieder befand ich mich hier in einer anderen Welt. Diese Stadt war von Indern gegründet und im englischen Kolonialstil geprägt worden, aber hier lebten Moslems, wie in Kabul, das hatte wieder einen ganz anderen, fesselnden Reiz. Mehrere Tage wohnte ich in dem Hotel mit Innenhof, das mir Cliff empfohlen hatte. Ich genoss den köstlichen Milch-Chai, mit Zimt, das Nationalgetränk, die täglichen Rückenmassagen des kleinen Ali, der von Zimmer zu Zimmer seine Dienste anbot und zu Beginn seiner Arbeit erst mal mit den Füßen auf dem Rücken herumspazierte, beobachtete die Geckos an den Wänden, schlenderte durch die belebten Gassen und Basare, schaute den Handwerkern bei der Arbeit zu, die ihre Werkstatt auf dem Gehsteig aufgebaut hatten.

Dann kam Raimondo aus den Bergen zurück mit seinem Freund Mian Manimullah aus Mingora im Swat Valley. Raimondo war ein Buchhändler aus Puerto Rico. Ähnlich wie Cliff hielt er sich schon viele Wochen hier im Bergland auf, und war ein paar Tage bei uns in Kabul im Hotel Pamir. Wir teilten uns das gleiche Zimmer, nachdem Peter weiter nach Osten abgereist war. Mian, ein kleiner, quicklebendiger Pakistani, war Spezialist für Edelsteine. Er breitete ein Seidentuch auf dem Tisch aus und präsentierte ein Häufchen bunter, glitzernder Steinchen, die ich noch nie gesehen hatte. Jedem gab er einen Namen: Rubin, Smaragd, Saphir, Opal, Aquamarin Turmalin, Tigerauge. Stolz betonte er, dass diese in den Bergen seiner Heimat Swat Valley gefunden wurden. Ganz begeistert erklärte er die Details an den Objekten, Trübungen, Risse, Einschlüsse und Reinheiten, die den Wert der Steine bestimmten. Mian war nicht nur Experte und Sammler, sondern auch Händler mit Lizenz und verkaufte in alle Welt. In Mingora betrieb er einen Laden. Seine Begeisterung für diese Kostbarkeiten war ansteckend. Jeden Tag kam er mit neuen Exemplaren, die er stolz präsentierte. Am Ende war ich selber zum Experten ausgebildet und hatte ein Säckchen mit Steinchen in der Tasche. Außerdem überzeugte er uns, dass wir in einem fremden Land als Touristen außer ein paar wichtigen Worten in der Landessprache Pashtu auch die Schriftzeichen kennen sollten, und da hatte er recht. Also machte er uns in einem Crashkurs mit den einheimischen Hieroglyphen vertraut, mit dem Erfolg, dass wir tatsächlich nach täglichem Training die Schilder über den Geschäften lesen konnten, sehr zur anerkennenden Belustigung der Leute, wenn wir eine Zeit lang vor einem Laden standen und so lange radebrechten, bis sich der Erfolg unter allgemeinem Beifall einstellte. Auch da tat sich für uns eine neue Welt auf und wir gingen mit einer ganz anderen Aufmerksamkeit durch die Stadt.

Natürlich wurde auch ich eingeladen, Mians „wunderschöne Stadt im herrlichen Swat-Tal" zu besuchen. Raimondo hatte ja dort schon mit Mian Geschäfte gemacht, genauso wie Cliff, der ihn auch schon lange kannte. Und in das Swat Valley wollte ich sowieso. Also kauften wir uns in einer Minibus-Agentur Tickets für die knapp 100 Kilometer lange Strecke. Häufig wurden wir von Militärposten gestoppt. Bärtige, bewaffnete Soldaten schauten sich im Bus um, sie diskutierten mit dem Fahrer oder mit Fahrgästen. Manche mussten ihr Gepäck zeigen. Immer wieder wurde der Fahrer abkassiert. Touristen wie wir wurden nicht behelligt, aber die Stimmung war bei allen nicht gut.

Swat Valley entschädigte uns für alles. Ein paar Tage blieben wir in Mingora, dann wollte Raimondo weiter hinauf. Er war schon in Chitral gewesen, einem weiteren wunderschönen Tal unterhalb des K 2, des zweithöchsten Berges nach dem Mt. Everest. Auch im traumhaften Hunzatal an der chinesischen Grenze war er schon gewandert, wo es noch einen Provinzkönig gab, und manche das sagenumwobene Shangri-La vermuteten, aber das obere Swat-Tal kannte er noch nicht. So fuhren wir früh morgens mit dem Bus bis zum Ende der Teerstraße und wanderten dann noch ein paar Dörfer talaufwärts, wo das Donnern des Swat-Flusses an jeder Stelle zu hören war und die Bergspitzen locker über 5000 Meter hoch waren.

Eine Bäuerin freute sich, uns ein Zimmer mit zwei Betten anbieten zu können. Wir freuten uns auch. Fremdenzimmer waren selten in dieser Gegend. Verpflegung hatten wir aus Mingora mitgebracht, für die Dorfbewohner war es mühsam genug, ihre eigene Versorgung hierher zu schaffen, und für weitere Mitesser wurde nicht geplant.

Es war früher Nachmittag. Hier war ein guter Platz, einen weiteren Acid-Trip zu wagen. Raimondo hatte auch einige gute Erfahrungen gemacht und gerne ließ er sich eine halbe Tablette anbieten. Eine Ganze wollte ich mir nach dem Abenteuer in Kabul nicht zumuten. Die Stimmung war gut und die Umgebung grandios, beste Voraussetzung also.

Auch diese halbe Pille beförderte uns schnell auf ein ganz besonderes Level. Sobald sich ein Kribbeln im Körper bemerkbar machte, und das bereits nach einer Viertelstunde, wurden wir nach draußen getrieben. Der Beginn des Trips war ein Staunen über die fremde Umgebung. Wieder waren alle Eindrücke viel intensiver als im Normalzustand, alle Dinge, bekamen Bedeutung, jede Regung wurde bewusst wahrgenommen. So erlebte man wieder alles neu, wie ein Kind, das zum ersten Mal einen Ausflug macht: Nur Staunen über die hohen Berge, die klare Luft, das Rauschen des Flusses, die fremden Bäume und Sträucher, die sich im warmen Wind wogen, die angenehm wärmenden Sonnenstrahlen. alles neu. Wir schlenderten langsam über die Dorfstraße. Die Feldsteine der Häuschen sahen aus wie aus dem Boden herausgewachsen, die mit Moosen und anderen Pflanzen bewachsenen grauen Mauersteine sprühten vor Farben und Leben. Lange betrachteten wir die endlosen Details und teilten uns gegenseitig freudig unsere Entdeckungen mit. Wie immer auf Trip spürte ich ein Pulsieren in allen Dingen. So bewegten sich die Gebäude, als würden sie atmen, ganz sanft, ebenso die Bäume. Die Bäume tanzten auf ihrem Platz, sie sendeten Glück und Zufriedenheit aus, und indem ich das erkannte, hob es auch meine gute Stimmung. Zwei Kinder kamen angelaufen, eine kleine Ziegenherde vor sich hertreibend. Sie riefen uns ein paar Worte in Bergchinesisch zu, wir konterten auf fränkisch und spanisch, lachend liefen sie weiter. Ein Mütterchen verarbeitete einen Berg Reisig zu Kleinholz, auch sie lachte uns ein paar Worte entgegen, als wir stehen blieben und zeigte uns ihre Zahnlücken. Gegenüber versuchte ein Bauer einer mageren Kuh einen Karren anzuschirren, seine Frau breitete Früchte zum Trocknen aus. Ein herrlicher Duft von Aprikosen strömte herüber. Von allen Menschen wurden wir freundlich angelächelt. Natürlich hatte ihr Nachrichtensystem gemeldet, dass wir Amerikaner aus Mingora gekommen waren und das einzige Fremdenzimmer im Dorf bewohnten. Wir waren Außerirdische, gelandet am Ende der Welt, 500 Jahre zurück in der Zeit.

In diesem Dorf hat sich scheinbar seit dem Mittelalter nichts geändert. Die Menschen hier werden zu Hause geboren, wachsen auf, helfen den Eltern auf dem Hof, hüten die Ziegen, werden groß, werden verheiratet, kriegen Kinder, bestellen den

Acker mit Ochs und Esel, bringen die Eltern ins Grab, säen und ernten auf schwindelerregenden Terrassen, reparieren ihre Hütten, hacken Holz, werden alt und abgelöst von den Jungen. Es gibt keinen Strom, keinen Traktor, keine Autos, keinen Lärm, keinen Stress, seit Jahrhunderten nicht, immer der gleiche Kreislauf, wie die Erde um die Sonne, wie der Mond um die Erde, es ist gut, es ist vollkommen.

Schweigsam sitzen wir auf der Terrasse unserer Pension. Wir beobachten, spüren, riechen, hören, gehen unseren Gedanken nach, schweigen, es braucht keine Worte.

Ein paradiesisches Gefühl der Ruhe und Zufriedenheit breitet sich in meinem Kopf aus. Ich erlebe einen Zustand irdischen Glücks. Ich schließe die Augen. Ich spüre meinen Körper nicht mehr. Mein ganzes Bewusstsein konzentriert sich in meinem Kopf. Wie in Kabul öffnet sich wieder ein Türchen zu einem Universum strahlenden, bunten Lichtes, das langsam, voller werdend, schließlich den ganzen Kopf ausfüllt. Für Sekunden oder Minuten löse ich mich darin auf. Aber diesmal ist es nicht nur Licht.

Heute ist etwas anders als sonst. Hinter dem Licht erkenne ich eine Kraft, die aus den Weiten kommt, die das Licht durchdringt und so groß wird wie das Licht in mir und um mich herum. Sie kommt mir vertraut vor, als wenn ich sie kennen würde, ich habe keine Angst. Sie umgibt mich unglaublich liebevoll und landet in meinem Herzen, von wo aus sie alle Zellen meines Körpers durchflutet, mich in einen himmlischen Schwebezustand versetzt und sich langsam wieder dahin zurückzieht, von wo sie gekommen ist. Lange genieße ich das soeben erlebte Gefühl. Als ich wieder klar denken kann, erkenne ich, dass diese Kraft eine sehr persönliche Kraft ist. Sie lenkt mich, führt mich, sie hat mich hierher gebracht und lässt mich diese ganzen Abenteuer erleben. Ich erkenne, dass nichts, was ich erlebt habe, durch Zufall passiert ist. Das sehe und spüre ich in diesem Moment. Alles ist inszeniert: Dieser Ausflug, dieser Trip, meine Begleitung, die Menschen, die ich treffe, die Orte, die mir gezeigt werden, mein ganzer Lebensweg und besonders diese Reise in den Orient. Ich glaube, dass ich hierher gelockt wurde. Indem ich das erkenne, bin ich auf einer Ebene mit dieser Kraft. Ich bekomme ein Feedback, ein unglaublich liebevolles Lächeln, keine Worte, aber ein unerschütterlich echtes Gefühl, die Gewissheit, dass das wirklich so ist.

Ich erzähle mein Erlebnis Raimondo. Auch er hat stundenlang, so schien mir, kein Wort gesagt, auch er schwebte noch in seiner eigenen Geschichte. Aber er kannte alle Phänomene, die ich gerade durchlebt hatte, denn er kannte sich mit LSD gut aus.

Dann sagte er halb fragend, halb wissend: „Was du da gesehen hast, ob das Gott ist?"

Zum ersten Mal kam „Gott" ins Spiel. Raimondo hat es gesagt, aber ich habe es gefühlt, aber nicht gewagt, dieses Wort auszusprechen. Gott gab es nicht in meiner Welt. Doch die Möglichkeit seiner Existenz drängte sich urplötzlich auf und wieder durchströmte mich so etwas wie ein Liebessturm durch alle meine Zellen. Und ich, der Atheist, fange an zu kapieren, nein in diesem Moment habe ich kapiert! Ganz klar sah ich die Fakten vor mir und war überwältigt: Ein Weltbild fing an, in sich zusammenzustürzen.

Deutlich fallen mir meine Worte wieder ein, die ich so gerne während meiner Schulzeit zitiert hatte: „Wenn es einen Gott gibt, so soll er sich mir bitte gefälligst beweisen!"

Mit dieser Tour und besonders mit diesem Trip heute Abend hat er sich eindrucksvoll, dauerhaft und schlitzohrig bewiesen, der Herr Gott.

Kaum war diese Erkenntnis erkannt, landete ich auch schon wieder auf unserer Mutter Erde, mitten im Mittelalter, mitten im Himalaya. Eine schiefe Mondsichel, diesmal die abnehmende, stand über einem Berggipfel, die Hunde kläfften im Dorf und ich war wieder einmal ein anderer Mensch geworden.

11 Feuer über Amritsar

„Come to border, quick!", rief er, noch bevor ich meinen Fuß auf den Bahnsteig gesetzt hatte. Gerade war der Express von Peshawar in der Millionenstadt Lahore eingetroffen, der letzten Stadt vor der indischen Grenze.

„You must hurry, border closing!"

Er meinte mich ganz persönlich und ließ nicht locker. Wie kam er darauf, dass ich zur Grenze wollte?

„No, no, no", wehrte ich mich.

Natürlich wollte heute jeder westlich aussehende Mensch an die Border. Der Typ ließ sich nicht abwimmeln, aber ich wollte mit dem Bus an die indische Grenze fahren, ich bin ein sparsamer Mensch.

„Bus too late, border closing, I drive you border, very quick, Sir!"

Orientalische Taxifahrer geben niemals auf. Allerdings war diese verdammte Grenze zwischen Pakistan und Indien nur jeden Mittwoch für ein paar Stunden geöffnet, es war bereits Nachmittag. Ich überlegte, dass die Busse überfüllt und langsam sind und im entscheidenden Moment ihren Geist aufgeben können. Eine Woche bis zum nächsten Mittwoch wollte ich in dem heißen, staubigen Moloch Lahore mit Sicherheit nicht verbringen. Also fragte ich schließlich unverbindlich: „How much?" Der Taxifahrer nannte einen schwindelerregenden Rupien-Betrag. „Du spinnst wohl!", lachte ich und bot wie üblich ein Drittel davon. Doch diesmal gab es wenig Spielraum, und mein Driver wusste das auch. Also stieg ich in seinen schwarzen Ambassador. Ali fuhr wie der Henker und mit Dauerhupe durch den dichten Verkehr. Hunde, Katzen, Kinder und Konsorten retteten sich mit einem Sprung von der Fahrbahn. Die Straße nach Indien zog sich hin, es ging durch nicht enden wollende überfüllte Vororte, dann über einen kerzengeraden Highway mitten durch Getreidefelder, über plattes Land, aber schließlich kamen wir unversehrt und rechtzeitig an der Grenze an.

Stolz verkündete Ali: „Border, Sir!" Auch ihn hat wieder einmal der Himmel geschickt und ich dankte ihm insgeheim für seine Hartnäckigkeit.

Ein paar Stunden später stand ich plötzlich in Indien. Mutterseelenallein, umgeben von bärtigen Turbanen, bunten Saris, lärmenden Kindern, Fahrrädern, Rikshas, Bussen, Ambassadors, Tata-LKWs, herrenlosen Hunden, und was mir besonders auffiel, freilaufenden Kühen. In diesem Vorort von Amritsar hatte die abendliche Geschäftigkeit begonnen. Die gnadenlose Tageshitze war einer angenehmen Wärme gewichen. Hell erleuchtete Marktstände mit Bergen von Früchten, Gemüse, Gewürzen und Kräutern säumten die Hauptstraße. Dann folgte eine Reihe von Restaurants, von denen ein unwiderstehlicher Duft ausging. Ich merkte, dass ich lange nichts gegessen hatte und bestellte im erstbesten Lokal ein Vegetable Curry mit Chapati. Von einem erhöhten Platz auf der Terrasse konnte ich das bunte Treiben gut überblicken. Die erste Tasse Chai auf indischem Boden schmeckte köstlich. Jetzt war ich also in Indien. Kaum zu fassen! Tabla- und Sitarklänge ertönten quietschend aus einem minderwertigen Lautsprecher. Sie begleiteten den Gesang einer hellen, piepsigen Sopranstimme, eine Stimme, die man in Europa nicht zu hören bekommt. The sound of India. Ich tauchte ein in diese Musik, sie gefiel mir. Dabei beobachtete ich den Chapatibäcker, der in einer affenartigen Geschwindigkeit aus einem Teigbällchen durch Hin- und Herpatschen von einer Hand in die andere flache, kreisrunde Teigfladen herstellte, die sich zu einem beachtlichen Turm anhäuften. Sein Kollege warf die Fladen genauso rasch und gekonnt in die Pfanne, wendete ein paar Mal, stellte sie kurz in die Holzkohleglut, wo sie sich aufblähten wie ein Ballon, um die heißen Teile abschließend mit Schwung auf einem Teller platt zu hauen. Der Mann musste Asbestfinger haben! Obwohl die Jungs arbeiteten wie die Weltmeister musste ich ganz schön lange auf mein Essen warten, und das Loch in meinem Magen wuchs auf eine beängstigende Größe. Die letzte vernünftige Mahlzeit hatte es in Peshawar gegeben, vor der langen Eisenbahnfahrt und der stundenlangen Wartezeit an der Grenze. Aber jetzt war ich endlich an der Reihe. Ich bekam einen großen Teller Gemüse mit verschiedenen Beilagen. Messer und Gabel hatte ich schon lange nicht gesehen, dafür gab's ja das Chapati. Ich riss mir einen Teil davon ab, formte es mit den Fingern zu einer Schaufel, führte sie unter die Speise und ließ sie zügig in den Mund gleiten, um sie mir auf der Zunge zergehen zu lassen. Wie der Blitz zuckte ich jedoch zusammen und spie, einem Drachen gleich, einen Feuerstrahl aus meinem Rachen, der allen Tischnachbarn die Haare versengte. Im Nu stand das ganze Lokal in Flammen. Zum Glück konnte ich die Feuersbrunst mit einem kräftigen Schluck heißen Tees stoppen, aber mein Zentralnervensystem antwortete auf die Attacke mit einem sofortigen heftigen Schluckauf. Ich war ja aus Pakistan schon einiges gewohnt und liebte die dezente Schärfe der Mahlzeiten, aber das hier haute mich um. Ich gab mir größte Mühe, den Schluckauf nicht anmerken zu lassen, stocherte erst einmal unauffällig im Essen herum und versuchte den nächsten Anfall abzufangen.

In dieser sensiblen Phase überraschte mich plötzlich eine Stimme mit den Worten: „Hallo Ernsti, wie geht's?"

Ich drehte mich um. „Oh, hick, super!"

Die beiden, die da an meinen Tisch gekommen waren, kannte ich aus Kabul, Claus und Moni, ein junges Pärchen aus Deutschland, mit denen ich durch die Stadt und die Basare geschlendert war. „Setzt euch her, ihr könnt mir beim Essen helfen, hick." Wir stellten dann fest, dass das Essen gar nicht so gefährlich war, ich hatte eben nur einen höllisch scharfen Batzen Chillipickles erwischt, der eigentlich zum nachschärfen gedacht war. Die anderen Zutaten waren sehr lecker und hielten, was von der allgemein gelobten indischen Küche versprochen wurde. Da gab es Kartoffeln und Blumenkohl in einer feinen, allerdings sehr pikanten Currysauce und als Ausgleich erfrischenden Gurkenjoghurt und andere nicht identifizierbare Dips.

„Was macht ihr denn hier?", fragte ich sie.

„Na, wahrscheinlich das Gleiche wie du, oder was ist dein Plan?", lachten sie.

Gerade war ihr Bus über die Grenze gekommen und es gab eine Stunde Pause. Ich hatte noch gar keinen Plan, außer diese Mahlzeit zu meistern und die ersten Eindrücke in Indien zu genießen. Mein Plan hieß Goa zu Weihnachten und irgendwann in New Delhi anzukommen. Das heutige Ziel war mit dem Erwerb des Visas und dem ersten Schritt auf hindustanischen Boden zunächst erreicht. Nein, Pläne zu machen lag mir nicht. Das Schöne und Spannende am Reisen war der Moment, das Auftauchen neuer Situationen, auf die einzugehen das Leben lebendig und lebenswert macht. Vorprogrammiertes Abspulen eines Planes verhindert jedes spontane Abenteuer. In den wenigen Wochen seit der Abfahrt hatte ich gelernt, ganz im Hier und Jetzt zu leben und: Der Weg war das Ziel!

„In unserem Bus ist noch ein Platz frei, vielleicht kannst du ja mitfahren", meinte Claus. „Wir könnten die Maggie fragen."

Maggie war die Besitzerin eines bunt angemalten Reisebusses, eine selbstbewusste rothaarige Engländerin mit Sommersprossen im Gesicht. Sie befuhr mit einem Partner die Route Amsterdam – New Delhi, blieb eine Weile am Zielort, sammelte dann wieder Fahrgäste ein und fuhr zurück. So ging das schon eine ganze Weile, der Bedarf war groß. Sie hatte natürlich nichts dagegen, dass sie ihren letzten Platz auch noch besetzen konnte und ich kam völlig überraschend zu einem Lift ohne Wartezeit mitten in das Herz Indiens. Gut 30 Stunden dauerte die Fahrt auf dem berühmten Highway No.1 Amritsar – Kalkutta. Der war eine einspurig geteerte Fahrbahn, gesäumt von einer gleichbreiten Schotterpiste auf jeder Seite, wo sich Fußgänger, Radfahrer, Ochsenkarren, langsame Fahrzeuge und tatsächlich auch Kamele, Wasserbüffel und Elefanten fortbewegten. Kam ein Fahrzeug entgegen, blieb jeder natürlich so lange wie möglich auf dem geteerten Stück, um dann nach permanent gedrückter Fanfare im letzten Moment nach links auf den Seitenstreifen auszuweichen. Das war tagsüber schon manchmal spannend, aber nachts besonders, denn die Inder fahren gerne ohne Licht. Der Highway führte uns durch belebte, illustre Dörfer und Städte, schattige Alleen, fruchtbare Getreidefelder, über ausgetrocknete Flusstäler, vorbei an Mangoplantagen, Autowracks, winkenden Kindern und Tümpeln, in denen sich Wasserbüffel abkühlten, quer durch den Punjab, das fruchtbare Fünf-Strom-Land.

Einmal hatte der alte Bus eine Reifenpanne. Wir alle mussten aussteigen und konnten uns die Füße vertreten. Tatkräftig machte sich Maggie daran, das Fahrzeug hochzubocken und verursachte damit einen Verkehrsstau größeren Ausmaßes, weil andere LKW- und Busfahrer anhielten, um dieses einmalige Schauspiel nicht zu verpassen, und sie drängelten sich um einen guten Platz in der ersten Reihe. Die ganz Mutigen boten sogar ihre Hilfe an, und so dauerte dieser Aufenthalt nicht allzu lange. Die Anwesenheit einer Frau in ihrer Zunft bedeutete eine erhebliche Erweiterung ihres Horizontes. Da während der Fahrt mein Platz ganz weit vorne war, konnte ich beobachten, wie den entgegenkommenden Fahrern die Kinnlade herunterfiel, als sie die Frau am Steuer eines großen bunten Reisebusses erblickten. Aber fahren konnte sie wie ein Einheimischer. Deshalb rollten wir auch wohlbehalten lange nach Mitternacht in New Delhi ein.

Endstation war der Connaught Place, ein richtig großer, parkähnlicher Kreisel inmitten der Millionenmetropole. Die Stadt schlief, es war erstaunlich ruhig. Wir waren alle hundemüde. Einige Mitreisende hatten eine Adresse, die sie gleich ansteuerten. Der Rest, auch Claus, Moni und ich suchten nicht lange, sondern versanken im Schlafsack auf dürrem Parkrasen in einen schnellen, tiefen Schlaf.

Die Sonne kitzelte unerbittlich durch die Palmenblätter über uns. Rund um den Platz brüllten der Verkehr und ein Parkwächter, der uns erst jetzt entdeckt hatte, meinte, wir sollten aufstehen und verschwinden, was wir gerne taten, denn gleich am Platz wartete ein reichhaltiges englisches Frühstück. Gegenüber dösten ein paar Freaks auf den Treppenstufen des Mohan Singh Markets, die uns Neuankömmlingen brauchbare Tipps über die Umgebung geben konnten. Claus und Moni wollten zum Dilaram House, einer Anlaufstelle für Christen aus aller Welt. Mark, ein Engländer, kannte das Haus und beschrieb ihnen den Weg, wohin die Beiden dann auch bald aufbrachen.

Ich hatte es nicht so eilig. In Goa wollte ich erst Ende Dezember sein und hatte noch über zwei Monate Zeit. Mark war schon lange in Indien und kannte eine Menge lohnende Reiseziele: Kaschmir, Manali, Rishikesh, Nepal, Brindavan, Benares, Taj Mahal, Rajasthan, Bodh Gaya, Hampi und viele, viele andere, die er und seine Freundin Jane allein im Norden noch besuchen wollten. Als Nahziel schlugen sie die alte Stadt Mehrauli vor, die, am Rand von Delhi gelegen, ein Buddhistenkloster beherbergte, wo man sich einmieten konnte. Das tat ich dann auch und wurde nicht enttäuscht. Das Kloster lag hinter uralten, schwarzen Mauern inmitten von Getreide- und Gemüsefeldern. Man musste über einige Bewässerungsgräben springen, um dorthin zu gelangen. Ein Pfad führte durch eine enge Öffnung in der Mauer. Dahinter verbarg sich eine wunderschöne Anlage mit kleinen Häuschen unter hohen Bäumen, einem Gemüsegarten und viel freier Fläche. Sofort fühlte ich mich hier wohl. Ein freundlicher, barhäuptiger, schweigsamer Mönch in orangenem Gewand war für die Gäste zuständig. Er sprach seine wenigen Worte in bestem Oxford Englisch. Trotz seines scheinbar jugendlichen Alters strahlte er Würde und Ernsthaftigkeit aus. Gerne dürfte ich ein paar Tage bleiben und bekam ein winziges, karges Zimmer in einem der kleinen Gästehäuschen zugewiesen.

Auf dem Gelände lebten noch ein paar Mönche, die freundlich lächelnd, schweigend, wahrscheinlich meditierend, ihr tägliches Karma Yoga verrichteten. Als Gast gab es noch Brian, einen weiteren Engländer und Vlado aus Jugoslawien. Beide traf ich später in Goa am Strand von Vagator wieder, wo wir oft am Feuer saßen, Musik machten oder uns am Chai-Shop trafen.

Jahre später brachte die Illustrierte „Stern" eine Reportage über „die letzten Hippies von Goa". Großformatig lachte der bärtige Vlado neben Brian und einigen anderen Bekannten aus der Zeitung heraus.

Dann gab es noch eine unglaublich hübsche Finnin, die ihr Zimmer neben meinem hatte. In ihren wasserblauen Augen drohte ich zu versinken, wenn wir uns unterhielten. Sie sprach sehr langsam, konnte wenig Englisch und liebte ausgedehnte Wanderungen alleine in der Umgebung. Gerne hätte ich sie näher kennengelernt, aber das ergab sich leider nicht. Dafür bemerkte sie eines Tages, ihr würden 100 US-Dollar fehlen. Ich fürchtete, sie hätte mich in Verdacht, das Geld geklaut zu haben und zeigte ihr mein Bündel 100-DM-Scheine und meinte, ich hätte es nicht nötig, Geld zu stehlen. Das musste sie doch einsehen.

Am nächsten Tag jedoch fragte mich der englische Mönch, was meine weiteren Pläne seien. Da ich keine konkreten Pläne im Moment hatte, legte er mir freundlich lächelnd nahe, das Kloster zu verlassen.

Mit einem Kloß im Hals musste ich an diese Geschichte denken und schaute aufs weite Meer hinaus, das plötzlich wieder Realität wurde. Die ganze Zeit war ich wie in Trance versunken in meiner anderen Welt gewesen und fiel durch die Erinnerung an dieses dunkle Erlebnis dumpf in die Gegenwart zurück. Ich stand ja hier auf dem Dampfer „Panjim", der kerzengerade auf Kurs nach Bombay war. Ich war zwar ein blinder Passagier, aber kein Dieb. Nie habe ich irgendjemandem jemals irgendein Geld gestohlen, schon gar nicht diesem wunderbaren Mädchen aus Finnland! Es wurmte mich total, dass ich in ihren blauen Augen und denen des Mönches wie ein Dieb dastand. Aber ich hatte ein sauberes Gewissen und fand es im Endeffekt gut, dass der Trip weiterging. Und der ging nach dem Kloster von Mehrauli zu einem der prächtigsten Gebäude, die es auf der Welt gibt: zum Taj Mahal bei Agra. Auch hier gab es eine Geschichte.

Ich blickte zum Himmel und versuchte, die Tage in Agra aus meiner Erinnerung auszugraben. So viel war inzwischen passiert! Zwei Vögel kreuzten die Bahn der „Panjim". Ich hatte vergessen, dass ich eigentlich ein blinder Passagier auf diesem Schiff war. Ich war mir nach der Kontrolle so sicher und fühlte mich als echter Passagier. Es war nicht mehr nötig, irgendwelche Vorsichtsmaßnahmen zu treffen. Deshalb sah ich sie nicht kommen.

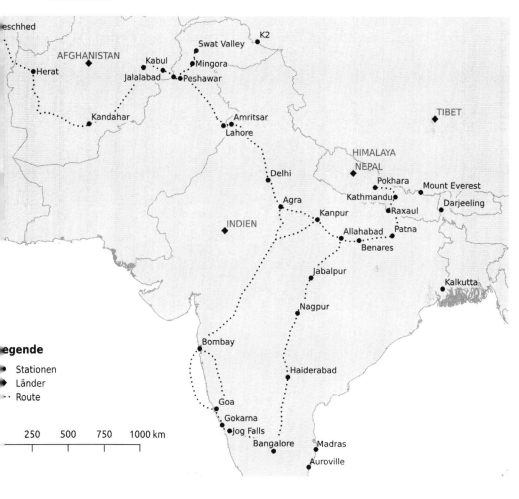

Reiseroute durch Indien

12 Varanasi

Und schon legte sich eine Hand auf meine Schulter. Ich brauchte eine Weile, um das zu realisieren. Ich schloss für einen Moment die Augen. Natürlich konnte das nicht gut gehen! Was war ich für ein Idiot, das Schiff aus den Augen zu verlieren. Aus der Traum! Was war das für ein schöner Traum gewesen. Oh, kann das Leben grausam sein! Entsetzt drehte ich mich langsam zu meinem Scharfrichter um – und blickte in die lachenden Augen von – Andrea – Andrea aus Varanasi.

„Oh, du, du bist es, das gibt es doch gar nicht!", stammelte ich erleichtert und erfreut, einen bekannten Menschen und kein Monster zu treffen. Noch dazu Andrea! Mein Herz schlug schneller.

„Geht's dir gut, Ernst?", fragte sie mit forschendem Blick. Ihr war meine Verdatterung nicht verborgen geblieben und sie betrachtete mich liebevoll und etwas mitleidig von oben bis unten. Ich sah wohl ziemlich ramponiert aus mit meinen schulterlangen, ungewaschenen Henna-Haaren, einem orangenen, dünnen Tuch um die Hüften gebunden und den linken Fuß zierte ein schlecht gewickelter, schmuddeliger Verband. Dafür interessierte sich die Krankenschwester Andrea natürlich sofort, und als Erstes wollte sie wissen, was da los war, so hatten wir gleich ein willkommenes Gesprächsthema und die anfängliche Spannung war gebrochen.

Andrea kannte ich aus Varanasi, meiner liebsten Stadt in Indien. Dort hatten wir zusammen einen Tag und eine liebe Nacht verbracht. Und plötzlich stand sie so vor mir. Der Fuß war meine bittere Niederlage in der ganzen Indieneuphorie. Vom vielen barfuß laufen hatte ich mir in den letzten sechs Monaten eine stattliche Lederhaut unter der Fußsohle erarbeitet, schon fast so imposant wie die eines Sadhus. Aber nur fast, denn eine scharfe Koralle im Meer hatte es geschafft, die Sohle anzuritzen, nicht schlimm, aber schlimm wurde es von selbst, der Riss wurde länger und tiefer, denn ich nahm ihn nicht besonders ernst, vertrauend in die Selbstheilungskräfte der Natur. Und nach vielen Tagen und Kilometern über Sand, Steine und dreckige Straßen wachte ich eines Morgens schweißgebadet auf und entdeckte einen imposanten roten Streifen vom Fuß über Wade und Oberschenkel bis zur angeschwollenen Lymphe in der Beuge. Hohes Fieber ließ die Schweißperlen von der Stirn nur so herunterlaufen. Bei Blutvergiftung war Handlungsbedarf, da gab es nur noch die Flucht ins Krankenhaus der Hauptstadt Panjim. Meine Körpertemperatur stieg parallel zur Sonne. Seltsamerweise setzte jetzt Schüttelfrost ein, ich fror wie ein Schneider und schleppte mich, eingemummelt in meine Decke ins Dorf zur Busstation Shapora, warf mich auf einen Sitz, musste in Mapsa auch noch umsteigen und endlich in der Hauptstadt leistete ich mir eine Rikscha bis zum Klinikum, wo mich schöne schwarze Schwestern flachlegten, meine Wunde betupften, mich mit vegetarischer Kost und Wunderpillen aus Deutschland fütterten und nach ein paar Tagen wieder laufen ließen.

Aber ich hatte verstanden. Auch dieser Vorfall war kein Zufall, sondern ein Zeichen, dass der Trip zu Ende ging. Kein Geld, kein Pass, jetzt auch noch Blutvergiftung, ich hatte hier nichts mehr verloren. So schön, wie die Geschichte war, ich sollte mal wieder nach Hause! Das war die Botschaft. Und deshalb war ich auf diesem Schiff, und auch deshalb stand nun plötzlich dieser Engel von Andrea vor mir, die auch noch Krankenschwester war! Ich konnte es nicht fassen, aber fügte mich in mein Schicksal.

Andrea gehörte zu den Tausenden von jungen Menschen aus aller Welt, die neugierig auf irgendwelche himmlischen Botschaften waren und glaubten, in Indien könne man etwas Besonderes finden, was es im Westen nicht gab, auf den Spuren von Heiligen pilgern, vielleicht einmal einen solchen zu treffen, in der Hoffnung, am Ende sogar selber die Erleuchtung zu erreichen. Viele solche Namen schwirrten da herum. Da gab es den Baghwan von Poona, dessen Schüler am Strand die Wellen auslachten, in einem langen, orangenem Gewand gekleidet, stoßweise „ha-ha-ha" ins Meer hinausbrüllten, ein herrliches Bild. Es gab den Sai Baba in Bangalore, der konnte ein Pulver in seiner Hand materialisieren, dieses Pulver verteilte er an die Gläubigen als Medizin, er soll auch schon mal bei schlafenden Menschen Operationen durchgeführt haben, die am Morgen geheilt aufgewacht sind. Es gab einen Maharishi Mahesh Yogi mit langem, weißem Bart. Er hatte seinen Ashram in Rishikesh, einem Dorf am Fuß des Himalayas, wo der Ganges die Berge verlässt, einem Tummelplatz für Gurus und Suchende. Maharishis „Transzendentale Meditation" versprach einen Zustand ohne gedankliche Aktivität, in dem Gesundheit, Glück und ewiger Frieden herrsche. Zu dem pilgerten 1968 die Beatles und viele andere reiche Leute. In Rishikesh lebte auch ein Kind, genannt Guru Maharadschi, der den Menschen zeigte, wie man den Nektar schmeckt. Auch der hatte eine große Fangemeinde in Deutschland.

Im Himalaya sollte ein Yogi in einer Höhle meditieren, der hieß Babaji, und er sei die Inkarnation, die Wiedergeburt von Shiva, sagte man. Shiva ist die höchste Gottheit im Hinduismus, und von Beginn der Welt anwesend. In Babaji soll sich Shiva über die Jahrtausende immer wieder in einem menschlichen Körper inkarniert haben, und immer an der gleichen Stelle in einem Tal im Himalaya. Diese Geschichte fand sogar ich, ein vor ein paar Monaten noch standhafter Atheist, interessant und reizvoll. Die Vorstellung, dass es auf dieser Welt einen herumlaufenden Gott gäbe, und Shiva ist ja eigentlich nichts anderes, fand ich sogar äußerst reizvoll, aber doch irgendwie unvorstellbar. Aber in vielen Gesprächen mit den Indienreisenden aus aller Welt hörte ich viele solche Geschichten und machte mich nicht mehr darüber lustig.

Zu all diesen „Heiligen" strömten die Leute aus dem Westen hin. Es gab Jünger von Krishna, die den ganzen Tag ein Mantra vor sich hersagten, so wie der Amerikaner Paul, der wie ich auch lange Zeit auf dem Hausboot in Varanasi wohnte. Der war zu Hause ein Manager bei General Motors gewesen, etwas zog ihn nach Indien, er gab seinen Job auf, jetzt murmelte er ständig „harekrishnaharekrishnakrishnakrishnahara hareharamram harermramaraamaharehare", mit Daumen und Zeigefinger Perlen einer Malakette weiter transportierend, die Hand in einem weißen Beutel versteckt.

Es tummelten sich westliche Buddhisten und Jainas und Sikhs und Moslems und welche, die Jesus in Indien vermuteten. Und alle hatten das gleiche Buch im Gepäck: „Die Autobiografie eines Yogi" von Yogananda.

Und alle kamen sie nach Varanasi. Varanasi ist der indische Name, den Engländern, die dieses Land über 100 Jahre lang beherrscht hatten, gefiel Benares besser. Ganz früher hieß diese unvergleichliche Stadt am Ganges Kachi, die Tausende Jahre alte Stadt Shivas. Hier war ich fünf Wochen lang zu Hause, gefangen und bezaubert vom Duft der Räucherstäbchen, dem Gebimmel der Glocken, den Gesängen in den Tempeln, an fast jeder Ecke stand einer. Sitar- und Tablaklänge hörte man in den Gassen, durch die ich täglich schlenderte, die leckeren Süßigkeiten in den Konditoreien, Gemüsecurrys und Lassis genießend. Hier schmeckte mir erstmals paneer – Käse, ein Grundnahrungsmittel, das ich zu Hause nie angerührt hatte. Ich verliebte mich in die indische vegetarische Küche und fing an, kein Fleisch mehr zu essen, das fiel bei dem Angebot nicht schwer. In einem Restaurant stand zu lesen „Why kill for food?" Warum sollte man jemanden umbringen, um satt zu werden? Das leuchtete ein. Auch Tiere sind lebendige Wesen, wie wir, die einfach leben wollen. Darüber hatte ich mir nie Gedanken gemacht und mit Genuss lecker zubereitete Schweine, Kälber, Hühner, Forellen und blutige Steaks verspeist. In der Hinduphilosophie sind Tiere die Geschwister der Menschen. Viele Gottheiten sind verkleidete Tiere, so wie Ganesh, der Elefantengott oder Hanuman, der Affe. Kühe sind heilig, undenkbar, dass ein Hindu sie schlachten und essen würde, ebenso wie alle anderen Tiere. So wurde diese kleine Tafel mit den überzeugenden vier Worten „Why kill for food?" zu einem Leitspruch meiner zukünftigen Ernährung.

Die Universitätsstadt Benares war auch ein beliebter Aufenthaltsort spiritueller Berühmtheiten, die dort Vorträge und Seminare abhielten und damit Pilger aus aller Welt anzogen. Wenn so eine Person in der Stadt auf Tour war, füllten sich Hotels und die billigen Hausbootplätze am Ganges, denn diese Schlafsäle auf dem Wasser waren die bekannteste Adresse für preiswertes, junges Wohnen. Auch ich wohnte natürlich hier, aber nachdem ich schon einige Wochen da lebte, hatte ich mich schon bis zu dem einzigen winzigen Ein-Mann-Boot vorgearbeitet. Das kostete geringfügig mehr, aber ich hatte eine Bude für mich alleine und komfortabler eingerichtet, nämlich mit einer Art Matratze auf dem Boden. Der ganze Esoterikkram und die vielen Heiligen interessierten mich wenig. Ich wollte meinen Weg alleine finden. Ich las zwar auch alles, was mir in die Hände fiel, am liebsten Hermann Hesse. Ich war Goldmund und auf dem Wege zu Siddhartha.

Auf einem meiner Stadtbummel entdeckte ich ein Plakat zu einem Konzert von Ravi Shankar und Alla Rakha in der Stadthalle. Die berühmtesten Sitar- und Tablaspieler der Welt, Stars auf dem Woodstock-Festival, die die klassische indische Musik in den Westen brachten und auch mich infiziert hatten, präsentierten sich in ihrer Heimatstadt! Ich überlegte nicht lange, kaufte ein Ticket für sehr viele Rupien und genoss ein unvergessliches Musikerlebnis, das bis zum Morgengrauen um vier Uhr früh dauerte.

Jahre später durfte ich die beiden noch einmal live erleben: In Oberbayern, in der Nähe von Wasserburg am Inn hatte ich einen traumhaften Ort gefunden, einen Bauernhof, Teil einer Demeter-Höfegemeinschaft, wo ein anthroposophischer Verein Pflanzenzucht betrieb und dabei die Entwicklung von Getreideaussaaten unter dem Einfluss der Gestirne beobachtete. Dass die Sonne, der Mond und das Wetter Einfluss auf das Pflanzenwachstum haben, das weiß jeder. Dieser Verein erforschte zusätzlich den Einfluss der Planeten und kam zu erstaunlichen Ergebnissen. Meine Aufgabe auf diesem Hof lag in der handfesten, grobstofflichen Landwirtschaft, Kuheuter massieren, mit der Hand melken, ausmisten, Ferkel füttern, Gras mähen, hart arbeiten und früh aufstehen. Eine völlig neue Erfahrung nach der fast dreijährigen Studienzeit ins Unterbewusstsein.

Eines Tages bekam ich eine Eintrittskarte geschenkt für ein klassisches indisches Konzert mit Ravi Shankar, Sitar, Alla Rakha, Tabla und einer Dame an der Tamboura. Und ich hatte eine Karte! Ich würde eine Neuauflage der grandiosen Nacht in Benares erleben! Das Konzert fand ausgerechnet in der Philharmonie in Berlin statt, 700 Kilometer von meinem Bauernhof entfernt. Das war mir egal, mir war das die Reise wert. Ich lieh mir von meinem Nachbarn einen 2 CV Kastenwagen, möblierte ihn mit einer Matratze und schlich mit 19 PS durch dichten Nebel über die Transitautobahn durch die DDR.

Die Philharmonie ist ein feines Haus für exklusive Gäste. Dort spielten die hohen Herrschaften aus Indien einen Raga[1] vor der Pause und einen Raga nach der Pause, routiniert, fehlerlos und emotionslos, nach weniger als 90 Minuten inklusive Pause waren sie fertig und verschwanden nach einem braven Applaus des Publikums hinter die Bühne. Ohne Zugabe! Ich war enttäuscht, eigentlich sauer. Ich hatte mich wochenlang gefreut auf ein grandioses Ereignis, hatte zwei Tage meines Lebens gegeben für den Höhepunkt des Jahres und nun saß ich konsterniert in einem bequemen Polstersessel in der Mitte dieser weltberühmten Philharmonie, die sich schnell leerte. Ich hatte keine Lust aufzustehen, das konnte es doch noch nicht gewesen sein! Dann sah ich ein junges Pärchen vor der Tür links neben der Bühne etwas nervös Auf und Ab gehen. Ich beobachtete sie und überlegte. Dann beschloss ich, mir meine Zugabe zu ho-

---

1 Raga ist die typisch indische Musikform, ein melodischer Rahmen aus wenigen Noten und Strukturen mit denen die Musiker improvisieren.

len. Ich stand auf und begab mich auch herunter zu dieser Tür. Mein Pulsschlag erhöhte sich. Die beiden registrierten mich, wir schauten uns nur kurz an, auf diesen Impuls schienen sie gewartet zu haben, dann öffneten die beiden die Tür. Sie war nicht abgeschlossen. Sie gingen hinein, ich folgte ihnen. Wir waren im Backstagebereich. Hier war ein Kommen und Gehen, es wurde aufgeräumt, niemand beachtete uns. Die beiden vor mir gingen zielstrebig voraus, vermutlich kannten sie sich aus. Sie hielten vor einer Tür, die das Namensschild „Alla Rakha" trug. OK, sie wollten also zu dem Tablaspieler, das war mir recht und ging eine Tür weiter. Sie war weit offen. Ich sah den Meister in einem Sessel sitzen. Ohne zu überlegen klopfte ich an.

„Yes please?", sagte er.

Schon ging ich einen Schritt weiter und stand vor ihm, dem Weltmeister auf der Sitar, zwischen uns nur eine Tasse Chai auf dem Tisch. „Namasté", sagte ich mit einer höflichen indischen Verbeugung, die Hände vor der Brust zusammengelegt. So begrüßt man sich auf typisch indisch. Das Sanskritwort Namasté bedeutet etwa ‚Guten Tag, Grüß Gott' aber auch ‚ich verneige mich vor Dir' und das war vor diesem Herrn sehr angebracht.

Er lächelte. „What can I do for you?"

„I beg your pardon pandiji", sagte ich, „Ich bin ein großer Fan von Ihnen, seit Woodstock, und einmal habe ich Sie in Varanasi in der Stadthalle gesehen, 1973."

Sein Gesicht erhellte sich. „Oh ja, ich erinnere mich gut. Ich versuche wenigstens einmal im Jahr in meiner Heimatstadt zu spielen. Meine Familie und viele Freunde kommen dahin. Es ist immer ein großes Fest und wir spielen die ganze Nacht."

„Ja, ich weiß, es ging bis vier Uhr früh." Wir lachten beide. „In Delhi habe ich mir eine Sitar gekauft, seitdem versuche ich das Spielen zu lernen. In meiner Stadt finde ich keinen Lehrer, aber ich habe Ihr Lehrbuch, mit dem ich arbeite. Ich habe mir vorgestellt, wenn ich ein Mizrab von Ravi Shankar hätte, dann geht das Lernen leichter."

Das erheiterte ihn noch mehr.

„Ein Mizrab", lachte er und wackelte typisch indisch den Kopf, „das ist kein Problem."

Er kramte in seiner Westentasche. „Hier hast du ein Mizrab." Ravi Shankar überreichte mir ein gebogenes Stück Draht, das ich mir gleich auf die Zeigerfingerspitze steckte: ein Plektrum für die Sitar. „Aber richtig Sitar spielen lernst du erst, mein Junge", und der Meister wurde wieder ernst, „wenn du acht Stunden am Tag übst, jeden Tag, Jahr für Jahr. Ich wünsche dir good luck!"

13 Andrea

Von der Philharmonie in Berlin springen wir wieder nach Benares am Ganges, zurück ins Jahr 1973.

Eines Tages kam Jiddu Krishnamurthi zu einem Seminar in die Stadt, und um dieses mitzuerleben, reiste auch Andrea den ganzen langen Weg von Delhi nach Benares zum Hausboot-Gath und mietete sich ein. Ich befand mich gerade beim Bootsbesitzer, als sie sich mit ihrem Rucksack unserer Pension näherte. Kurz kreuzten sich unsere Blicke. Sie gefiel mir sofort mit ihren langen, dunkelblonden Haaren, einem wachen, weltoffenen Blick und mit ihrem gelb-orangen Sari, der ihr gut stand. Nachdem sie ihr Quartier belegt und ihr Gepäck verstaut hatte, wollte sie sich die Sehenswürdigkeiten von Benares anschauen und erkundigte sich nach bestimmten Orten. Ich bot mich schnell als Fremdenführer an, denn ich musste sowieso auf den Markt, ein bisschen Gemüse für den Abend kaufen. Sie fand das OK. Die Altstadt kannte ich wie meine nicht vorhandene Westentasche, Benares war so eine faszinierende, fesselnde Stadt, in der ich immer wieder interessante Winkel, Tempel, Menschen, Lokale, skurrile Szenerien, bunte Läden entdeckte. Wir bummelten planlos durch die Gassen und erzählten uns erst mal über uns, denn wir hatten uns ja nie zuvor gesehen. Trotzdem kam es mir vor, als würden wir uns schon lange kennen. Das gemeinsame Betrachten und Bestaunen dieser fremden und faszinierenden Welt verband uns sofort und machte Spaß, ihr wohl auch. Andrea kam aus einem Dorf mit dem lustigen Namen Kückelühn bei Kaköhl in Schleswig-Holstein. Sie hatte lustige Sommersprossen auf der Nase, ein permanentes Lächeln auf den Lippen und einen reizenden nördlichen Akzent. Sie hatte gerade ihre Ausbildung zur Krankenschwester abgeschlossen, aber keine Lust, gleich in die Mühlen der Arbeitswelt zu geraten. Auch sie war von Yoganandas Autobiografie infiziert und brachte zielstrebig ihre Ausbildung zu Ende, damit sie danach so schnell wie möglich nach Indien abhauen konnte. Zunächst war sie mit ihrem Freund unterwegs, aber es stellte sich bald heraus, dass sie verschiedene Ziele hatten, und so trennten sie sich und reisten alleine weiter. Für Männer war das normal, aber für Frauen ganz schön mutig. Trotzdem gab es viele allein reisende Frauen, meistens sehr selbstständige, selbstbewusste, starke Persönlichkeiten, und eine schöner als die andere. Auch Andrea gehörte in diese Kategorie.

Wir sprangen über stinkende Abwassergräben und Kuhfladen, genossen das Gebimmel und den Duft in den Tempeln und beobachteten mit großem Vergnügen von einer Treppe aus die Marktfrauen, wie sie oft verzweifelt versuchten, ihre leckeren Auslagen gegen die Kühe zu schützen. Die heiligen Kühe sind ein Wahrzeichen dieser Stadt, sie spazierten überall umher, haben überall Vorfahrt und wissen das auch ganz genau, zwingen die armen Rikschafahrer zu Vollbremsungen und Slalomkurven und halten sich natürlich auch gerne auf dem Marktplatz auf. Wir schauten zu, wie eine Kuh erst scheinbar unbeteiligt dreinschaute, dann aber plötzlich zwei Schritte Anlauf nahm, geschickt ein Maul voll Grünzeug grapschte, sich im Schweinsgalopp davonmachte, aber trotzdem noch einen kräftigen Stockhieb über das Hinterteil gezogen bekam. Heilig hin oder her, da hörte die Freundschaft auf. Wir fanden das lustig, unser Schaden war es ja nicht. Der wurde durch einen unauffälligen Aufpreis bei den Touristen wieder ausgeglichen. Bei einem Glas Chai auf der Terrasse eines Restaurants erzählte Andrea von Krishnamurthi. Dieser war ein indischer Philosoph, der meist in Amerika lebte. Anfang des Jahrhunderts wurde er von der Theosophischen Gesellschaft in Madras aufgrund seiner besonderen Aura als Weltenlehrer erkannt und viele Jahre als neuer Messias aufgebaut. Krishnamurthi selber kam später zu der Erkenntnis, dass „die Wahrheit" nicht auf bestimmten Pfaden erreicht werden könne. Deshalb lehnte er Religionen, Sekten, Gurus und Organisationen, die Spiritualität lehren ab, denn diese würden den Glauben in ein beschränktes Schema pressen und geistige Entfaltungsmöglichkeiten behindern. Genau von dieser Auffassung war Andrea so begeistert und freute sich auf das, was der damals 77-jährige noch alles zu mitzuteilen hatte, denn seine Biografie und sein philosophisches Werk waren eindrucksvoll.

Wir schlenderten weiter Richtung Ganges und kamen bald an das berühmte Manikarna Ghat. Dort ging es etwas makaber zu, denn hier wurden die Toten verbrannt. Süßlicher Geruch von verkohltem Fleisch lag in der Luft. Wir kamen dazu, als der Scheiterhaufen sorgfältig mit Holzstämmen fertig aufgeschlichtet war. In der Mitte aufgebahrt lag eine Frau in bunte Tücher gehüllt. Ein Pujari hatte gerade die Gottesdienstzeremonie beendet. Jetzt kam der Feuermeister, entzündete den Berg Reisig unter dem Haufen und schon brannte der ganze knochentrockene Holzstapel lichterloh und strahlte eine Hitze aus, dass ein Raunen durch das zahlreich anwesende Publikum ging. Auf der Tribüne waren Angehörige, Freunde und natürlich Touristen versammelt.

Meterhoch schlugen die Flammen. Laut knackend brannte der Stapel nieder. Waagrecht in der Mitte liegend war die Leiche der Frau erkennbar, die jetzt von den Flammen erfasst wurde. Brennende Holzscheite unter ihr stürzten zusammen und brachten die inzwischen lichterloh brennende Frau in eine Schieflage, sie rutschte nach unten und ihre Beine ragten jetzt aus dem Stapel heraus. Das war der Einsatz für die Showeinlage des Feuermeisters: Mit einem Prügel bewaffnet näherte er sich dem Feuer, holte Schwung und drosch beherzt auf die Beine der Frau, um sie zurück in die Glut zu bringen. Jetzt waren es die Knochen, die knackten! Die Touristen waren entsetzt, die Inder lachten! Sie kannten das: Die Leiche war tot, nichts mehr wert, und mit den Prügeln wurde ihre Seele umso schwungvoller ins Nirwana befördert!

Lange saßen wir auf den steilen Stufen der anderen Nachbarghats, die direkt in den Ganges hineinführten und beobachteten die vielen Gläubigen bei ihren Zeremonien. Da saßen verschiedene Grüppchen auf dem Pflaster am Flussufer, um jede Gruppe kümmerte sich ein Brahmane. Einer spielte auf dem Harmonium und sang mit seinen Kunden „Sita Ram jai jai Sita Ram", Bajans, religiöse Lieder, ein anderer mit langem, weißen Bart redete wild gestikulierend heftig auf seine Schäfchen ein, die andächtig zuhörten, ein anderes Häufchen stand bis zu den Knien im Wasser und reinigte sich, während ein paar Meter weiter sehr theatralisch aus einem heiligen Buch vorgelesen wurde. Die ganze Szenerie kam uns vor wie ein Theaterstück, und obwohl ich immer wieder viele Stunden hier verbracht hatte, wurde es nie langweilig, und es machte auch heute wieder Spaß, Zuschauer zu sein.

Andrea und ich redeten jetzt nicht mehr viel, aber wir verstanden uns gut. Wir rückten näher zusammen, betrachteten schweigsam die Welt, genossen die wärmenden Strahlen der untergehenden Novembersonne und spürten unsere leicht bekleideten Körper. Ich hätte gerne meinen Arm um ihre Hüfte gelegt. Aber das hätte den Indern überhaupt nicht gefallen. Damit wären wir plötzlich die Akteure geworden und sie hätten pikiert geguckt. Händchen halten gab es natürlich auch nicht. So baute sich eine gewisse Spannung auf zwischen uns, und ihren vielsagenden Blick spürte ich bis in den Unterleib.

Nach Sonnenuntergang wurde auf den Decks der zwei großen Hausboote wie fast jeden Abend gekocht. Auf dem einen war eine Gruppe Franzosen, eine feste Gruppe, die immerzu am Debattieren war, aber manchmal in einer Heftigkeit, selbst während des Kochens, die einem Angst machen konnte,. Es ging um Jesus, das Neue Testament, oder die ganze Schöpfung, so genau bekam ich das nicht mit, sie hatten nur das eine Thema und nahmen ihre Umwelt scheinbar kaum zur Kenntnis.

Die andere Gruppe waren wir, die anderen permanent residents, der gemütliche Amerikaner Paul, Mina aus Hamburg, ein Schweizer Pärchen, unser Sadhu Krishna und wer gerade auf der Durchreise war und Lust hatte, mitzumachen, so wie heute Abend Andrea. Die meisten blieben aber mehrere Tage bis Wochen. So waren wir fast eine feste Belegschaft, ein eingespieltes Team und der Einkauf und die Vorbereitungen meist unkompliziert. Heute gab es Dal mit Blumenkohlcurry, der allen schmeckte. Nach dem Abwasch machte noch jemand eine leckeren Chai und ein Pfeifchen ging um, Paul holte seine Querflöte heraus und improvisierte schöne Melodien für Krishna, Mina trommelte den Rhythmus, wir summten dazu und spürten alle, dass es ein ganz besonderer Abend war. Andrea saß neben mir, wir betrachteten lange den riesigen indischen Himmel über uns. Es war stockfinster, nur die Sterne leuchteten wie Brillanten. Unsere Oberschenkel berührten sich, keiner wich aus. Unsere Hände fanden sich und spielten miteinander, am Anfang war es ein Spiel, ein Abtasten, ein Kennenlernen ohne Eile, es machte Spaß und mehr Spaß, als die Hände fester drückten. Mit ihren Fingern streichelte sie meine Finger langsam und zärtlich, Auf und Ab und Auf und Ab, dann die Fingerkuppe rundherum und Auf und Ab, wir waren beide ziemlich stoned, so waren unsere Gefühle ziemlich elektrisiert, das Streicheln wurde erregend. Wir streichelten und spürten und genossen. Die Hände suchten langsam und liebevoll, Auf und Ab streichelnd, irgendwann fanden sie. Mir blieb die Luft weg. Wir schauten uns in die Augen, unter uns gluckerte der Ganges, unsere Gesichter näherten sich, die Lippen fanden sich, es passierte, was nicht zu vermeiden war. Wir küssten uns eine halbe Ewigkeit und streichelten unsere schönsten Stellen, es war ein Traum. Als wir erwachten, bemerkten wir, dass wir ganz alleine auf Deck waren, die anderen hatten sich verdrückt. Es musste sehr spät geworden sein. Nur die Sterne schauten zu, wie wir uns von Sari und anderen Textilien befreiten, sie jubilierten, als sich nun endlich unsere weichen Körper berührten, sich unsere Körper fest umschlungen, wir jede Hautpartie entdeckten und zärtlich streichelten und als sich dann unsere beiden erregten Körper zu einem vereinigten, da tanzten alle Sterne am Firmament und wir mit ihnen. Als es dann kühler wurde, zogen wir um in mein kleines Nachbarboot. Dort träumten wir den ganzen Traum von vorhin noch einmal, wir bekamen nicht genug. Ausgerechnet in dieser Nacht gab es auf dem Ganges heftigen Seegang, wovon unser kleines Boot ziemlich betroffen war. Zum Glück kenterte es nicht, es war noch einmal gut gegangen.

Die glühende Kugel erschien am Horizont im Osten, wir saßen am Fenster, ein Boot mit Touristen näherte sich, wir hörten den Fremdenführer: „Dort drüben sehen Sie die Sonne aufgehen und auf dieser Seite …", und alles drehte sich nach uns um, … „sehen Sie Hausboote mit den Hippies."

Wir winkten, machten hi, hi, und alle Kameras klickten, weg waren sie und wir kriegten uns nicht mehr ein vor Lachen. So war das gewesen.

Und plötzlich stand Andrea wieder vor mir, 2000 Kilometer und drei Monate später, wieder auf einem Schiff. Ich musste an Benares denken, sie wahrscheinlich auch, ihre Augen blinkten. Wir umarmten uns eine Weile, dann widmete sie sich meinem desolaten Zustand, den abgerissenen Klamotten, den verbundenen Füßen.

Ich musste ihr meine Geschichte erzählen und sie erzählte ihre.

Mit einem vielsagenden Blick begann sie ihren Report beim kurzen, aber herzlichen Abschied nach unserer bewegten Nacht auf dem Ganges, denn sie wollte ja zeitig zu Krishnamurthi nach Sarnath fahren, das war etliche Kilometer außerhalb von Benares. Das, wie sie meinte „erfrischende" Seminar dort dauerte drei Tage, danach musste sie gleich zum Bahnhof, weil sie im Voraus gebucht hatte. Deswegen konnten wir uns leider nicht mehr sehen, was wir beide schade fanden. Aber so ist das auf Reisen. Man trifft sich, man trennt sich wieder, ohne viele Worte, und plötzlich trifft man sich wieder. Andrea hat mir schon gut gefallen, ich hätte gerne mehr Zeit mit ihr verbracht.

Ihr nächstes Ziel war Bodh Gaya in Bihar, gangesabwärts Richtung Kalkutta gewesen. Dort hatte der Siddharta Gautama vor 2500 Jahren bei Vollmond unter einem Banyanbaum seine

Erleuchtung erlangt und seither ist dieser Ort Pilgerzentrum für Buddhisten und Leute wie Andrea. Eine Woche lebte sie dort bei einer buddhistischen Familie in einem bescheidenen Häuschen und fuhr weiter mit dem Zug über Puri, einem weiteren Pilgerort an der bengalischen Küste nach Süden bis Pondicherry und Auroville.

Nach Auroville wäre ich auch gerne gefahren. Ich kann mich noch gut erinnern, als 1968 in der Zeitung von der Grundsteinlegung zu einem planetarischen Dorf berichtet wurde. Vertreter aus vielen Ländern weltweit brachten eine Schaufel Erde aus ihrem Heimatland mit, um sie in Auroville zu vereinigen, symbolisch die Vereinigung aller Menschen mit dem Ziel des friedlichen Zusammenlebens aller Völker. So ein Projekt gab es bis dahin noch nicht, diese Idee fand ich großartig und einen Hoffnungsschimmer in Zeiten des Kalten Krieges. Hier an diesem Ort sollten nach dem Willen der Gründerin Mirra Alfassa, genannt „die Mutter", alle Weltenbürger frei leben können und nur einer Autorität gehorchen: der höchsten Wahrheit. Ihr Traum war, eine Stadt zu bauen, eine Gesellschaft zu gründen, wo die spirituellen Bedürfnisse und die Sorge um den geistigen Fortschritt wichtiger sind als die Befriedigung der Bedürfnisse und Leidenschaften, wichtiger als die Suche nach Vergnügen und materiellem Genuss. Mit dem französischen Architekten Roger Anger konzipierte sie auf dem Reißbrett eine großzügige, futuristische Stadt in Form eines galaktischen Spiralnebels.

Die Einheimischen lachten sich kaputt: In dieser Einöde begann eine Handvoll Freaks aus dem Ashram der „Mutter" im benachbarten Pondicherry in rotem Wüstensand bei großer Hitze mit der Pflanzung von Cashewnussbäumen, die sie fleißig wässerten. Als Andrea dort ankam, hatten diese schon eine stattliche Höhe erreicht und spendeten Schatten. Dazwischen hatten sich viele junge Menschen angesiedelt in fantasievoll gestalteten Hütten aus Bambus und Palmenblättern, andere hatten schon massive Häuser gebaut. Es gab Gästehäuser, Gemüse- und Blumengärten in Permakultur, kleine Parks, Werkstätten, eine Verwaltung und konkrete Visionen für die Zukunft. In der Mitte des Spiralnebels sollte ein großer kugelförmiger Tempel gebaut werden, der Matrimandir. Das Fundament war im Bau, aber es sollten noch 50 Jahre bis zu seiner Fertigstellung vergehen. Andrea gefiel es hier. Die Menschen waren aktiv, kreativ, werkelten, buddelten, bauten auf, es war eine riesige freudige Aufbruchstimmung, meinte sie. Sie hat auch noch die Mutter erlebt, die vom Alter schon schwer gezeichnet, im Ashram einer ihren regelmäßigen Ansprachen hielt, bevor sie im gleichen Sommer 1973 starb. Sie lernte die Kunst des Batikens, Malerei mit Farben und Wachs auf Seide, die sehr verbreitet war. Damit kamen einige Leute zu einem bisschen Einkommen. Die Einheimischen lachten nicht mehr über die verrückten Hippies. Sie waren schwer beeindruckt, gewannen Zutrauen und halfen mit. Viele haben jetzt einen festen Job in Geschäften, Restaurants, Werkstätten, in der Verwaltung, beliefern die Siedlung mit Obst und Gemüse, denn Auroville, die Multikulti-Stadt der Morgenröte lebt immer noch, inzwischen wächst die dritte Generation auf.

Drei Wochen arbeitete Andrea hier mit. Dann wollte sie kurz nach Goa, ein paar Tage baden gehen und jetzt auf der „Panjim" kreuzten sich unsere Wege wieder, denn die Welt ist ja so klein.

Ihr neues Ziel war ein Meditationskurs mitten in Bombay, der am folgenden Tag beginnen sollte. Den Hinweis hatte sie bei den Buddhisten in Bodh Gaya erhalten, der Seminarleiter war ebenso Buddhist und nach ihren Angaben eine Berühmtheit auf der Szene.

„Willst du nicht mitkommen?", fragte sie plötzlich und ganz spontan antwortete ich: „Ja, warum nicht?"

Vor einem Jahr noch hätte ich mich über solchen Hokuspokus lustig gemacht, aber zum einen fand ich es reizvoll, wieder in Andreas Nähe zu sein, der Fuß konnte ausheilen, und zum anderen sind mir auf dieser Reise so viele mystische Dinge passiert, dass zehn Tage Meditieren bei einem großen Meister ein würdiger Abschluss sein würden. Doch zunächst bekam ich einen neuen Verband und ein paar Streicheleinheiten, die den Genesungsprozess außerordentlich positiv beeinflussten.

Andrea war der Engel, der mir geschickt wurde, heute bereits zum zweiten Mal. In den letzten Monaten hatte ich gelernt, Zeichen zu erkennen, die meinen Lebensweg begleiten, und wahrscheinlich jedes Menschen Lebensweg begleiten. Es gibt deutliche Signale wie Schmerzen und Krankheiten, die einem zeigen, dass etwas schief läuft oder ganz subtile, unauffällige Zeichen, die man erst gar nicht wahrnimmt, oder erst, wenn man das Zeichenlesen gelernt hat. Dazu muss man sehr offen sein für alles, entspannt, ohne Vorurteile, ohne Stress, der macht dicht. Ich glaube, in Indien habe ich das gelernt. Das ist einer der Schätze, die ich von dort mitgebracht habe. Andrea war auch so ein Schatz, aber mehr noch. Der kaputte Fuß, das verlorene Geld und der Pass waren der Wink mit dem Zaunpfahl, dass die Reise jetzt nach Hause führt, deutlicher geht's nicht. Aber das Auftauchen von Andrea in dieser Situation war nichts anderes als das Heranflattern eines Engels! Das habe ich in dem Moment gespürt, aber erst viel später begriffen. Und wenn man weiß, dass einem Zeichen gezeigt oder sogar Engel geschickt werden, dann stellt sich wieder die Frage „Wer schickt mir Zeichen und Engel???"

Diese Frage hat meinem Leben eine neue lebenswerte Richtung gegeben, und ich wollte die Antwort finden! Dafür befand ich mich auf diesem fantastischen Trip.

Zustimmend stampfte die Panjim einer weiteren grandiosen indischen Nacht unter Sternen entgegen.

Früh am Morgen tauchte am Horizont die Skyline von Bombay auf. Die nun wieder aufgehende Sonne bestrahlte die Spitzen von Wolkenkratzern, viele von ihnen waren im Bau und sahen lustig aus mit ihren krummen Gerüsten aus Bambusstangen, 20 bis 30 Stockwerke hoch. Bambusstangen! – Bombay auf dem Weg vom Mittelalter ins 21. Jahrhundert. Unser Dampfer bahnte sich den Weg vorbei an Ozeanriesen, Ausflugsschiffen und Fischerbooten, in der Ferne wartete das Gateway of India, dahinter war das berühmte Taj Mahal Hotel zu erkennen.

Die Panjim legte an, lange Taue wurden verzurrt, die Rampe angelegt, und schon bewegte sich die Menschenmenge über die schmale Brücke hinunter aufs Festland, nach Bombay, Maharashtra und verschwand durch ein Tor einer großen viktorianischen Backsteinhalle. Auch wir fügten uns in den Strom hinab und plötzlich blieb mir das Herz stehen. Dort unten tat sich ein Hindernis auf: Ein Offizier im weißen Anzug, mit schwarzem Bart, Turban auf dem Kopf und gestrengem Blick stand am Tor und sammelte die Tickets wieder ein! Ich hatte so eine tolle Überfahrt gehabt und jetzt so ein Stress. Sollte alles vorbei sein? Jeder der Passagiere gab brav seinen Ticketschein ab, die Schlange bewegte sich zügig weiter, der Strom floss unerbittlich nach unten, ich konnte nicht zurück, nicht nach rechts oder links ausweichen, ich schob Andrea nach vorne, um eine Sekunde Zeit zu gewinnen. Fünf Leute waren noch vor uns, dann vier, drei, zwei, noch einer. Sie gab ihr Ticket ab, danach wäre ich dran, doch plötzlich knickte Andreas Fuß um und sie fiel vor die Füße des Offiziers, der sich erschrocken nach ihr bückte, um ihr wieder aufzuhelfen, während ich schnell an beiden vorbeiging und zügig zum Ausgang strebte. Raus aus der Halle! Ich war gerettet. Andrea kam auch bald. Ihr umgeknickter Fuß war schon wieder geheilt. Glücklich umarmte ich Andrea. Sie war großartig! Sie grinste. Das war noch einmal gut gegangen!

14 Writing A Book

Auf den Schreck hin musste ich erst mal was rauchen. Wir setzten uns in den nächstbesten Chai-Shop mit Blick auf den Hafenvorplatz. Hier war ein irrsinniges Gewusel, noch schlimmer als in Panjim. Busse, Taxis, Rikshas, Menschen wie Ameisen eilten durcheinander, das Getöse, Gehupe, der Gestank von Abgasen waren kaum auszuhalten nach dem entspannten Leben am Strand. Vorbei das Rauschen des Meeres, das Schreien der Krähen und Rascheln der Palmenblätter. Hier war eine komplett andere, verrückte Welt. Nichts wie weg zum Meditationskurs!

Andrea verhandelte mit einem Taxifahrer, das dauerte eine Weile, aber schließlich brachte der uns sicher ans Ziel und hielt vor einem schweren, verzierten Holztor eines stattlichen, alten Gebäudes mitten in der Altstadt von Bombay. Wir waren nicht die Einzigen. 200 Teilnehmer wollten zu diesem Kurs, Engländer, Amerikaner, Deutsche, Holländer, Australier, Italiener, ab und zu ein Inder. Eine lange Schlange wartete auf dem Hof des 4-stöckigen Hauses. Markant waren die umlaufenden Emporen, man konnte ganz herumgehen. In den oberen Etagen lagen die Zimmer, getrennt nach Männlein und Weiblein, im ersten Stock gab es eine Halle und verschiedene Versammlungsräume und unten die Küche mit Speisung der 5000, doch zunächst die Einschreibung. Die Teilnahmegebühr betrug 200 Rupien, eine Stange Geld.

„Ich würde gerne teilnehmen, habe aber leider kein Geld mehr", sagte ich, als ich dran war. „It´s OK", sagte der kleine freundliche Engländer oder Amerikaner. „Wir haben eine Regel, dass wegen Geldmangel niemand daran gehindert werden soll, am Kurs teilzunehmen. Du kannst bezahlen, sobald du wieder Geld hast, OK?"

Das fand ich OK und war registriert.

Die weiteren Regeln waren ganz klar:

Zehn Tage meditieren, ab 4.30 Uhr früh bis 21 Uhr.
Ab dem dritten Tag keine Gespräche mehr.
Keine Drogen, kein Sex.
Das Haus nicht verlassen.
Knallhart!

Ich hatte noch nie so richtig meditiert, abgesehen von den unzähligen Sonnenuntergängen am Strand, die wir schweigend betrachtet hatten, jeden Abend, oder den vielen Stunden, die ich auf den Felsen im Meer saß und die ankommenden Wellen beobachtet habe, die, von Afrika kommend, ausgerechnet hier, wo ich saß, an die Klippen klatschten und sich gurgelnd zwischen den Steinen auflösten, um sich dann gleich wieder zurück nach Afrika aufzumachen. Das war tiefste Meditation. Aber Vipassana, wie Goenka seine Technik nannte, war anders:

Damit der unruhige Geist erst mal zur Ruhe kommt, sollten wir fünf Tage lang den Bereich zwischen der Nase und der Oberlippe beobachten und uns dabei auf alle Vorgänge, Regungen, Gefühle, die beim Passieren der Atemluft auftreten, konzentrieren. Und das 17 Stunden pro Tag, mit wenigen Pausen. Das Ganze als Einleitung zum zweiten Teil: der Hinführung zum Göttlichen Licht.

Der erste Morgen war die Katastrophe. Punkt vier Uhr tönte ein Gong durchs ganze Haus. Aufstehen, frisch machen, um vier Uhr dreißig im Lotos sitzen. Das war die Theorie. In Goa durfte man schlafen, bis der Hunger weckte. Ich kam nicht hoch. Halb im Traum hörte ich meine Zimmernachbarn Steve aus Australien und Dave aus USA duschen, gurgeln, rasieren, sogar ein Liedchen summen. Brutal. Kurz vor halb zwang ich mich aus den Federn, schleppte mich ins Bad, benetzte das Gesicht mit ein paar Tropfen Wasser, setzte mich wie die beiden anderen auf die Matte, schloss die Augen und war sofort wieder eingeschlafen. Dann riss es mich wieder. Blinzelnd sah ich Dave auf seinem sauber aufgeräumten Platz sitzen: kerzengerade, Kopf leicht nach oben, die Augen geschlossen. Die Handrücken lagen auf den Knien, Zeigefinger und Daumen zu einem Kreis geschlossen, die übrigen Finger zeigten nach vorne. Wie im Bilderbuch. Ein Traum von einem Yogi, unaufhaltsam auf seinem Weg zur Erleuchtung. Ein Trost für mich war, dass er diesen Kurs schon zum wiederholten Male absolvierte. Vor zwei Jahren erstmalig in USA, dort wurde er neugierig auf Indien, jetzt reiste er Goenka nach und war Teilnehmer in Rishikesh und Benares gewesen. Seine begeisterten Augen verrieten, dass an dieser Meditation etwas dran sein musste, und das stachelte meinen Ehrgeiz an.

Der Lotossitz fiel mir leicht. So sitzt man immer und überall in Indien. Aber das Schließen der Augen um diese unmenschliche Uhrzeit führte augenblicklich zum Tiefschlaf, bis der Oberkörper wieder gefährlich nach vorne kippte. Noch mal. Einatmen – Ausatmen – Wegdösen – Schieflage. Wieder von vorne! Zum Glück ertönte irgendwann der Gong zum Frühstück. So einen leckeren Chai hatte ich selten bekommen. Dazu feine Kekse und ein paar nette Worte mit Andrea. Ihr ging es fast genauso. Mir fing die Sache an, zu gefallen.

Um acht Uhr folgte die Gruppenmeditation mit Goenka in der Halle. Er war eine stattliche Gestalt mit weißen Haaren, buschigen Augenbrauen, ausgeprägten Backen, weiß gekleidet, im Lotos erhöht auf einem Kissen sitzend. Er wirkte ausgesprochen präsent, strahlte Weisheit aus. Seine Technik hatte er am Nachmittag zuvor schon erklärt, d. h. die Technik gab es schon zu Buddhas Zeiten, 2500 Jahre alt. Vipassana beseitigt die drei Ursachen des Unglücklichseins: Verlangen, Aversion, Unwissenheit. Das Ziel ist das „Divine Light", die Erleuchtung! Der Weg dorthin geht über die Gegend zwischen Oberlippe und Nase. „You are the watchman of your nose. Watch the incoming breath and the outgoing breath …" Fünf Tage lang. Beim Einatmen sog ich die raschelnden Palmenblätter von Goa mit ein, die Farben der Sonnenuntergänge, den Geschmack der Banana Pankakes, es war hart. „Lasst euch nicht ablenken", sprach Goenka, „Meditation is concentration on a certain object. Only watch the area between your nose and your upper lip ..." Hundert Mal wiederholte er den "incoming breath and the outgoing breath". Tausendmal konzentrierten wir uns auf nichts anders und freuten uns auf den Gong zum Mittagessen.

Die Köche wussten um die Leiden ihrer Patienten und zauberten zehn Tage lang Festmahle, die allein die Seminarteilnahme wert waren. Aber es ging weiter mit dem in-und outgoing breath.

Es zwickte hier, es juckte dort. Ich konzentrierte mich, atmete richtig und bekam tolle Ideen. „Ich werde eine Band in Deutschland gründen." Was hatten wir auf den Kokosterrassen für Wahnsinnsmusik gemacht mit Gitarren, Flöten, sogar mit Sitar, manchmal wurde gesungen, alles frei improvisiert. „Ich würde mir gerne ein paar Trommeln und Tablas aus Bombay mitnehmen", überlegte ich. „Lass keinen Gedanken an dich rankommen", sprach Goenka ruhig mit seiner sonoren Stimme. „Concentrate on the area above your upper lip. Let no thought enter your brain. Be the watchman of your nose. Allow no thoughts enter your brain ..."

Mit den Tagen wurde es besser, das Herumgerutsche weniger, die Privatgespräche hörten auf. Die Atmosphäre in dem Gebäude veränderte sich auf unglaubliche Weise. 200 Menschen auf engstem Raum verursachten kaum einen Laut. Selbst das Geklapper bei den Mahlzeiten verstummte. Das Universum war auf einen winzigen Bereich zwischen Nase und Oberlippe reduziert.

Sogar das Aufstehen klappte nun, bald gehörte es sogar zu den Highlights des Tages: Bombay am Morgen hatte etwas Magisches. Man saß und genoss die absolute Stille. Doch allmählich erlebte man das Erwachen eines Fünf-Millionen-Molochs. Die Vögel begannen das Konzert, beantwortet von einzelnen Stimmen und zugeschlagenen Autotüren. Autos fuhren los, verfolgt vom ersten Riksha-Geknatter. Die Autos vermehrten sich, die Motor-Rikshas auch. Die ersten Freiluftwerkstätten begannen sich zu melden, scheppernde Radios setzten ein, minütlich vergrößerte sich das Orchester, Gehupe von Nah und Fern verstärkte sich, Flugzeuge gaben von oben ihren Senf dazu, der Muezzin einer Moschee rief zum Gebet. Der Pegel stieg, jedes der Instrumente wollte die erste und lauteste Geige spielen und so vereinigten sich alle zu einem Geräuschebrei, in dem bald kaum noch eine Unterscheidung möglich war.

Uns störte das alles nicht. Wie ein Fels in der Brandung saßen wir auf unseren Matten, kerzengerade, voll konzentriert auf unsere Aufgabe, watching the incomig breath and the outgoing breath.

Die Welt, die auf ein Fleckchen Haut geschrumpft war, vergrößerte sich nun wieder auf ihre volle Größe, aber sie bestand jetzt aus einer riesigen Fläche zwischen der Oberlippe und der Nase, eine Fläche groß wie die Erde. Der Atem war ein sanfter Wind, der mit den Härchen wie mit Blütenblättern spielte. Was anderes existierte nicht.

Der Tagesablauf bestand zwar aus einer Menge Meditation, war aber ziemlich aufgelockert, es war nie langweilig. Man startete auf seinem Zimmer. Nach den Pausen sammelte man sich zu Gemeinschaftssitzungen in kleinen Gruppen in kleineren Räumen oder in der großen Halle mit allen Beteiligten. Auch Einzelsitzungen mit dem Meister waren möglich. Jederzeit konnte man sich auch wieder auf sein Zimmer zurückziehen. Gerne stand ich auch am Geländer der Empore, hielt mich daran fest und stand unbeweglich zwei Stunden oder länger als Watchman meiner Atemluft.

Am Abend kam die Stunde von Goenka. Vor dem großen Auditorium erzählte er aus seinem reichhaltigen Wissensschatz über das ganze große Thema Vipassanameditation, angefangen von Gautama Buddha, dem „Erfinder", über Geschichte, Hintergründe, Folgen für sich, den Körper, den Geist und die Welt und hatte immer ein paar kleine Anekdoten parat.

Es war eine Freude, ihm zuzuhören.

Die ersten fünf Tage waren geschafft.

Nach diesen fünf Tagen kam er nun zum eigentlichen Thema: Nun war es an der Zeit, die eigentliche Meditation zu beginnen. Jetzt, nachdem durch harte Arbeit die Konzentrationsfähigkeit geschärft wurde, waren wir reif, überreif, diese Fähigkeit einzusetzen für die weitere Beobachtung unserer in ständiger Veränderung befindlichen Vorgänge des Körpers und des Geistes. Durch die Selbstbeobachtung würden wir zur Selbstreinigung kommen und uns fit machen für die nächste Stufe: die Ausrichtung auf die höchsten geistigen Werte, nämlich Befreiung und Erleuchtung, das „Divine Light".

Goenka dämpfte aber gleich die Hoffnung, dieses Erlebnis in einem Lehrgang zu erreichen. Die Suche nach dem Licht sei eine Lebensaufgabe, meinte er. Aber er bescheinigte uns, auf dem richtigen Weg zu sein, auf der ersten Stufe sozusagen.

Und damit sprengte er die Mauern unseres Gefängnisses Oberlippe-Nase und mit einem Mal waren wir frei, unsere Konzentration auf jede beliebige Stelle in unserem Körper zu lenken. Ich war erstaunt, wie einfach das ging. Ich wanderte mit meiner Aufmerksamkeit vom großen Zeh durch die Blutbahnen bis ins Herz und in den Magen, über die Arme in die Hände, vom Hals in den Mund, fuhr Slalom durch die Zähne, über die Backen ins Ohr und mitten in den Kopf hinein. Hier wurde es richtig interessant. Ich spürte, dass dort ein Licht zu finden war, eigentlich war das für mich ja nichts Neues, aber die Technik. Ich merkte, dass mit scharfer Konzentration dieses Licht angekitzelt werden konnte und bildete mir ein, ein Flackern hinter den Augen zu sehen. Diese Technik hatte was, aber bis zu einer Lichtexplosion, so wie ich sie auf Trip erlebt hatte, und wie ich mir eine Erleuchtung vorstellte, war es noch ein weiter Weg, das war mir klar.

Auch in dieser zweiten Phase begleitete uns Goenka eng bei der Arbeit. Ständig erinnerte er daran, konzentriert zu bleiben, nicht abzuschweifen, sich gegen die Flut der Gedanken zu wehren. „Lenkt eure Aufmerksamkeit in euer Herz. Verweilt dort eine Weile. Spürt, wie das Herz schlägt, wie sich der Brustkorb

Auf und Ab bewegt …" Ich spürte mein Herz. Ich fühlte mich großartig und spürte aber auch eine Euphorie, diese Erlebnisse von hier festzuhalten und anderen mitzuteilen. Dazu die Erlebnisse und Abenteuer auf meiner Reise, die so großartig verlief und mein Leben so bereichert hat. „Ich werde ein Buch schreiben", dachte ich, „die Schätze, die Indien zu bieten hat und die einen Menschen so verändern können, sollen der Welt bekannt gemacht werden, genau, das ist es. Ich werde ein Buch schreiben! Und ich werde berühmt und reich!"

„I'm writing a book, I'm writing a book", schmetterte Goenka von seinem Kissen in den Saal hinein und riss mich schroff aus meinem Traum. „Don't let any thoughts like this enter your mind. Be the watchman of your thoughts!"

Beschämt machte ich mich ganz klein hinter meinen Vorderleuten. „Dieser Typ kann Gedanken lesen, es ist unglaublich", stellte ich fest und schlüpfte schnell wieder in meine kleine Welt von vorhin.

31 Jahre später, im Januar 2004, ebenfalls in Bombay, das heute Mumbai heißt und zehn Millionen Bewohner hat, sitze ich in einem kleinen Hotel in der Nähe der Victoria Station auf dem Bett, nehme einen Stift zur Hand, einen Stapel Papier auf den Schoß und beginne mit dem Kapitel „Writing a book", und kein noch so großer Guru kann mich davon abhalten.

15 Shivas Abschiedslied

Nach diesen zehn Tagen im „Kloster" war ich wie neugeboren. Die Erleuchtung war nicht erreicht, aber der Kopf klar und die Wunden am Fuß weitgehend verheilt. Auch war ich neu eingekleidet. Der kleine, freundliche Amerikaner, John Coleman hieß er, die rechte Hand von Goenkaji, hatte mir einen schicken tibetanischen Baumwollanzug geschenkt, mit weiter weißer Hose und ebensolchem Oberteil mit Messingknöpfen. Der war ihm zu warm, der Sommer stand bevor, aber ich konnte ihn für meine Ankunft in Deutschland gut gebrauchen, es war immerhin März.

John Coleman habe ich Jahrzehnte später wieder getroffen in Tiziano Terzanis ergreifendem Buch „Noch eine Runde auf dem Karussell", das mir meine Freunde Ingrid und Richie mal zum Geburtstag geschenkt hatten. Auf Seite 126 beschreibt ihn Terzani unter anderem als „sehr netten Amerikaner". Das kann ich voll bestätigen.

Ich fühlte mich sauwohl. So ging es wohl den Meisten. Ich sah nur lachende, freundliche Gesichter. Schlagartig nach Beendigung der Klausur hatten die Gespräche wieder eingesetzt, überall im Gebäude bildeten sich Grüppchen, um die gemachten Erfahrungen und die weiteren Pläne auszutauschen. Auch der schweigsame englische Mönch aus dem buddhistischen Kloster in Mehrauli bei Delhi, wo ich die ersten indischen Tage verbracht hatte, war bei dem Lehrgang dabei gewesen. Von weitem hatten wir uns schon zugenickt. Ich hatte ihm nichts zu sagen. Umso überraschter war ich, als er auf mich zukam, mich begrüßte und mitteilte, dass eine Frau aus dem Dorf zugegeben hatte, seinerzeit die 100 Dollar der schönen Finnin gestohlen zu haben. Das war mir eine riesengroße Genugtuung. Ohne Kommentar legte ich meine Handflächen aneinander und verbeugte mich leicht. Er tat es mir nach und grinste dabei.

Die weitblickende Andrea hatte für den gleichen Abend schon einen Flug nach Europa gebucht, und so blieb uns wieder mal nur ein kurzer herzlicher Abschied. Lange und schweigsam drückten wir unsere warmen Körper aneinander, ich erlebte alles mit ihr Erlebte noch einmal in Zeitraffer, sie vielleicht auch. Es war ein schöner Abschied, aber ein Abschied. Jeder begab sich nun wieder in sein Schicksal, mit offenem Ausgang. Sie bestieg mit einigen anderen ein schwarz-gelbes Ambassador-Taxi Richtung Flughafen, lange sah ich ihr nach. Ob wir uns jemals wiedersehen würden? El viento viene, el viento se va, en la carretera. (Manu Chao). Der Wind auf dem Weg – er kommt und geht …

Mein Weg ging erst einmal zu Fuß Richtung Deutsches Konsulat, mir einen neuen Pass zu besorgen.

Dieser Vorgang zog sich über weitere zehn Tage hin, in denen ich täglich gebeten wurde, doch am nächsten Tag wiederzukommen, sie hätten noch keine Daten von der indischen Einwanderungsbehörde erhalten, erst dann gäbe es einen neuen Pass. Wenigstens erhielt ich am dritten Tag ein großzügiges Darlehen in Höhe von 40 DM, was sofort nach Ankunft in Deutschland zurückzuzahlen war. Aus diesem Vermögen konnte ich einen ganzen Berg Rupien machen. Damit konnte ich nicht verhungern und die Stadt kennenlernen, wenigstens oberflächlich.

Mein Lieblingsplatz war der Chowpatty-Beach, nicht allzu weit vom Konsulat. Hier flanieren die Inder gerne am Strand entlang, Auf und Ab, zeigen sich mit ihren herausgeputzten Frauen, wenn am Abend die Laternen leuchten, nehmen einen Drink an einem der vielen Stände oder in bunten Restaurants, aus denen laute, süße Filmmusik quietschte, und pflegen Smalltalk mit den anderen besser verdienenden Bombayanern. Baden tut hier keiner, auch nicht tagsüber, ein paar Kinder vielleicht. Inder sind wasserscheu, die meisten können nicht schwimmen. Es kommt vor, dass sie mit hochgezogenen Hosen oder Saris mal einen Meter ins Meer waten und sich kichernd fürs Familienalbum fotografieren lassen. Dies alberne Getue erinnerte mich an eine prüde Zeit in Deutschland, Anfang des letzten Jahrhunderts, in der die Herrschaften in Ringelanzügen ins Wasser gegangen sind. So saß ich hier stundenlang am Strand, beobachtete die Eingeborenen und stellte mir vor, wie es zu Hause war, denn in wenigen Tagen wollte – sollte ich zu Hause sein.

In der Nacht verkroch ich mich gerne in eines der vielen Fischerboote, die dort unbeleuchtet und unbewacht geparkt waren und schlief erstaunlich gut. Eine weitere Nacht verbrachte ich im Gateway of India, symbolträchtig, jedoch weniger komfortabel als das Taj Mahal Hotel gegenüber. Aber hier traf ich den Engländer Jack, den ich von Vagator her kannte. Beruhigend zu erleben, dass man selbst inmitten von Millionen noch Bekannte treffen kann. Er fand das auch lustig. Jack war gerade aus Goa angekommen und wollte als nächstes in ein Dorf weit vor der Stadt fahren, um einen Bekannten zu besuchen.

„Wenn du willst, kannst du mitkommen, mein Freund ist gut drauf und hat bestimmt noch Platz in seinem Haus", meinte er.

Das fand ich gut, und auf den täglichen Frust im Konsulat konnte ich gerne ein paar Tage verzichten. Also begaben wir uns zum Busbahnhof und holperten ein paar Stunden lang über Landstraßen, raus nach Ganesh Puri, einem winzigen Flecken auf dem flachen Land an einem halb ausgetrockneten Fluss mit heißen Quellen.

Rameshwar, ein Yogi mittleren Alters lebte allein in seinem Häuschen und nahm uns gerne auf. Wir verstanden uns sofort, er hatte auch genug Platz für Jack und mich. Jeder erzählte ein wenig aus seinem Leben und ich genoss unseren Rundgang durch das Dorf mit seiner primitiven Landwirtschaft, den einfachen, lachenden Menschen, die Ramesh freundlich grüßten, er schien sehr geachtet zu sein. Hühner gackerten auf der unbefestigten Dorfstraße, schwarze Schweinchen suhlten sich im Staub, viele halbnackte Kinder rannten kreischend kreuz und quer und ein paar Wasserbüffel dösten im lauwarmen Fluss, der keine richtige Erfrischung brachte, denn auch nach Sonnenuntergang war Ganesh Puri noch ordentlich warm. Aber wir waren weit weg von dem Moloch Bombay und schon wieder in einer völlig anderen Welt. Ganesh Puri war das genaue Gegenteil von Bombay. Eine Oase der Ruhe, kaum Autos, wenige Menschen, ein weites Land außen herum. Aber leider war es noch heißer als das schon mörderisch heiße Bombay im März, wo der Teer unter den Fußsohlen nachgab. Eine brütende Hitze lag über dem Land, kein Lüftchen regte sich. Es half auch kein Ablegen oder Sitzen im Lotos. Der Schweiß floss aus allen Poren. Wir tranken einige Hektoliter Wasser und legten uns in den brühwarmen Fluss, aber kaum waren wir draußen, packte uns wieder diese Hitze, das Hirn musste weiterkochen. Rameshwar saß derweil in seinem Häuschen, meditierte ruhig vor sich hin, aber auch er schwitzte. Ich weiß nicht, wie Jack und ich diese Hitze überlebt haben, aber wir haben überlebt. Nach Sonnenuntergang regten sich wieder die Lebensgeister. Wir kochten zusammen ein leckeres Gemüsecurry mit Reis und Chapatis, es gab Chai und viel zu erzählen, bis in die Nacht. Als ich am nächsten Morgen aufwachte, saß Rameshwar still auf seiner Matte in tiefer Meditation. Somit gab er mir Gelegenheit, es ihm nachzumachen. Im hektischen Bombay war mir das nicht möglich gewesen, außer einmal am Strand oder im Park der Hanging Gardens. Hier in der Hütte von Ramesh tat mir das unendlich gut, aber immer wieder schlich sich der Lärm und die vielen frischen Eindrücke der Großstadt in meinen in- and outgoing breath. Ramesh war ein Profi. Mehrere Stunden täglich saß er unbeweglich mit geschlossenen Augen auf seinem Platz im Lotossitz. Dann machte er Yogaübungen, verrichtete ein paar alltägliche Hausarbeiten und meditierte wieder. Aber ich glaube, ihm hatte es auch Spaß gemacht, Besuch aus Europa zu empfangen, er war der Welt noch nicht ganz entrückt.

Ramesh war früher bei einem berühmten Guru namens Swami Muktananda beschäftigt, der im gleichen Dorf außerhalb an der geteerten Hauptstraße einen palastartigen Ashram besaß. Dieser Ort inmitten eines schattigen Parks war ein Anlaufpunkt besonders für Amerikaner, die zu Hause für viele Dollars einen

Aufenthalt mit Meditationskurs und Anleitung zur Erleuchtung buchen konnten. Unzählige betuchte Menschen strömten über Bombay mit dem Taxi nach Ganesh Puri in den Ashram, tankten auf, um danach gleich wieder in ihre gestresste Welt zurückzukehren. Ramesh war einer ihrer Lehrer. Wenn ich ihn richtig verstanden habe, war er wohl vom Meister dazu auserkoren, den Ashram einmal zu übernehmen, denn Swami Muktananda war schon alt. Doch eines Tages kündigte Ramesh seinen Job, ich habe nicht herausgefunden, was die wahren Gründe waren. Aber er muss wohl einiges Geld gespart haben, das ihm so ein Luxusleben in seinem Häuschen ermöglichte. Ich stellte mir vor, genauso zu leben, so einfach, elementar: Meditieren, schlafen, essen, meditieren, waschen, kochen, schlafen, meditieren, Yoga, ein Besuch, ein Spaziergang, meditieren, essen, schlafen. Kein Sex, keine Geldsorgen, keine Verantwortung außer für sich selbst. So ein Leben war wohl nur hier möglich. Ein Luxusleben! Bis auf die Hitze. Ich saß am Flussufer, alleine, der Fluss gluckerte leise vor sich hin, die Farben des Tages waren im Westen verschwunden. Solche Gedanken gingen mir durch den Kopf. Aber natürlich! Habe ich nicht genauso gelebt, die vergangenen Monate? Gelebt im Rhythmus der Wellen, Ebbe und Flut, Sonnenaufgang, Sonnenuntergang, in Saus und Braus mit Bananen, Kokosnüssen. Baji und Chai, lieben Menschen, Harmonie und Frieden, als Mother Nature's child?

Dann kam er, mein bester Freund! Erst schüchtern, unauffällig im Osten, dann färbte er den Horizont orange, schob sein Haupt langsam zwischen zwei Hügeln empor, aber unaufhaltsam, höher, größer und heller werdend, bis er in seiner ganzen Pracht auf der Erdoberfläche stand. Eine riesige, fast rote Kugel: der Vollmond. Ich begrüßte ihn mit einer tiefen Verbeugung. Er antwortete mit einem Strahlen, das mich blendete und kletterte weiter, lautlos, immer höher. Dabei wurde sein Licht weißer, heller, intensiver, und das Land, das seine Farben verloren hatte, begann lebendig zu werden, aber nicht an Bewegung und Lärm, sondern lebendig an Farbe und Mystik.

Das Dorf schlief, aber der Himmel tanzte mit der Erde! Und nahm mich mit.

Genau vier Wochen war sie her, unsere letzte ganz große Begegnung, am Februarvollmond, oberhalb von Anjuna! Jetzt erlebte ich alles wieder, wie in einem Flashback. Ich war auf dieser Party. Die fing so großartig an, mit lauter Musik aus den Boxen, mit den vielen tollen Menschen, die dort tanzten und gute Laune verbreiteten. Aber dann passierte etwas und ich musste rennen, um mein Leben rennen, in Panik rannte ich den Berg hinauf, verlor alles, was ich hatte, die Kleider, meine Tasche mit dem ganzen Geld und den Papieren, ich rettete nur mich, ein Tuch und eine Decke, es war mir egal, nein, ich war befreit! Erst oben fühlte ich mich in Sicherheit und ich kam zur Ruhe. Und dann warst du da, lieber Vollmond, du hast gegrinst, denn du hast mich dahin gelockt, du brauchtest nur auf mich zu warten. Und dann haben wir uns unterhalten, nein, erst hast du mir gezeigt, wer du bist, du Mond, du, die Erde, die Planeten und alles dazwischen, du, der du der ganze Himmel bist! Dann hast du ihn mir gezeigt, den Himmel, denn du hast ihn für mich ein paar Momente geöffnet und ich konnte den Himmel sehen, erkennen und die Welt verstehen. Alles konnte ich verstehen in diesem Moment. Alles! Vier Wochen ist das her, wie eine Ewigkeit, so viel ist passiert. Und doch wie gestern, jetzt, wo wir uns wieder gegenüberstehen, die Stimmung ein wenig ist wie damals, ohne irgendwelche Hilfsmittel, sehr himmlisch und bedeutend.

Ich muss daran denken, dass meine Reise hier zu Ende geht. Ich werde traurig. Doch warum? Ich bin unendlich dankbar für jeden Tag, den ich erleben durfte, jeder Tag war ein Trip für sich, sieben Monate lang, mehr als 200 Tage, 200 unvergessliche Trips! Natürlich muss das einmal zu Ende gehen. Ich will nicht, dass das zu Ende geht, das Leben geht weiter und es liegt an mir, wie ich es gestalte, na ja, nicht nur an mir. Diese Reise war inszeniert, da bin ich mir ganz sicher. Inszeniert von jemandem, dessen Name ich nicht kenne, ich nenne ihn einfach „Mein Begleiter". Dieser Jemand ist nicht von dieser Welt, kennt sich aber gut aus hier und mit mir besonders gut. Ich denke mal, er ist mein Engel, so wie man von jedem Kind sagt, es hätte einen Schutzengel. Später, wenn man „vernünftig" geworden ist, braucht man natürlich keinen Engel mehr. Aber dann bin ich ja wieder „unvernünftig" geworden, habe lustige Drogen genommen und die Uni geschmissen. Jetzt kam Dein Einsatz, mein lieber Schutzengel: Du gabst mir die Pille und schicktest mich nach Asien! Ich hatte das Riesenglück, dass ich mich auf dieses Spielchen einlassen konnte, mich regeln zu lassen. Wir haben unendlich viel Spaß gehabt! Es fing an mit dem House of the Rising Sun und „do what you like", dann die Straße nach Asien, die Umstellung von West nach Ost, von Kopf auf Herz, das Offen sein für alles und das Lauschen auf die Zeichen des Herzens. Das war es und das hat mein Leben komplett verändert. Warum soll das aufhören? Ich bin sicher, das kann nur so weitergehen! Also, wach bleiben, weiterhin auf Zeichen achten und auf das hören, was mein Innerstes, mein Engel mir sagt. Das muss in Deutschland auch gehen!

Und darum ist es wohl gut, wieder nach Hause zu kommen. „Ich danke, dass du mir Jack in Bombay geschickt hast, damit er mich hierher in dieses Nachtparadies gebracht hat, in Bombay hätte ich von dem Vollmond vermutlich kaum etwas bemerkt!", sagte ich. Natürlich war diese Begegnung wie alles andere ganz sicher kein Zufall!

Ich werde abgelenkt. In die zauberhafte Stille hinein schleicht sich leise der Klang einer Trommel: dummdududumm, dummdududumm, von weit her werden die Bässe über das warme Land getragen. Dummdududumm, dummdududumm, von der anderen Flussseite her. Je mehr ich darauf achte, umso intensiver werden die Klänge. Ich höre Zimbeln und jetzt auch Gesänge. Drüben in einem Dorf feiern sie den Vollmond, der für die Leute das Gleiche bedeutet wie Shiva, die höchste Gottheit. Weit weg erahne ich im Zauberlicht des Mondes Häuser eines kleinen Dorfes. Von dort kommt die Musik, die Trommeln und Zimbeln, die Bässe und Gesänge. Das alles berührt mich zutiefst. Das sind nicht nur menschliche Klänge. Diese Musik fließt von weiter her, von tief unten, von ganz oben direkt in meine Seele: Sie kommt direkt von Shiva.

Shiva persönlich singt mir sein Abschiedslied.

ॐ नमः शिवाय

Teil II

16 Brennendes Gold

„Setzen Sie sich dorthin!", sagte der Wachtmeister, nicht gerade sehr freundlich.

Er machte keinen glücklichen Eindruck. Eigentlich wollte ich jetzt in Deutschland die Welt verändern, kam mit guten Vorsätzen und guter Laune zurück in meine Heimat. Das Erste, was mir hier widerfuhr, war die Einladung in diese nüchterne Polizeiwache am Frankfurt International Airport. Ich beobachtete ihn. Vielleicht bekam er nie ein Lob für seine Arbeit, vielleicht hatte er Probleme mit seiner Familie.

„Den ganzen Tag eingesperrt in eine Betonzelle, das kann nicht glücklich machen", dachte ich mitleidig. „Hier fehlen Farben, Pflanzen, bunte Bilder von Palmenstränden oder spielenden, glücklichen Kindern." Auch die Kollegen des unglücklichen Beamten, betrachteten mich misstrauisch. Ich sah ja auch sehr gefährlich aus mit meinen orangerot gefärbten Hennahaaren, die mir bis über die Schulter hingen, dem weißen tibetischen Anzug von John Coleman aus Bombay, darüber einige Malaketten um den Hals und dann auch nichts an den Füßen, und das bei vier Grad Außentemperatur. Sehr verdächtig. So saß ich in diesem bescheiden gemütlichen Raum, wartete und betrachtete die hübsch mit Fahndungsfotos der Baader-Meinhof-AG dekorierten Wände. Einige Köpfe hatte man mit Filzschreiber sorgfältig durchgekreuzt.

Mein Anschlussflug war inzwischen weg. Die Situation hier erinnerte mich an den Charme des Deutschen Konsulats in Bombay, wo ich Tag für Tag meine Zeit vergeudet hatte. Ich musste grinsen, als ich an meinen letzten Besuch dort denken musste: Zurück von Ganesh Puri suchte ich wieder einmal Deutschlands Repräsentant in der Metropole auf. Wieder einmal empfing mich Herr Schwarz mit den netten Worten „Wir haben leider noch keine Nachricht von dem Immigration Office …", nicht ohne ein zynisches Grinsen in den Mundwinkeln, wie wir es von Herrn Dabbelju Bush kennen. Wir kannten uns inzwischen ganz gut, aber wir haben es in der langen Zeit nicht geschafft Freundschaft zu schließen. Ich ließ mir schließlich die Adresse von diesem „Immigration Office" geben, fuhr mit einer Motor-Riksha dorthin und kam zwei Stunden später zurück mit einer beglaubigten und vom Immigration Officer eigenhändig unterschriebenen Bestätigung. Herrn Schwarz fiel fast der Kinnladen runter, aber er machte den gewünschten Reisepassersatz fertig. Er hatte der indischen Behörde ein falsches Datum gemeldet, aber ich war ihm dankbar dafür, denn sonst hätte es den Ausflug nach Ganesh Puri nicht gegeben. Das sagte ich ihm aber nicht.

Um Mitternacht saß ich in der Lufthansa-Maschine Richtung Frankfurt.

Ich war aufgeregt wie ein kleines Kind, das war mein erster Flug überhaupt. Die Beschleunigung beim Start machte einen Heidenspaß, die ganze Nacht konnte ich kein Auge zutun. Das Ticket hatte mich 1400 DM gekostet, ein Riesenvermögen! Damit hätte ich in Indien ein ganzes Jahr gut leben können. Aber was soll's, für meine Leute in Deutschland war der Ticketversand per Telex der bequemste Weg. So blieb mir nichts anderes übrig, als jede Sekunde zu genießen. Der Service war super und es gab leckeres vegetarisches Essen auf Rosenthal-Porzellan. Das Licht des noch immer fast vollen Mondes beleuchtete die himmlische Erde und so suchte ich im Flieger den besten Aussichtsplatz. Die netten Stewardessen gaben sich eifrig Mühe, mir dabei zu helfen. Ich glaube, so Exoten wie mich hatten sie selten an Bord. Freaks und Hippies reisten entweder über Land oder mit Billigfliegern wie Syrian, Kuwait oder Aeroflot. Während sich die deutschen Geschäftsleute im Tiefschlaf befanden und die Maschine ruhig Richtung Nordwesten schwebte, erzählten die Stewardessen bei einem Drink, welche Lichter wir gerade überflogen, und wollten alles über die Hippies von Goa wissen. Schließlich zeigte sich am östlichen Horizont ein feiner Silberstreifen, der mich ganz nervös machte: Der neue Tag brach an. Diesen Tagesanfang musste ich in voller Länge erleben! Da meinte die hübsche Oberstewardess, ich solle mitkommen und gerne folgte ich ihr von ganz hinten bis ganz vorne, durch die erste Klasse, sie öffnete die Pilotenkanzel und stellte mich der überraschten Crew als Hippie vor, der sich den Sonnenaufgang anschauen wollte. Das gibt es heutzutage leider nicht mehr, aber damals war es noch möglich, Taschenmesser und Wasserflaschen mit an Bord zu nehmen und den Chef zu besuchen. Hijacking kam erst allmählich in Mode. So konnte ich ein unvergessliches Farbenschauspiel in 10000 Meter Höhe erleben, was für die Herren im Cockpit ganz normaler Alltag war. So nahmen sie amüsiert zur Kenntnis, wie ich dabei fast ausflippte.

Trocken erklärte mir der Herr Bordchef, dass wir uns gerade über der Persischen Wüste befänden und bald in Teheran zwischenlanden würden. Das sah von oben alles ganz anders aus, als da unten neulich, vor sieben Monaten, meinte ich und er musste lachen. Dann wollte er von mir wissen, wie ich meine Pension zu gestalten gedenke. Das hat mich wiederum amüsiert, denn dieses Thema war für mich so weit entfernt, wie der Mann im Mond.

So nett war das da oben in der Luft. Und nun saß ich hier unten auf der hölzernen Bank zwischen Terroristen und deutschen Polizeibeamten! Nicht wegen Drogen, für solche Dinge hatte ich nach Goenka kein Bedürfnis mehr, nicht wegen des Versuchs, die deutsche Bürokratie mit Licht und Liebe zu unterwandern, das wäre zwar nötig gewesen, aber mir fehlte im Moment die Motivation, auch nicht, weil ich keine einzige Rupie, geschweige denn D-Mark mehr in der Tasche hatte, das wäre vielleicht ein triftiger Grund gewesen. Sondern, weil ich aus einem gefährlichen Land ohne Pockenimpfungszeugnis eingereist war. Ich zeigte ihnen meine deutlich sichtbaren Impfnarben am Oberarm, ein Zeugnis erster Klasse für einen lebenslangen Pockenschutz, aber das galt nicht, der Beweis war nicht aus Papier, also nicht vorhanden. Eine Impfung am Flughafen verweigerte ich. Aber in Deutschland gibt es Gesetze und erst nach einigen Stunden und Telefonaten mit Gesundheitsministern, dem Bundeskanzler und dem großen Indianerehrenwort, mich zu Hause impfen zu lassen, bekam ich meinen Pass und meine Freiheit wieder.

Die geliebte Heimat hatte mich wieder!

Meine Pension zu gestalten, das kam mir nicht in den Sinn. Trotz der schmerzhaften Abbuchung für den Lufthansa-Luxus gab es noch ein bisschen Restgeld auf meinem Konto, das ich vor der Reise mit Taxifahren verdient hatte. So konnte ich es mir erlauben, so eine Art Lebenswandel wie in Asien weiterzuführen: Ausgiebig zu frühstücken, in den Park zu gehen, einfach da zu sein, zu sitzen, zu rauchen, zu träumen, die Szene zu treffen. Sehr nette Mädchen waren darunter, die nach der Schule hierherkamen, eine Zigarette schnorrten, die ersten warmen Frühlingstage mit genossen und am Abend mit aufs Zimmer kamen, um LPs anzuhören.

Manchmal fuhren wir raus aus der Stadt an einen Weiher, badeten, packten Instrumente aus und improvisierten ein paar Songs. Anfangs klang das ziemlich chaotisch, denn wir spielten nicht „We shall overcome" oder „She loves you", sondern frei heraus, was die Stimmung gerade hergab. Mit der Zeit kamen ansprechende Melodien und Rhythmen dabei heraus, die dann bei regelmäßigen Proben verfeinert wurden. Der Christian, ein Medizinstudent, hatte einige Songs zum „Herrn der Ringe" komponiert und war damit seiner Zeit um Jahrzehnte voraus, denn erst nach der Jahrhundertwende wurde die Trilogie von Tolkien von der Filmindustrie entdeckt, die daraus ein gigantisches, spannendes, gewaltverherrlichendes Werk produziert hat. Für uns war der „Herr der Ringe" ein romantisches Märchen, auch spannend und mit vielen Kämpfen, aber auch eine Reise in die Natur und in die Welt der Naturwesen, und die war neu und schön, freundlich und mitreißend. Genauso war die Musik von „Windstill", so hieß die Band, die sich damals formierte, mit einigen guten Musikern der Szene. So entstand schließlich eine vorzeigbare LP, die sogar im Rundfunk vorgestellt wurde.

Mitten in der Stadt gab es ein größeres Gelände einer ehemaligen Gärtnerei, das inzwischen dem Finanzamt gehörte, wahrscheinlich hatte der Betrieb die Steuern nicht mehr zahlen können. Ein größeres Gewächshaus mit fruchtbarem Boden, das Betriebs- und das Wohngebäude waren lange verlassen und einsam herumgestanden. Jetzt aber hatten es drei Freaks entdeckt, sich den ersten Stock bewohnbar und mit Sperrmüllmöbeln- und Teppichen gemütlich gemacht und einen kleinen Gemüsegarten angelegt. Die Bewohner waren Schüler des kindlich-jugendlichen indischen Gurus, der mit seinen Eltern durch die Welt reiste und überall seine Botschaft verkündete. Auch im Westen war man seinerzeit hungrig nach Weisheiten aus dem Osten und so sammelte Guru Maharaji, wie er sich nannte, eine ziemlich große Fangemeinde, die von ihm gezeigt bekam, wie der Nektar schmeckt. Auch in unserer Stadt gab es eine kleine Gruppe, die meditierte und unauffällig nach seinen Anweisungen lebte.

Nachdem die drei in dieses Kleinod eingezogen waren, entwickelte sich „die Gärtnerei" ganz schnell zum Zentrum der alternativen Szene. Neben dem Schlossgarten hatten wir jetzt einen weiteren Anlaufpunkt. Man traf sich hier nach der Schule, spielte Musik, rauchte, hing herum, machte Geschäfte, reparierte Fahrräder, schaute mal vorbei. Im Schuppen richteten sich weitere Leute eine Wohnung ein, hämmerten, sägten, zogen Trennwände hoch, schleppten Möbel vom Sperrmüll und eine Drehscheibe heran. Wo früher getopft wurde, entstand eine Töpferei, der Maler Michi baute seine Staffelei auf und Purple komponierte neue Melodien auf seiner Querflöte. Alle halbwegs bewohnbaren Ecken wurden hergerichtet und dienten als Dauerquartier oder Übernachtungsplatz. Natürlich war die Gärtnerei die Top-Adresse für Freaks aller Art, die auf der Wanderschaft oder Durchreise waren. Auch ich zog an einem Sommertag mit meinem Schlafsack hierher.

Im Garten wuchsen wieder Salate, Kräuter und Blumen. Im Gewächshaus entwickelte sich ein Dschungel aus der Lieblingspflanze der Szene. Ein betörender Duft breitete sich dort aus. Im Dach fehlten ein paar Scheiben, so konnten einige Stämme mit den fünffingrigen Blättern im Spätsommer ungehindert über drei Meter himmelwärts streben. Niemand wurde daran gehindert, ab und zu davon zu naschen. Unter optimalen Bedingungen und liebevoller Pflege wurden ihre Blätter weit über die Region hinaus bekannt als das beliebte „Erlanger Gold".

Eines Tages im September, als ich auf Berlinbesuch war, meldete ein Berliner Rundfunksender, dass in einer mittelfränkischen Gärtnerei eine ganze Wagenladung Rauschgift beschlagnahmt und verbrannt wurde. Das musste ein Duft gewesen sein! Ein Täter konnte nicht ermittelt werden.

Seit Juni war ich häufig in Berlin gewesen. Ein Franzose, er hieß Yves, war irgendwann von irgendwoher in der Gärtnerei angekommen und fühlte sich sehr wohl in der Szene. Wir fuhren mit den Rädern durch die Stadt, hingen im Schlosspark herum, besuchten Leute, radelten an die Weiher, zogen an vielen Joints und am Abend durch die Kneipen. Aber eigentlich war er auf dem Weg nach Berlin gewesen und wollte immer noch dorthin. Berlin mit seiner Mauer und den Berlinern war eine coole Stadt. Ich hatte Lust mitzufahren und so trampten wir über die A 9 und kamen gut durch bis zum Rasthaus Rudolfstein an der Grenze zur DDR. Hier war es wie verrückt. Wir hielten unsere Daumen raus, standen uns die Beine in den Bauch, sprachen die Leute an der Tankstelle direkt an, keiner wollte uns mitnehmen. Nach zwei Stunden hatten wir keine Lust mehr. Es war ein heißer Tag, wir waren durstig und durchgeschwitzt. Unten im Tal sahen wir einen Fluss, der kam wie gerufen. Wir rannten über die abgemähten Wiesen den Berg hinunter, ließen alle Klamotten fallen und stürzten uns in die erfrischenden Fluten. In der Mitte der Saale war die Grenze zur DDR markiert, das störte nicht weiter. Wir planschten wie die Kinder, während die alarmierten Grenzsicherungsbeamten auf der anderen Seite ihre Kalaschnikows fester umgriffen. Dann verabschiedeten wir uns höflich von unseren Brüdern im anderen Teil der Welt und beendeten unseren Angriff auf den ersten und letzten Arbeiter- und Bauernstaat auf deutschem Boden und rannten wieder hoch zur Autostrada.

Wir kamen genau rechtzeitig! Zwischen saftigen Wiesen und dichten Fichtenwäldern des Frankenwaldes setzte gerade eine glühende goldene Sonnenkugel auf dem Horizont auf, begleitet von einer goldorangeroten Farborgie, wie ich sie in Goa nicht eindrucksvoller erlebt hatte, brennendes Gold! Das war eine Begrüßung! Es waren nur Momente, aber genau wie in Ganesh Puri spürte ich mit diesem Schauspiel die Präsenz des Großen Geistes. Jetzt war sie wieder da, so deutlich wie noch nie seit den vielen Wochen nach meiner Landung. Durch die vielen neuen Eindrücke in Deutschland waren die indischen Erlebnisse überlagert, fast schon vergessen. Aber der Kick dieses grandiosen Sonnenuntergangs waren wie die deutlich gesprochenen Worte: „die Fortsetzungsgeschichte geht weiter!" Jetzt hatte ich wieder die Gewissheit, dass ich auf dem richtigen Weg war.

Es kam noch besser:

Die Sonne war hinter den Bergen verschwunden. Ein kühles Lüftchen drängte uns zum Aufstehen, auch Yves war schwer beeindruckt.

Wortlos stellten wir uns an die Straße, hielten den Daumen raus, der erste Wagen hielt, wir stiegen ein, wie in Trance. Ein perfekt inszeniertes Timing! Und drei Stunden später rollten wir in Berlin ein.

17 Harehare Berlin

Das Leben in Berlin war unkompliziert. Seine bevorzugte Lage, von einer Mauer umgeben, von einem bösen Regime umzingelt, das berechtigte Angst vor dem westdeutschen Konsumterror hatte, schweißte die Menschen zusammen und ließ ein „Wir-sind-Berliner-Gefühl" entstehen. Außer den berlintypischen alten Damen gab es auch viel Jungvolk, Studenten, Deserteure aus allen Ecken der Republik, die keine Lust auf die Bundeswehr hatten. Berliner durften nicht zur Bundeswehr. So war jeder fremd und zu Hause zugleich. Darum war es auch so einfach anzukommen. Schon bei meinem ersten Berlinbesuch 1967 machte ich Bekanntschaft mit diesem Berlin-Feeling: Als ich damals mit einem Klassenkameraden hierher getrampt war, fragten wir auf dem Ku'damm einfach so ein junges Pärchen, ob sie einen Platz zum Pennen wüssten. Sie meinten: „Klar, kommt mit!" So einfach ging das. Das war etwas außerhalb, aber sie hatten sich in ihren hohen Räumen eine Gästeplattform eingebaut, die gerade frei war und wir waren glücklich und hatten übers Wochenende eine Bleibe mit Frühstück.

Einen Schlafplatz in Berlin zu finden, fiel mir nie schwer, war sogar ein Grund, warum ich gerne diese Stadt besuchte. Eines Nachts hatte ich mich noch nicht um diese Formalität gekümmert. Ich schlenderte nach einem Discobesuch alleine ziellos durch die Sommernacht, es war spät, allmählich wurde ich müde und wünschte mir ein Quartier, denn in der Disco lief nichts. Da sah ich auf einem Parkplatz einen VW Cabrio stehen, mit offenem Dach. Ich überlegte nicht lange, schwang mich auf den Rücksitz, deckte mich mit dem Schlafsack zu und schlief sofort ein. Doch bald kamen die verblüfften Eigentümer, ein junges Pärchen in meinem Alter. Die hatten so etwas noch nicht erlebt, fanden meine Lösung freundlicherweise aber cool und nahmen mich mit nach Hause, wo ich auf einer Isomatte wie ein Murmeltier bis in den Morgen hinein schlief. Als ich erwachte, fand ich mich alleine in der Wohnung wieder, hungrig und ohne Plan. Auf dem Tisch fand ich einen Zettel. „Mach dir Frühstück, komme bald. Traudl."

„Super!", dachte ich, fand im Kühlschrank ein Ei und weitere passende Zutaten, haute das Ei in die Pfanne und öffnete die Fenster für den warmen Morgen. In dem Moment kam Traudl mit den Semmeln zur Tür herein. Wir sagten „Guten Morgen" und ich fragte sie, ob sie auch ein Ei wolle. Sie sagte ja. Ihr Mann war schon zur Arbeit gegangen. Sie deckte den Tisch und tat so, als würde sie nicht bemerken, dass ich hier splitternackt am Herd stand, grinste nur ein bisschen. Mir machte das auch nichts aus, es war warm, es war bequem und überhaupt völlig normal.

Beim Frühstück unterhielten wir uns ganz nett, wir hatten viel zu erzählen aus unserem Leben, was wir so taten und dachten, warum und wieso, denn wir kannten uns ja gar nicht. Sie wollte alles wissen von Indien und Goa und so, sie fand so ein Leben beneidenswert irre, für mich aber war das normal, weil ich eben das tat, was ich gerade wollte, do what you like, war die Devise. Wir tranken heißen Kaffee und schauten uns dabei freundlich in die Augen. Sie arbeitete bei der Telefonauskunft, hatte heute frei. Aber sie steckte in der Arbeitsmühle, das war eine ganz andere Welt. Irgendwann sagte sie, und das war in diesem Moment ein tolles Kompliment: „Du bist so normal!" und ich bekam einen Steifen.

Sie war gemein. Jeder Mann ist schutzlos ausgeliefert, wenn ihn eine Frau plötzlich am Schwanz fasst und streichelt. Auch ich konnte mich nicht dagegen wehren, wollte auch gar nicht. Sie kam wirklich bald. Nie wieder habe ich eine Frau so brüllen hören wie Traudl, und das bei offenem Fenster, mitten in Kreuzberg, alle zwei Stunden. Mir war das fast peinlich, aber sie brauchte das.

Gegen vier Uhr meinte sie, ihr Mann käme bald von der Arbeit, und ob ich nicht besser gehen wolle. Wollte ich eigentlich nicht, fand es schließlich aber doch klüger und nahm mit einem satten Gefühl in der Hose die nächste U-Bahn in Richtung Gedächtniskirche.

Ein andermal, einige Jahre früher, kam ich nach Berlin, weil ich meinen Studienplatz wechseln wollte. In der Uni stellte ich einem Langhaarigen mit Parka die gleiche Frage wie damals, wo man hier pennen könne, er schaute mich kurz an und sagte: „OK, kannst mitkommen." Er hieß Klaus und wohnte in der Einemstraße, Nähe Nollendorfplatz. So einfach ging das manchmal.

Exkurs

Jahre später war der Geheimtipp in Goa der Strand am See bei Arambol, wo der berühmte Banyanbaum im Dschungel steht. Dort verbrachte ich eine schöne Zeit mit Freunden und wir kochten zusammen Milchreis zum Frühstück. Auch eine Gabi, Sängerin in einer Münchner Rockband, war dort mit ihrem Freund. Ihr Freund hieß Klaus und wir fanden heraus, dass wir altersmäßig nur ein paar Monate und unsere Geburtsorte zehn Kilometer auseinanderlagen. So tauschten wir nur unsere Adressen aus und jeder ging seiner Wege.

Ein Jahr später kreuzten sich unsere Wege wieder, diesmal absichtlich. Nach vielen Jahren des Studierens, Wanderns und Nachdenkens hatten wir unsere Bestimmung gefunden: Davon hatten wir uns schon am Strand von Arambol unterhalten. Das Leben im Hier und Jetzt war eine feine Sache, aber trotzdem konnte es nicht schaden, schon mal an Morgen zu denken. Erstaunlich waren dabei außer unserer Herkunft unsere weiteren Gemeinsamkeiten. Beide hatten wir ein angefangenes, aber unbefriedigendes Studium hinter uns, in die Politik wollten wir nicht, nach einigen Semestern inmitten roter Zellen und endloser Vollversammlungsdebatten war Klaus abgefüllt und mir hatte schon das obligatorische Studium des humorlosen „Kapitals" von Karl Marx gereicht. Musik zu machen machte Spaß, aber mit dem Getrommel am Strand war schon ein Karriere-höhepunkt erreicht.

Das „New Age" war angebrochen. Überall wuchsen Zentren aller möglichen spirituellen Richtungen wie Pilze aus der Erde und sammelten Interessierte, Unentschlossene, Geschäftsleute, Lehrer, Heiler und gute und böse Geister aller Art. Es ergab sich nichts für uns. Berufskiffer wollten wir auch nicht bleiben, das führte zu Stagnation und Absturz, Beispiele dafür gab es mehr als genug. Für uns wartete etwas ganz Nützlich-Bodenstän-diges: Das Leben auf dem Land in einer Landkommune oder einem ökologischen Bauernhof war schon eher was, unsere Vorfahren waren westfälisch-niedersächsische Bauern, wie wir herausfanden, da war etwas hängen geblieben. Brot backen, Ge-müse bauen, ein paar Ziegen, Hühner und Schafe halten, dane-ben eine Werkstatt für Holz oder Keramik, entspannt und sinn-voll, zusammen mit lieben Leuten in einer tollen Gegend leben. So stellten wir uns das ideale Leben vor, damals am Strand in Goa. Aber manche Entscheidungen benötigen eine lange Rei-fezeit. Und so verging ein Jahr auf deutschem Boden, bis wir uns schließlich verabredeten, eine Tour durch Deutschland zu verschiedenen Lehrbetrieben zu unternehmen, um eine Ausbil-dungsstelle zu suchen. Das ging am besten direkt, persönlich. Ich hatte damals einen blau-weißen VW-Bus mit Matratze, die sparte Hotelkosten. Zunächst besuchten wir zwei anthroposo-phische Betriebe im Frankenwald, die brauchten uns nicht. Auf dem Weg nach Norden machten wir bei Kassel in einer Land-kommune Station. Die hatte leider keine Landwirtschaft, aber produzierte Kerzen und richtete Autos her. Die Autobastler Heino, der Seebär und Friedemann, die Haschkugel, kannte ich. Das waren Spezialisten für Mercedes-Busse. Sie kauften alte Modelle, die schon eine halbe Million Kilometer auf dem Buckel hatten, zerlegten und reparierten sie, bauten Küchen und Wohnzimmer ein und verkauften sie schließlich als richtig geile Teile, die dann wieder eine halbe Million Kilometer um die Welt tuckern konnten.

141

Auch die Kerzenwerkstatt war interessant und Neuland für uns. Während der drei Tage, in denen wir zu Besuch waren, liefen in der Gruppe allerdings mehr Diskussionen und gegenseitige Vorwürfe, dass zu lange gepennt, zu viel gekifft und herumgehangen wurde, anstatt endlich mit der Arbeit anzufangen, denn die Weihnachtsmärkte standen vor der Tür, es war schließlich August und die Zeit drängte. Aber endlich kriegten sie es doch auf die Reihe, die Öfen anzuheizen, um damit das Wachs zu erwärmen, bis es knetbar war. Die weichen, farbigen Wachswürste wurden dann um den Docht gewickelt, geknetet, geflochten, Äpfel, Birnen, Tiere und allerlei abenteuerliche Objekte entstanden. Bis November sollten einige 1000 Stück davon fertig werden, auf den Märkten ließ sich damit gutes Geld verdienen. Damit finanzierte man sich eine gute Zeit in Marokko, auf Kreta oder in Indien.

Wir lernten einige Demeter-Betriebe in Schleswig-Holstein und in der Lüneburger Heide kennen, wo wir ein paar Tage lang Steine von einem mehrere Hektar großen Schlag sammeln durften. Dabei stellten wir fest, dass das tolle Leben auf dem Land auch ganz schön anstrengend sein konnte.

Klaus und ich hatten uns auf der langen Fahrt viel zu erzählen. Die bewegte Berliner Zeit hatte ihn sehr geprägt. Ich hatte auch ein paar Erlebnisse zu berichten, z. B. wie ich einmal ein Quartier in der Einemstraße am Nollendorfplatz fand. Das hatte mich doch schwer beeindruckt.

„In der Einemstraße habe ich mal gewohnt", sagte er.

„Echt, in welchem Haus?", fragte ich und er beschrieb mir das gleiche Haus, in dem ich damals zu Gast war, „im Erdgeschoss, es ging ein paar Treppenstufen aus Marmor hoch und dann rechts."

„Genau. Ein hohes Treppenhaus, ganz aus Marmor, hinten rechts. Eine WG. Dort gab es nur einen Klaus. Der Typ, der mich mitgenommen hatte, warst du!?"

Wir starrten uns an und konnten es nicht glauben. Aber es war so. Jetzt erinnerte sich Klaus wieder, dass er einmal einem

Typen von der Uni mitgebracht hatte, schon lange her. Wir hatten uns sehr verändert. Und deshalb erkannte Klaus den Asylsuchenden von Berlin in Goa nicht, und ich den Mann im Parka aus der Einemstraße auch nicht, und außerdem liefen wir am Strand alle nackt herum.

Aber jetzt waren wir ja in Berlin und wieder warm angezogen.

Einer meiner Lieblingsplätze waren die Stufen vor der Gedächtniskirche. Dort war der Szenetreff für allerlei illustres Volk. Man saß einfach auf der Treppe, man kannte sich vom Sehen, quatschte ein bisschen miteinander, oder auch nicht, und beobachtete die schwer beschäftigten Normalos und die schicken Autos, die alle wichtige Ziele verfolgten. Es war ein bisschen wie in Goa. Stundenlang hatten wir da auf den Felsen gesessen und verfolgten das Tanzen der Wellen. Das Meer kennt alle Weisheiten der Welt von Beginn der Schöpfung an. Und jede Welle, die ans Ufer schwappt, gibt eine kleine Weisheit preis. Wenn du lange und geduldig zuhörst, erfährst du eine ganze Menge und am Ende verstehst du die Welt. Das Erforschen der Weisheiten am Ku'damm ist deutlich banaler, aber hat auch was, hier passierte eine ganze Menge und viel mehr Action. So konnten wir auch hier Stunden verbringen.

Am Nachmittag nach dem Abenteuer mit der Traudl bemerkte ich meinen freundlichen Gastgeber dieser Nacht, wie er in einiger Entfernung etwas unsicher umherschlich: Vermutlich hatte ihm die liebe Traudl von meinem Besuch berichtet und er wollte mir mitteilen, dass man so was nicht macht. Aber plötzlich war er wieder verschwunden. Ich bin dann auch nicht mehr zu ihr hingegangen. Ich fürchte aber, dass er in Zukunft sein Cabriodach immer verschließt.

Anna saß auch häufig auf der Treppe. Anna war ein junges, dünnes Mädchen mit kurzen, schwarzen Haaren und einem hübschen Gesicht. Eines Abends nahm sie mich einfach an der Hand und führte mich zu ihrer Wohnung, ein paar Blocks weiter. Die Wohnung gehörte ein paar schwulen Junkies, die aber nie da waren. Dort hatte sie ein spärlich eingerichtetes Zimmerchen. Über ihre Vergangenheit wollte sie nicht reden, sie sprach überhaupt nicht viel. Sie wollte auch keinen Sex. Aber sie brauchte jemanden, an dessen Körper sie sich schmiegen konnte, und der sie nachts in den Arm nahm. Das tat uns beiden gut und ich blieb ein paar Tage.

Eines Tages setzte sich einer von den „Jesus People" neben mich auf die Stufe und wollte wissen, ob ich schon mal über Jesus nachgedacht hätte. „Aber selbstverständlich", lachte ich, „den kenne ich persönlich!" Es entwickelte sich ein intensives und herzliches Gespräch über Jesus, Gott und die Welt, und uns verband die gleiche Wellenlänge. Auch er war der Meinung, dass Jesus schon lange nicht mehr am Kreuz hängt, sondern hier auf Erden agiert, in jedem Menschen, der erkannt hat, dass er da ist, als lebendiger, kreativer Geist, der unseren ganzen Körper ausfüllt. Eigentlich ist jeder Mensch mit dieser Erkenntnis ein Jesus.

Was ich ihm nicht erzählte, das war meine Begegnung mit dem Großen Geist oben auf dem Berg über Anjuna, der mir den Himmel aufgemacht hatte, damals beim Februar-Vollmond. Diese Begegnung wurde jetzt bei dieser Unterhaltung wieder sehr lebendig. Das war ja eine klassische Christuserfahrung! So saßen wir beiden kleinen Jesusse nun auf der Treppe vor der Gedächtniskirche, schmiedeten Pläne zur Rettung der Welt und spürten den Spruch von Jesus aus dem Neuen Testament: „Wenn zwei sich in meinem Namen zusammenfinden, so bin ich mitten unter euch." Das ist voll richtig.

Der andere Jesus lud mich zum Abschluss ein zu einer Zusammenkunft in sein Zentrum am Nollendorfplatz. Bestärkt in der Überzeugung, ein kleiner Jesus zu sein, ging ich am kommenden Tag auch hin, ich hatte ja Zeit. Ich fand eine beträchtliche Zahl eingesammelter Schäfchen vor. Mein Freund von der Treppe war nicht zu sehen. Dafür ein Powerprediger, der uns rhetorisch exzellent von der Macht, vom Geiste und von der Liebe Christi überzeugen wollte. Und nur Jesus allein wäre der einzige, wahre Gott und nur er könne mit seiner Liebe die Welt retten, sonst niemand! Und deshalb sollten wir seine Botschaft in die Welt hinaustragen. Dann lud er uns zu einem weiteren Arbeitstreffen am Abend ein und beschenkte jeden Besucher beim Herausgehen mit seinen Segen. Lediglich bei mir hielt er inne und wollte wissen, ob ich allem anderen entsagt hätte. Ich hatte ein orangenes indisches Seidentuch um den Hals hängen mit dem Aufdruck „Om namah shivay", das mir viel bedeutete. Dieses Tuch hatte ihn wohl stutzig gemacht. Ich brabbelte irgendwas, dann bekam ich auch seinen Segen, aber ich glaube, es war höchstens ein halber. Weitere Arbeitsgruppen habe ich dann nicht mehr besucht. Missionar wollte ich nicht werden.

Nicht nur Jesusfreaks tummelten sich vor der Gedächtniskirche. Auch zwei Mönche von der Hare-Krishna-Bewegung kamen vorbei. Ihr Lebensinhalt waren Verehrung und Dienst für ihren Gott Krishna.

Sie erzählten mir Geschichten von Krishna und Weisheiten aus den Büchern von ihrem Guru Swami Prabhupada, die sie verkaufen wollten. Ich erzählte ihnen von Indien, das sie noch nie gesehen hatten. Dort sah man auch überall die kahl geschorenen, weiß gekleideten Krishna-Jünger, deshalb hatte ich auch keine Berührungsängste wie mancher Normalberliner. Auf dem Hausboot in Benares lebte auch einer, er hieß Paul, ein Amerikaner, aber den hatte ich in einem anderen Kapitel schon vorgestellt. Paul murmelte ununterbrochen ein Mantra vor sich hin, kaum verständlich, aber seine Lippen waren immer in Bewegung. Gleichzeitig bewegte er die Perlen einer Malakette, so eine Art Rosenkranz, Stück für Stück weiter, die Hand mit der Kette in einem Stoffbeutel vergraben. Wenn man sich mit ihm unterhielt, ging das im Geiste weiter, man merkte, er war nicht 100 Prozent bei der Sache. Sein Plan war, in Rishikesh, wo der Ganges aus den Bergen kommt, ein Floß zu bauen, um damit bis zur Mündung bei Kalkutta zu schippern, das konnte ein ganzes Jahr dauern. Dafür suchte er noch Mitreisende. Er sprach und bewegte sich sehr langsam. Immer wieder sagte er, er sei verrückt, so wie sein Leben verlaufe. In den USA hatte Paul eine gut bezahlte Stellung, Frau und Kinder aufgegeben. Nun wanderte er durch Indien. Sein Lebensinhalt war Krishna und das Mantra, durch das er ständig mit Krishna verbunden war. Er fand das verrückt, aber es war stärker als alles andere. Sein Floßprojekt fand ich klasse und sehr reizvoll, zog es aber doch vor, wie vorgesehen, den Winter in Goa zu verbringen. Sein Mantra aber habe ich nicht mehr vergessen. Nun sollte ich es mitten in Berlin wieder hören: hare krishna hare krishna krishna krishna hare hare hare ram hare ram rama rama hare hare, und das Ganze wieder von vorne.

Auch die beiden Krishna-Freaks luden mich ein in ihr Zentrum, am Sonntag wäre ein großes Chanten angesagt. Also ging ich auch dorthin. Ich war ja inzwischen anfällig für Gurugeschichten aller Art. Meine beiden Freunde waren über meinen Besuch hocherfreut und gaben mir einen Platz in der hintersten Reihe. Der Raum füllte sich mit ca. 30 kahlköpfigen, weißen Jüngern, die ich von hier aus gut überblicken konnte. Ich glaube, es waren alles Männer, die im Lotossitz Platz nahmen. Die Wände waren behängt mit Bildern von Krishna in allen Lebenslagen, wunderschöne Szenen aus dem antiken Indien vor 5000 Jahren, meist mit dem Vollmond am Himmel und von hübschen Mädchen umgeben, denn Krishna war der größte Frauenverführer des Kontinents. Die größten Bilder aber zeigten Swami Prabhupada, den Begründer der Hare Krishna Bewegung.

Ein streng blickender Mönch führte die Puja durch, den Gottesdienst, mit Glockengebimmel, Räucherstäbchenduft, Rezitieren von Mantren. Bewegend waren die Bajans, die Lieder mit Harmonium- und Trommelbegleitung zu Ehren Krishnas, die alle Mönche begeistert mitsangen. Für fast zwei Stunden war ich versetzt in meine geliebte indische Heimat.

Ein Krishna-Mönch wollte ich trotzdem nicht werden.

18 Die Party

Manchmal ging ich in eine Disco, tanzen, sitzen, schauen, trinken, Musik hören. In dieser Nacht blieb ich bis zum Schluss, es war drei Uhr. Der Trubel von Berlin war ruhiger geworden, ich war hellwach und hatte keine Lust, ins Bett zu gehen. Es war nicht kalt, meine Stimmung war gut, ziellos schlenderte ich durch Kreuzberg und fand eine Bank in einem kleinen Park. Plötzlich kam er heraus, der Herr Vollmond, mein Freund. Ich wusste gar nicht, dass heute Vollmond war, die letzten Tage waren immer bewölkt.

„Namasté", grüßte ich ihn.

„Namasté", grüßte er zurück und schob noch ein paar Wolken beiseite, damit wir uns besser unterhalten konnten.

„Schön, dass wir uns mal wieder sehen, diesmal in Berlin."

„Na ja, ich bin ja nicht nur in Indien", meinte er.

Ja, Indien! Da war unsere letzte große Begegnung, vor einem halben Jahr, in Ganesh Puri und natürlich: Anjuna! Mannomann, was war das, da auf dem Berg über Anjuna!? Ich schaute ihm fest ins Gesicht. Es kribbelte mir den Rücken herunter. Augenblicklich musste ich an Anjuna denken. Langsam wurde diese Nacht wieder lebendig, die Nacht der Party, die Flucht, die Begegnung, das alles …

Es war losgegangen in meinem Häuschen in Vagator. Aus meiner verschlissenen Jeans, die ich bei der Hitze wirklich nicht mehr tragen konnte, hatte ich eine kleine Tasche genäht für meine Wertsachen, Pass, Geld, die Edelsteine, die ich in Pakistan gekauft hatte. Wertsachen muss man immer am Körper tragen. Den Hosenreißverschluss hatte ich als Taschenverschluss verwertet, das andere Hosenbein als Umhängeband umfunktioniert. Dieses Projekt zog sich schon über mehrere Tage hin, aber es wurde ein Prachtstück. Zum Schluss stickte ich noch ein Om darauf. An diesem Tag im Februar war auf unserer Kokosplantage Ernte angesagt. Der Bauer und ein paar Jungs stiegen auf die Palmen, blitzschnell waren sie oben, mit einer Hand hielten sie sich am Stamm fest, ein gekonnter Hieb mit der Machete löste die Früchte und plopp, plopp, plopp, schon kullerten sie auf der Erde, Frauen und Mädchen sammelten sie auf großen Haufen zusammen. Plötzlich hüpfte ein Querschläger über mehrere Terrassenstufen immer tiefer und landete direkt vor meiner Haustüre. Gerade vernähte ich die letzten Fäden meines Kunstwerkes. Ich fackelte nicht lange und schon war die Nuss eingemeindet. Diesen Schatz konnte ich auf der Party gut gebrauchen.

Anjuna lag auf der anderen Seite des Berges in einer Ebene voller Kokospalmen. Pünktlich zum Sonnenuntergang saß ich dort am Strand und war bei Weitem nicht der Einzige, denn diese Zeremonie gehörte zum Standardprogramm und ein paar Pfeifchen machten die Runde. Kaum war die Sonne verschwunden, wurde es schnell dunkel. Aber nicht lange, denn die riesige, weiße Kugel des Februar-Vollmonds ging über dem Land auf. Das wurde gefeiert! Von der Dorfseite her hörten wir das Wummern aus den Lautsprecherboxen, die Musik war aufgelegt. Das war das Zeichen: Die Party beginnt, die berühmte Party, die an jedem Vollmond zwischen Dezember und Februar gefeiert wird. Jemand hatte erzählt, die Anlage wäre eine Spende der britischen Musikgruppe The Who. Es bildete sich eine lange Schlange bunter Hippies an einer Hütte und wir vom Strand, darunter viele Pilger aus Vagator, stellten uns an. Hier saß ein Amerikaner mit Zopf und klaren, freundlichen Augen, der jedem, der ihm die Zunge rausstreckte, mit einer Pipette einen Tropfen einer durchsichtigen Flüssigkeit darauf träufelte. Als ich an der Reihe war, sagte ich „thanks" und gab ihm die Kokosnuss, die er mit einem wortlosen Lächeln annahm. Schon kam der Nächste dran. Das war die ganze Zeremonie. Dieser eine Tropfen Lysergsäurediäthylamid, zu Deutsch LSD, vor dieser Kulisse war der entscheidende Unterschied zu jeder „normalen" Party und machte sie weltberühmt. Was ist die Motivation für einen, der für ein paar Hundert Leute Acid ausgibt?

Diese Gedanken machten mich high. Dieser Mensch war der Meinung, dieser Stoff müsse in die Welt, um sie zu verändern. Dieser Meinung war ich auch.

Diesmal durfte ich erstmals dabei sein. 20 Minuten lang spürte ich keine Wirkung. Unsere kleine Gruppe aus Vagator beobachtete den höher kletternden Mond. Als dann in der Nähe ein paar Mädchen zu kichern anfingen und nicht wieder aufhörten, ging es bei mir los. Grace Slick von Jefferson Airplane sang mit ihrer gewaltigen Stimme „Somebody to love". Mein Körper fing an, zu vibrieren. „If you need somebody to love, you better find somebody to love …" Sie sang das „love" mit einer Intensität, die jeden Besucher hier berühren musste. Gleichzeitig sog ich alle Worte des Songs auf wie ein Schwamm. Der Gitarrensound vibrierte im Kopf. Die Farben des Mondlichts wurden intensiver, klarer, dichter. Innerhalb von Minuten war ich auf Trip. Die ersten Leute tanzten. Ich wusste, die waren auch drauf. Alle waren sie drauf! Sie bewegten sich im perfekten Rhythmus zur Musik. Gebannt musste ich sie beobachten. Alle Körper hatten so etwas Perfektes, Paradiesisches. Es waren so schöne Menschen mit ihren langen Haaren, bunten Gewändern, sie alle strahlten Freude und ansteckende gute Laune aus. Es war die reinste Harmonie. Ich stellte mir vor, im Paradies zu sein. Nein, das war das Paradies!

Viele Leute kannte ich. Wir winkten oder lächelten uns zu. Wir verstanden uns. Susanna, eine hübsche Engländerin warf mir einen Blick zu, der mich voll ins Herz traf. Sie war mit ihrem Freund da. Ich konnte mich noch beherrschen. Aber von dem Moment an war meine gute Stimmung auf einer noch höheren Ebene. Der kleine Tropfen Acid war in jeder Körperzelle angekommen. Und jede einzelne Zelle gab Rückmeldung: „super, klasse, far out, herrlich, astrein, wunderbar …" Das gleichzeitige Feedback von Millionen von Zellen legte in der Zentrale einen Schalter um, der das Tor zum Großen Licht öffnete. Im Hirn begann es zu flackern, ich sah die ersten Lichtblitze, die wieder das Hirn kitzelten, ein unbeschreiblich schönes Gefühl machte sich breit. Dazu kamen jetzt noch die vibes der tanzenden Menschen. Jeder einzelne erlebte wahrscheinlich den gleichen Glückszustand wie ich und sendete ebensolche vibes aus. Und alle trafen sie mich, ich war die Antenne, die alle diese starken Impulse auffing. Die Bässe und elektrischen Gitarrensolis in den Boxen verstärkten das Ganze noch und feuerten das Licht in meinem Kopf an. Mit dem Anblick der herrlichen Menschen im Paradies empfand ich nun eine tiefe Liebe und erlebte, wie diese Liebe erwidert wurde, dass mir Tränen über die Backen liefen. Diese Liebe blieb nicht bei den Menschen hier am Strand, sondern weitete sich aus in Wellen über alle Menschen in Goa, in Indien, Deutschland, über die ganze Welt, sie wurde immer größer und größer und pulsierte zwischen mir und der Welt. Wie sich aufschaukelnde Wellen erlebte ich die gesamte Liebe auf unserem Planeten, mit jeder Welle intensiver, die ganze Welt war voll von dieser Liebe, so gigantisch und ich mittendrin! Mit der Liebe kam auch das große Licht wieder auf mich zu, die sichtbare Liebe. Aber so gewaltig, so umwerfend, dass ich fürchtete, das nicht ertragen zu können. Kabul war großartig. Dort war ich heiß auf diese Erfahrung. Aber jetzt waren die Liebeswellen ein Vielfaches stärker! Das war zu viel! So viel konnte ich nicht ertragen! „Mein Hirn wird in 1000 Stücke explodieren", dachte ich. Ich konnte das nicht mehr steuern „Ich muss hier weg", dachte ich nur blitzschnell. Ich will nicht explodieren inmitten dieser hundert Menschen, ich muss alleine sein, nur raus hier! Ich geriet in Panik, sprang auf, verließ den Platz, fing an zu laufen, laufen, rennen, um mein Leben rennen, riss mir die Kleider vom Leib, damit ich schneller war. Ich rannte, rannte, vorbei an Fischerhütten und Palmen, aus dem Dorf heraus, bis die Musik leiser wurde, die Schwingungen nachließen, es flackerte kein Licht mehr, ich lief langsamer, ich war allein, ich war gerettet, aber ich ging weiter, den Pfad bis auf den Berg hinauf, bis ich oben war. Erst dann hielt ich inne.

Ich stand oben und blickte zurück auf Anjuna. Von der Party war nichts zu hören und nichts zu sehen, es war, als hätte es sie nicht gegeben. Auch von der Todesangst war nichts mehr zu spüren. Der Vollmond hatte seinen höchsten Punkt erreicht. Das wunderschöne Dorf am Strand lag friedlich in einem Wald von Palmen, die kaum merklich ihre glänzenden Blätter bewegten, so beruhigend, mir war, als würden sie mich anlachen.

Ich war ganz verzückt von so viel Schönheit. Völlig verzaubert blickte ich hinab und sah wieder auf das Paradies, in dem ich mich immer noch befand. Jetzt war es wieder da. Ich war ganz entspannt. Und jetzt merkte ich, dass ich nicht alleine hier oben war.

Du hast mich schon die ganze Zeit über beobachtet, nein, nicht nur beobachtet, sondern auf diese Party hast du mich geschickt, den Tropfen Acid auf die Zunge geträufelt, dann diese merkwürdige Panik veranstaltet, damit ich hierherkomme. Du wolltest mich alleine haben! Das hat geklappt. Jetzt kam ich Dir nicht mehr aus. Das erkannte ich in diesem Moment, wo ich dich am Zenit stehen sah, du Weltenkugel, zum Greifen nah. Diese Erkenntnis verursachte wieder ein Kribbeln, das meinen Körper durchströmte, ein angenehmes Kitzeln im Hirn, das mir fast den Verstand raubte. Du warst es und nicht ich, der mich aus der Uni herausgeholt hat, mit der ich nichts anfangen konnte. Du hast mich mit toller Rockmusik und „Do what you like" in die Hippiewelt gelockt, mich mit Gras und LSD gefüttert, damit mir die Augen aufgehen, damit ich sehe, in welch atemberaubender Schönheit ich zuhause bin, ein Zuhause, das du geschaffen hast für alle Menschen, die es nicht erkennen, damit sie es auch erkennen. Damit ich DICH erkenne!

In diesem Moment erkenne ich auch, dass dies nicht meine Gedanken sind, oder die eines Vollmondes, sondern diese Erkenntnisse, Gedanken sind Laute, die ich in mir drin höre, als wenn sie mir jemand einflüstert, du, der Boss, der Schöpfer, der Himmel und Erde gemacht hat, gibst mir diese Worte und ich höre und verstehe sie in diesem Moment und erkenne, dass du hier bist, in mir drin und auf diesem Berg, in der warmen Luft, in dem Boden, auf dem ich stehe, und in den Pflanzen und Palmen, in allen Menschen und Tieren und in dem Meer da unten, dem riesigen Wasser um die ganze Erde herum, die ganze Erde. Die Erde, der Mond, die Sterne, die Welt, das bist du, der alles ist, der in mir und in allen Dingen ist, ich und du, du und ich, alles eins, alles eins! Und in diesem Moment öffnete sich der Himmel und ich konnte hineinschauen bis zum Ende und dort warst DU und ich konnte dich sehen für einen Moment und verstehen, ich konnte alles verstehen und es gab keine Fragen mehr!

Jetzt kam es wieder, das Licht der Erkenntnis, es kam aus der unendlichen Tiefe des Alls, dort, wohin ich geschaut hatte, es kam aber auch aus der unendlichen Tiefe meines Ichs, wie damals auf dem Schiff und wie in Kabul, gleichzeitig, ich konnte das nicht unterscheiden Es wurde größer und heller, kam näher, unaufhaltsam, ich spürte diesmal keine Angst, jetzt war ich wieder bereit, ich ließ es zu, ich ergab mich dem Licht.

Begleitet von einem Sturm aus Liebe ergoss sich das Licht in jede Faser, in jede Zelle meines Körpers und jetzt explodierte ich doch, in einem Orgasmus aus Licht und Liebe. Das war der Kuss aus dem All! Ich gab mich ihm hin. Es war nur schön!

Es leuchtete in mir, ich schwebte, genoss es und wünschte, dass es bliebe. Ich weiß nicht, wie lange es blieb, aber ich kam wieder zu mir. Ich hatte es überlebt. Tränen strömten mir über das ganze Gesicht, ich fiel auf die Knie, ich war klein wie ein Baby. In diesem Moment war ich geboren.

Jetzt erst sah ich, dass ich völlig nackt war. Nur mein orangenes Seidentuch hing um meinen Hals, das „Om-namah-shivay"-Tuch. Ich musste furchtbar lachen – ich war ein Baby, nackt und klein und wusste nichts anderes, als dass ich soeben aus einem Blitz von Licht und Liebe in die Welt gekommen war, als Baby Gottes, als Sohn Gottes. Ich war da und du warst auch da. Ich war endlos glücklich.

So war das in dieser Nacht. Und du, mein lieber Herr Vollmond Berlin, hast mich wieder eindrucksvoll daran erinnert. Solche Erlebnisse vergisst man niemals, aber sie sind nicht jederzeit abrufbar. Sie werden zugedeckt von dem Geplapper der Tage, aber dann, so wie heute, ist alles wieder da. Der Herr Mond grinste nur schweigsam und zog den Wolkenvorhang wieder zu.

Da saß ich nun wieder, allein inmitten von drei Millionen schlafenden Berlinern auf einer Bank im Park und träumte noch ein wenig davon, wie die Geschichte weiterging. Berlin brummte ein bisschen vor sich hin, war sonst mucksmäuschenstill, fast so still wie der Schauplatz über Anjuna. Von dort war ich auf der anderen Seite herabgestiegen, hatte einen Fluss durchwatet und in dem nächsten Fischerdörfchen unter Palmen eine kleine Pause eingelegt. Dabei konnte ich nicht verhindern, einem Pärchen beim Liebesspiel zuzuhören, dann legte ich mich zwischen zwei Fischerbötchen am Strand zur Ruhe. Ich schlief wie ein Stein, die Nacht war zu anstrengend gewesen.

Die schon sehr hoch stehende Sonne kitzelte mich aus dem Schlaf, die Krähen schrien „Aufstehn!" So band ich mein Seidentuch um die Hüfte und spazierte den ganzen Weg langsam zurück nach Anjuna, vielleicht fand ich ja meine Sachen wieder. Fand ich aber nicht. Irgendjemand wird sich wohl über die 1000 DM gefreut haben und der Reisepass hatte auch seinen Wert. Vermisst habe ich beides nicht. So viele Freaks und die Sadhus lebten ohne Geld und Papiere und kamen auch durch. Da machte ich mir keine Sorgen, als Baby Gottes, als Klein-Jesus. Im Gegenteil! Ich fühlte mich wie von einer Last befreit, und im Paradies waren Geld und Pässe nicht vorgesehen. Das neue Täschchen mit dem Om drauf tat mir allerdings ein wenig leid.

Aber wie sollte das weitergehen mit dem Klein-Jesus? Mein Hirn arbeitete. Das war doch wohl nicht sein Ernst, dass ich fortan als Jesus durch die Welt gehen sollte? Söhne und Töchter Gottes sind wir ja alle, logisch. Aber eigentlich hatte ich immer gedacht, es wäre nach 2000 Jahren mal wieder Zeit für einen Neuen, nachdem die Welt den alten nicht kapiert hat! Auf dem Berg hatte ich den Eindruck, dass ein Neuer gesucht wird. Durch meine unerbittliche Suche hatte ich mich plötzlich angeboten, obwohl das nie mein Ziel war. Immerhin hatte ich durch alle Instanzen hindurch den Weg zum Boss gefunden und er hat mich hereingelassen. Da konnte ich ein wenig stolz darauf sein. Aber ich als neuer Jesus, niemals! Bestimmt nicht so einer wie ich, Hippie, ein LSD abhängiger Träumer und Nichtsnutz. Ein Jesus muss schöne Reden halten können, mit radikal neuen Gedanken die Massen überzeugen können und Wunder vollbringen! Oder vielleicht genau das Gegenteil davon, damit rechnet kein Mensch. Ich würde ganz still und unauffällig wirken, niemand dürfte was merken. Die Menschen würden mich sonst sofort an der nächsten Palme aufhängen. Nein, nein, ich nicht. Keinem Menschen würde ich von dieser Nacht erzählen!

In den kommenden Tagen kam ich wieder auf den Boden. Es reifte der Gedanke, allmählich wieder nach Deutschland zu fahren. Wie ein Junkie wollte ich mich nicht durchbetteln.

In Deutschland könnte ich allen die Wahrheit über das LSD erzählen, die Droge, das Medikament, das von der Krankheit der Gottlosigkeit heilt. Nicht nur erzählen, sondern auch gleich verteilen, an alle, die offen sind. So wie der amerikanische Typ aus Anjuna, der das Acid verteilt hat. Eine glänzende Idee. Das würde das Land gut gebrauchen, mehr noch, die ganze Welt! Solche Dinge kamen mir in den Sinn. Inzwischen, wieder in Deutschland, sah ich die Sache ein wenig nüchterner. Meinem Freund Larry, dem Philosophiedoktor aus der WG, habe ich einen Einblick in meine psychedelischen Abenteuer gegeben, schließlich war er ja schon viel weiter und hatte in den USA natürlich auch weitgehende Erfahrungen damit gemacht. Auch er glaubte einmal, die „Wunderdroge LSD" entdeckt zu haben.

„Nein, das ist sie nicht!", sagte er mit großer Überzeugung, das hatte er im Lauf der Jahre einsehen müssen. Zu viele Menschen landen in der Irre, oder geraten auf einen Horror, weil sie mit der Pille nicht richtig umgehen können. So können irreparable Schäden entstehen. LSD feuert den Zustand an, in dem man sich gerade befindet. Kreativität und Fantasie erleben neue Dimensionen. Das war ein Segen für die Popmusik und die Kunst der 60er- und 70er-Jahre, wo mithilfe von LSD schönste und unsterbliche Meisterwerke entstanden.

Aber wenn jemand zu Gewalt oder Depression neigt, oder generell mit dem Leben nicht klar kommt, kann das böse Folgen haben. Der schöne, bunte, lustige Trip kann bei den ersten dunklen Gedanken schnell in einen Horrortrip umkippen.

Ich hatte bisher immer Glück, weil auf meinen „Reisen" die Umstände gepasst haben, ja sogar meistens perfekt waren. Ein Horror muss grausam sein, habe ich gehört, und man kommt kaum von selber davon runter. Das wollte ich nicht erleben.

Und wie war das mit der Wahrheit? War das alles echt, was ich da an Erlebnissen, Erkenntnissen, Visionen, Orgasmen erfahren, gespürt und gesehen habe? Können das nicht alles Trugbilder, Hirngespinste gewesen sein, die meine Trips so aufregend spannend gemacht haben? Das habe ich mich schon gefragt. Die Männchen im Gras, die Naturgeister am Weiher, damals beim ersten Mal, waren die echt, oder hat die Droge aus meiner Fantasie lauter Geschichten zusammengebaut, die ich in meinem Zustand als „real" empfunden habe? Selbst die Geschichte von Anjuna, so „real" wie ich sie dort erlebt habe, habe ich sie so erlebt, weil ich sie so erleben wollte? Alles Fantasie?

Ich war schon eine ganze Weile wieder auf den Beinen, irrte durch Kreuzberg, ohne Kreuzberg wahrzunehmen. Schwer waren meine Gedanken, Zweifel an meinem Lebenslauf schlichen sich ein. Jetzt bekam ich auch noch Hunger. Schon lange hatte ich nichts gegessen. „Willst du was essen?", hörte ich einen Gedanken in mir sprechen. Ich überquerte eine Straße. „Natürlich könnte ich etwas essen, habe aber nichts und kriege um diese Zeit auch nichts, wie absurd!" Auf dem gegenüberliegenden Gehsteig wanderte ich weiter. Der ganze lange Trip, dessen einzelne Trips wie eine Perlenkette an einem roten Faden seit einem Jahr meinem Leben eine Richtung gaben, wo alles so schön perfekt zusammengepasst hat, wie ein Puzzlespiel, alles nur Fantasie, Halluzination, alles Lug und Trug? Ich blieb stehen. Vor mir stand ein Turm Holzkisten vor dem Eingang eines Bolle Marktes. In den Kisten – Weintrauben, ausrangierte, aber auch leckere, süße, unversehrte Weintrauben, eine ganze Handvoll fand ich. Jede einzelne eine Kostbarkeit, die ich mir auf der Zunge zergehen ließ. Jede einzelne Traube war eine Offenbarung, mit jeder Traube verschwanden die Zweifel und mit jeder weiteren besserte sich meine Stimmung. Nie haben mir Weintrauben so gut geschmeckt. Ich musste lachen über meine Zweifel und genoss eine weitere Lachtraube.

Über Berlin setzte allmählich die Dämmerung ein. Alle Wolken waren verschwunden. Ich kam an die Kreuzung Ku'damm-Joachimsthaler Straße. Da stand er wieder! Direkt über den Häusern setzte er zur Landung an. Exakt über der Fahrbahn im Westen würde er aufsetzen. Das musste ich miterleben! Ich ging auf eine Blumeninsel in der Straßenmitte, um besser sehen zu können und führte weiter Selbstgespräche. Ein Taxi fuhr vorüber. An der Ecke ging eine Dame mit Handtäschchen Auf und Ab. Wir beide waren die einzigen Menschen in Berlin. Vielleicht hätte sie ein bisschen Lust, zu plaudern? Aber sie machte nicht den Eindruck. Ein weiteres Taxi überquerte den Ku'damm, diesmal aus der anderen Richtung. Weg war es. Wieder Stille. Ich wandte mich wieder meinem Mond zu. Er nahm die gesamte Fahrbahnbreite ein. Gleich war er unten.

Die Sache auf dem Berg kam mir wieder in den Sinn. Sie ließ mich nicht los. In der ersten Euphorie nach dem Erlebnis bildeten sich die wildesten Gedanken: „Ist es das, was Buddha erfahren hat, unter dem Banyan-Baum? Oder Moses, als er die zehn Gebote erhielt? Oder Jesus, nachdem er 40 Tage in der Wüste gefastet hatte? Vielleicht bin ich ja doch der neue Jesus, den die Menschheit dringend braucht. Ich dachte, das Thema wäre abgehakt, aber wer sonst sollte Hunger und Kriege abschaffen, die Menschen von Machtmissbrauch und Geldgier heilen? Die Menschen bringen das nicht alleine zustande! Aber so ein durchtrainierter Powerprediger von den Jesus-Freaks oder ein abgehobener Krishna-Mönch auch nicht. Nein, solche Leute bestimmt nicht. Schon eher Rockstars wie die Beatles. Aber die haben diese konkrete Frage ja schon einmal deutlich verneint. Oder die Kalifornier. Bei denen gehört LSD zum Grundnahrungsmittel, die wissen auch alle Bescheid. Oder Udo Lindenberg: Der hat einen Song, in dem ihm ein Engel erschien und sagte „Du heißt jetzt nicht mehr Udo, du heißt jetzt Jeremias und bist der neue Messias!" Der hat den richtigen Humor für so einen Job. Aber leider sind die Herrschaften aus diesen Kreisen zu versoffen oder zu vollgekifft und haben ihre Bestimmung und ihren Auftrag längst vergessen. Udo jedenfalls hat mit seinem „Sonderzug nach Pankow" die Jugend der DDR angefixt und die 89er-Revolution mit eingeleitet.

Die Dame an der Ecke war inzwischen verschwunden, es kam kein Freier mehr. Dafür ging jetzt die Sonne auf. Nicht zwischen Palmen, sondern hinter der Gedächtniskirche, fast genauso farbig, während auf der anderen Seite des Ku'damms gerade die Hälfte des Vollmonds unter die Fahrbahn in den Halensee getaucht war und sich französisch verabschiedete. Beide Majestäten gleichzeitig auf dem Ku'damm! „Mitten in Berlin passiert so was, und Berlin kriegt das nicht mit!" dachte ich. Es war nicht zu fassen!

Dieses Event hätte ich zu gerne zelebriert mit einem Chillom, dazu wie am Strand auf einer Muschel trompetet, eine Glocke geläutet und „Bom Shankar" gerufen. Leider fehlte das Werkzeug und die Sonne stieg auch ohne das langsam und lautlos immer höher. „Liebe Sonne, vielleicht kannst du mir sagen, was ich hier soll?" Vielleicht wieder Taxi fahren? In Deutschland musste man Geld verdienen, um ein vollwertiges Mitglied der Gesellschaft zu sein.

„Hallo, gnädige Frau, ich bin Jesus. Wohin darf ich Sie fahren? Darf ich Ihnen zur Unterhaltung eine kleine Pille anbieten, damit können wir vortrefflich auf Reisen gehen! Ich zeige Ihnen den Weg ins Himmelreich!" Als Jesus durch die Welt gehen,

157

könnte richtig Spaß machen. Zum Beispiel Blinde heilen. Mein Lieblingspatient wäre dabei zweifellos Stevie Wonder. Man stelle sich vor, ich wäre inkognito in seinem Konzert und er sänge „Come down Jesus, come down, I pray". In diesem Moment würde Jesus ihn wieder sehend machen. Das wäre eine Weltsensation! Als nächstes würde ich mir Richie Havens aussuchen, der ist auch blind.

Ein weiteres Aufgabengebiet wäre Kriege abschaffen. Ein Jesus würde die Konfliktparteien zusammenbringen. Ich würde den Gegnern einen Tropfen Acid auf die Zunge träufeln, dann würden sie erkennen, wie bescheuert ihr egoistisches Machtgehabe ist, und sie würden merken, dass ihre Todfeinde in Wirklichkeit liebende Brüder und Schwestern sind. Na ja, es könnte aber auch sein, dass das Acid ihren Hass ins Unermessliche steigern würde. Das wäre dann nicht so gut. Kriege abschaffen ist gar nicht so einfach.

Was würde Jesus noch machen? Er würde die Milliardäre der Welt überzeugen, Konzepte zum Abschaffen des Hungers zu entwickeln. Die Menschen haben so geniale Erfindungen gemacht wie Arschheizungen in Autos oder Eierschalensollbruchstellenverursacher für gekochte Eier, aber die fundamentalste Aufgabe überhaupt, nämlich, jedem Kind, jedem Menschen genug zu essen zu geben, an dieser Aufgabe scheitert die Menschheit kläglich. Die Politik ist an dem Thema nicht besonders interessiert. Aber für ein paar große Wohltäter wäre es ein Kinderspiel, mit ein paar Milliarden und sinnvollen Strategien den Hunger in der Welt ein für alle Mal zu beseitigen. Milliardäre aller Länder, vereinigt euch!

Die Sonne hörte sich das alles geduldig an, rollte mit den Augen und stieg noch ein bisschen höher, um das verschlafene Berlin aufzuwecken. Mittlerweile fuhren immer mehr Autos um mich herum, ich stand immer noch einsam auf meiner Insel. Inzwischen war meine seltsame Gestalt einer Polizeistreife aufgefallen. Die beiden Schutzmänner fuhren langsam dicht an mir vorbei und musterten mich mit gestrengem Blick.

Ich hatte hier nichts mehr verloren, weder auf dem Ku'damm, noch in Berlin, noch in Deutschland oder Europa. Ich musste wieder nach Hause, nach Indien. Dort würde die Geschichte weitergehen. Das meinten Sonne und Mond zu meiner Rechten und meiner Linken auch.

19 Der Geist in den Wassern

Rechtzeitig vor Kälteeinbruch brachen wir auf, Bronwen, eine Amerikanerin aus New York und ich. Wir hatten uns kurz zuvor in Heidelberg verliebt. Sie war eigentlich auf Europatrip, war in England, Italien und Griechenland gewesen und hatte Larry in unserer WG besucht. Wir hatten uns angefreundet und sind zusammen nach Heidelberg gefahren. Und nun fand sie es toll, nach Indien mitzufahren. Das Land strahlte seinen Reiz aus. Sie hatte viel Interessantes gehört, nicht nur durch mich. Sie war klein, selbstbewusst, hatte halblange, dunkle Haare und ein Lächeln zum Dahinschmelzen. Wir trampten bis Saloniki in Griechenland, vögelten in einem menschenleeren Zug bis Istanbul, quetschten uns in einen überfüllten „Express" nach Teheran, kifften mit einheimischen Bauern in der persischen Wüste und waren nach 13 Tagen in meiner afghanischen Lieblingsstadt Herat. Gewöhnungsbedürftige Busse brachten uns über Kabul und den Khyberpass bis Peshawar. Wir besuchten Freund Mian Manimullah in Mingora und verbrachten eine ganze Vollmondnacht im Goldenen Tempel in Amritsar, wo am Morgen der Zug nach Bombay auf uns wartete. Dort lösten wir zwei ganz reguläre Tickets für den bekannten Dampfer „Panjim", der in dieser Geschichte auch schon vorkam, und so erreichten wir nach knapp sechs Wochen anstrengender, fantastischer und preisgünstiger Reise das geliebte Goa. Diesmal bewirkte der Transit durch die verschiedenen Kulturen bei Bronwen eine ähnliche Wandlung wie bei mir vor einem Jahr. Sie war wie verzaubert.

Diesmal ging es gleich direkt nach Vagator. Viele bekannte Gesichter gab es dort, Viking aus Norwegen, Vlado aus Jugoslawien, Dave und Mark aus England, Daniel, der Schweizer, Deborah aus Australien, der junge Teekocher Wishwash und die Chai-Shopfamilie mit der hübschen Praful. Groß war die Freude.

Bronwen und ich bezogen eine Terrasse im dritten Stock mit Blick aufs Meer und hatten eine schöne Zeit. Das Flair der Anlage war leicht verändert. Es gab mehr Menschen, die Quellen waren nicht mehr so gut gepflegt wie im Vorjahr. Einige Freaks aus Deutschland hatten den beiden Chai-Shops Konkurrenz gemacht. Jetzt gab es Müslis, Vollkorncrêpes, Kräutertees und laute Musik vom Tape. 30 Jahre später kam ich wieder hierher. Der Strand war zugebaut mit Restaurants, die „Continental, European, Indian, Tibetan Food" anboten und Liegestühle vermieteten. Der Kokosbauer war gestorben, die Palmenanlage sah desolat aus. Viele Bäume waren verschwunden und nicht mehr nachgepflanzt worden. Auf den Terrassen lag der Müll, die Quellen waren versiegt. Oben auf dem Plateau hatte sich eine Ortschaft breitgemacht mit Souvenirläden, German Bakery Shops, Restaurants, die bis an die Kante reichten. Motorräder und Discos hörte man bis unten hin. Statt Hippies kamen jetzt internationale Touristen und viele Inder, die in Schnürschuhen und mit Sonnenschirm über den Strand flanierten. „And the Times, they are a-changing", hatte Bob Dylan 1968 schon gesungen.

In der letzten Reihe vor den Terrassen stand das einzige gemauerte Haus. Alle anderen waren mobil gebaut und mussten bei Saisonende wieder verschwinden. In diesem Haus fand ich Wishwash, den 16-jährigen Teejungen von früher. Jetzt war er 46. Er lebte hier mit seiner Frau und zwei kleinen Kindern. Ich zeigte ihm ein Foto von anno dazumal, da erkannte er mich, den Hippie von damals, halb nackt, mit langen, gefärbten Haaren. Es war für uns beide ein bewegender Moment.

Zurück ins Paradies. Bronwen und ich hatten Bücher, Stifte zum Malen, etwas zum Rauchen dabei. Während des Sonnenuntergangs machte sie Yoga am Strand, während sich der Himmel glutrot färbte, ein wundervoller Anblick. Danach wurde ein Feuer geschürt und ein Süppchen gekocht. In der Nacht strömte der warme Wind über unsere nackten Körper.

In Deutschland war Ölkrise. Autofahren war verboten. Wir mussten herzlich darüber lachen. Inzwischen war Weihnachten spurlos an uns vorübergegangen. Bronwen und ich hatten uns viel geliebt und viel gestritten, in letzter Zeit etwas öfter. Dann sind wir beide nach Anjuna gepilgert, denn wieder einmal gab es das Fest des Vollmondes. Wie vor einem Jahr kletterte er verheißungsvoll höher und höher, während die Farben über dem Meer von der Nacht aufgeleckt wurden. Plötzlich steckte mir Bronwen ein Stück „Window Pane" in den Mund.

Jede Pille hatte ihren Namen, besonders die aus den Küchen Kaliforniens. Jede Sorte hatte ihren speziellen Charakter. Da gab es den „Pink Mist", „Blue Moon", „Strawberry Fields Forever", „Purple Haze" und eben dieses winzige, viereckige, durchsichtige Stückchen „Window Pane", bekannt als Acid der allerbesten, reinsten Qualität, das seinen Patienten zu vollkommener Klarheit führen konnte, wenn er dies zuließ. Bronwen hatte sich einige Scheibchen aus Amerika mitgebracht und legte sich mit ihrem allerliebsten Lächeln selber eines auf die Zunge. Diese Nacht versprach sehr schön zu werden.

Wurde sie auch, aber anders als gedacht und völlig anders als alle anderen Male vorher.

Im Hintergrund wummerten die Bässe. Die Musikanlage stand immer noch dort. Ich achtete nicht darauf, ich hatte einmal diese Party erlebt, das war genug. Meine Freundin saß ganz verzückt im Sand und erlebte die ersten Regungen in ihrem Körper. Wir lächelten uns an, auch in mir ging es allmählich los. Alle Farben wurden brillanter, das Rufen der Krähen, das Rascheln der Palmenblätter, die Musik aus den Boxen, alles wurde intensiver und bedeutender. Ich beobachte, lauschte, staunte, wortlos. Bronwen und ein paar andere standen auf und tanzten. Ihre perfekten Körper und Bewegungen waren wundervoll. Fast alle Frauen oben ohne, pralle Busen wippten entzückend im Rhythmus der Musik. Auch Mark war da. Er tanzte um Bronwen herum, das gefiel ihr. Das Rauschen des Meeres begleitete alles, immerzu, unaufhörlich. Immer stärker wurde ich davon angezogen. Die Wellen, das Umstürzen, das Auslaufen an den Strand, das Zurücklaufen ins Meer, die nächste Welle zum

Umkippen bringend, immer wieder, immer wieder, aber jede Woge neu und einzigartig. Je länger ich das beobachtete, umso faszinierender wurde dieses Schauspiel. So banal und doch so interessant, ein sich seit Jahrmillionen wiederholendes Schauspiel, schon immer da gewesen, lange, bevor es Pflanzen, Tiere und Menschen gab. Ehrfürchtig schaute ich zu. Jede Welle war ein Meisterwerk und – schwapp – für immer verloren. Bronwen und Mark kicherten, ich widmete mich weiter meinen Wellen. Jetzt musste ich das Wasser spüren, es hatte mich lange genug angelockt. Ich stand auf und ließ die Hosen fallen.

Die paar Schritte durch den Sand waren weich wie Samt, das Wasser umschmeichelte die Füße, tausendmal erlebt, aber noch nie so bewusst und alle Sinne erregend wie in diesem Moment, in diesem Zustand. Wie von selbst glitt ich in die hohen Wellen, mir war, als umarme mich das Meer, als zöge es mich zu sich hinein, es sog mich in sich hinein. Ich ließ es zu, es war so wohltuend, jetzt ganz von warmem Wasser umgeben zu sein, mit den Wellen zu schaukeln, und ich tauchte unter den Wellen hindurch, schwamm hinaus, weit und immer weiter, ohne zu denken, nur zu fühlen, immer weiter, es war so schön! Ich genoss es, von den entgegenkommenden Wellen hochgehoben zu werden, dann bergab zu gleiten, bis die nächste kam, manchmal unten durchzutauchen und immer weiter in den Ozean hinauszuschwimmen, immer weiter, Richtung Afrika.

Irgendwann machte ich eine Pause, drehte mich um, es war vollmondhell. Ich sah den Palmensaum von Anjuna ganz weit weg und die anderen Strände in der Ferne verschwanden am Horizont. In der Ruhe entdeckte ich, dass das Mondlicht die spritzenden Wassertropfen in 1000 bunte Kügelchen verwandelte. Das hatte ich doch schon mal erlebt! Ich spritzte ein wenig herum und erfreute mich an dem Farbenspiel. Ich lag auf dem Rücken, die Arme weit ausgebreitet und genoss das Schaukeln auf der Oberfläche. Jetzt erst sah ich ihn, dich, den vollen Mond dort oben, eine Kugel wie ein Auge, das mich die ganze Zeit beobachtet hat. Wir blickten uns an. Plötzlich spürte ich, wusste ich, dass wieder eine Botschaft auf mich wartete. Natürlich! Jedes Mal gab es eine Botschaft, eine Erkenntnis, so war das immer gewesen an Vollmond. Mit jeder Pille kam ein Mosaiksteinchen dazu. Das hatte ich vergessen. Und jetzt ging es weiter! „Heute willst du mir wieder etwas Großes mitteilen", das spürte ich, das ließ mich vor Ehrfurcht erschauern. Ich wusste, jetzt war es wieder soweit, und mich durchströmte das Gefühl tiefster Liebe und ich bekam die Gewissheit, dass, was auch passiert, ich in guten Händen bin und mir nichts zustoßen kann. Ich fühlte mich umgeben und geborgen in einer grenzenlosen Liebe, die identisch war mit dem weichen Wasser um mich herum. Die Liebe und das Wasser, beide sind eins, sie sind tief und weit und gewaltig, ich war mittendrin. Ich bekam Respekt, aber keine Angst, wie schon einmal.

Das Wasser zeigte mir, wie es die ganze Welt umspannt, umspült, durchströmt, das Wasser ist alles, war alles, das ganze Leben kommt aus dem Wasser, das Wasser ist das Leben. Und ich spüre das Wasser in mir, in meinem Körper, in meinem Kopf, mein Verstand sieht das gesamte Wasser dieser Erde, in den Meeren, in den Wolken, in der Luft. Ich selber bin nichts als Wasser, in allen Dingen ist Wasser, die ganze Welt besteht aus Wasser und alles ist eins und ich bin mittendrin und werde eins mit ihm. Von weit her spüre ich den Geist in den Wassern heranrollen, begleitet von einem seltsamen Gurgeln, er nähert sich aus der Tiefe aller Meere, aus allen Richtungen, es ist der Geist des Wassers, das weiß ich und ich weiß, dass er gleich bei mir sein wird und größer wird, riesig wird, so unfassbar riesig, ich spüre die ganze Kraft des Wassers, sie ist so riesengroß, ich weiß, dass das alles nicht in mein kleines Hirn hineinpasst, aber ich habe keine Angst, keine Zeit dazu, es geht ganz schnell, in diesem Augenblick ist er da, wie ein Tsunami überrollt er mich, aber das ist die Liebe, die mich überrollt. In dieser unbeschreiblich großartigen Sekunde löst sich mein kleiner Tropfen Seele aus mir heraus und vereinigt sich mit dem Großen Wasser, dem Großen Geist und ich erkenne den großen Geist des Wassers, den Geist des Lebens und der Liebe, ich erkenne Gott in seiner ganzen Größe, denn ich bin eins mit ihm, es gibt keinen Unterschied! Die Seele ist umspült, erfüllt, liebkost von diesem unendlich wohltuenden, überirdischen Sein, schwerelos erlebe ich das himmlische Gefühl, den Himmel persönlich, einen Zustand, den du, einmal erlebt, nie wieder verlieren möchtest. Beschreiben kann ich diesen Zustand nicht, dafür gibt es keine Worte.

Wie ich auf die Erde zurückkam, das weiß kein Mensch. Mein kleines bisschen Seele war wohl noch nicht reif für die Ewigkeit, so schlüpfte sie wieder dahinein, wo sie herkam, mein Körper wurde der Erde zurückgegeben, anscheinend sanft, liebevoll, ohne Schaden. Der Rest jedoch brauchte noch eine Weile. Von der Nacht danach weiß ich nichts mehr.

Am Morgen wachte ich am Strand auf. Bronwen war auch da. Ich konnte nicht sprechen, ich wusste nicht, wer ich war, wie ich heiße. Ich war vorhanden, ich lebte, ich fühlte, und das sehr intensiv. Das Jetzt war meine Welt. Es gab kein Denken, keine Fragen, kein Reagieren oder Antworten auf Fragen. Das Erlebnis in der Nacht war so gewaltig, dass ich meinen Verstand dafür eingetauscht hatte. Er war verschwunden, einfach nicht mehr da!

Darüber reflektierte ich nicht, ich vermisste ihn nicht, es war so und ich lebte immer noch in dem Gefühl des nächtlichen Erlebnisses. Es ging mir unglaublich gut! Ich saß unter Palmen im Schatten, die Sonne stand schon hoch am Himmel. Bronwen war auch da. Sie hatte wohl schon einige vergebliche Versuche unternommen, mich anzusprechen. Schließlich gab sie mir eine Kokosnuss. Ich umfasste die Nuss mit beiden Händen, schaute sie lange an, fühlte sie, spielte mit ihr, bekam Lust, die Milch zu trinken. Ich fand die weiche Stelle am spitzen Ende, piekste sie auf, führte sie zum Mund und saugte daran. Ich spürte das kühle Nass auf dem Gaumen, jetzt merkte ich erst, wie durstig ich war. Ich saugte weiter, die Milch lief wie eine Offenbarung die Kehle hinab, es war ein himmlisches Gefühl. Die Kokosnuss verwandelte sich in eine Mutterbrust, die sich in meinen Händen so weich und zärtlich anfühlte. Ich war das Baby und saugte den Nektar des Lebens in mich hinein, den Nektar der Mutter Erde, der nichts anderes war als die reinste Liebe Gottes.

Diese Mahlzeit gab mir Kraft und ich nahm meine Umgebung wahr und mich selbst. Mein Bewusstsein war hellwach, ich beobachtete und fühlte, aber ich erlebte einen Zustand ohne Denken, das war das Besondere! Ich empfand das als einen Glückszustand! Wach sein, aber nicht zu denken, die Fähigkeit zu denken war nicht mehr vorhanden! Die kam erst im Lauf des Tages langsam wieder, allmählich wurde ich wieder „normal", konnte wieder sprechen und mich auch an meinen Namen erinnern.

Ich blickte auf das Meer hinaus. Das Meer schickte wie immer seine Wellen an den Strand und tat so, als wenn nichts gewesen wäre.

20 Wer hat die Kokosnuss geklaut?

Tagebucheintrag vom Montag, 14. Januar

Ich schreibe drei Briefe fertig und beschließe, noch heute über den Fluss nach Arambol zum „Lake" zu gehen. Ich packe zwei Decken und eine Matte ein, Bücher, Kochgeschirr, Buntstifte, Kerzen, Streichhölzer und 14 Rupien, der Rest bleibt in Vagator. Ich plane eine Woche. Ich treffe Mark und Bronwen aus Amerika auf dem Weg, sie schenkt mir eine Zitrone und wünscht einen guten Trip. In Shapora gebe ich die Briefe auf, kaufe noch ein paar Gemüse, esse ein Onion-Baji und gehe Richtung ferry-boat, welches aber gerade unterwegs ist. So spaziere ich am Strand entlang, dann macht mich das Fort oberhalb des Dorfes neugierig. Ich denke, dass ich viel Zeit habe und die Nacht dort oben verbringen möchte, die Sonne steht schon tief.

Ich steige zum Fort hinauf, die Landschaft wird immer schöner, unterhalb fließt der breite Shapora River ins Meer. Er kommt aus einem dichten Palmenwald herausgeschlängelt, gesäumt von den Dörfern Shapora auf der einen und Morjim auf der anderen Seite. Ich träume davon, am Fluss entlang das Land zu erkunden, denn von Goa kenne ich eigentlich nur die Strände.

Die Sonne geht unter, das Farbenspiel wird wieder unvergesslich. Ich finde einen geschützten Platz zwischen den Mauerresten und sammle Holz, baue einen schnellen Feuerplatz und koche mir einen Drei-Sterne-Gemüseeintopf. Anschließend Tagebucheintrag der letzten Tage bei Kerzenlicht, gehe schlafen, wache zwischendurch auf und sehe den Mond, der gerade aufgeht. Es ist Halbmond heute.

Am Morgen gibt es eine fiese Überraschung: Aus meinem Beutel fehlen der Kugelschreiber und das ganze Geld. Irgendein Junkie muss mich am Abend beobachtet haben. So eine Gemeinheit! Und die guten Buntstifte fehlen auch! Ich könnte nach Vagator zurückgehen, neue Rupien holen, aber hatte ich nicht ein herrliches Leben ohne Kohle, vor einem Jahr? Ich probier´s. Der Fährmann will mich nicht mitnehmen, die Überfahrt kostet 40 Paisa. Der Fluss ist zu breit und gefährlich zum Schwimmen: Also muss ich los, den Fluss hoch bis zur nächsten Brücke und schon wird der Traum von gestern Wirklichkeit. Die Palmen, Fischerhäuschen, lachende Menschen und die Kinder machen mich high, das Gepäck wird schwerer, die Luft flirrend, eine kleine Kirche gibt mir Rast, noch 2,1 Kilometer bis Siolim. Ich spüre Hunger, aber die Chai-Shops sind diesmal nicht für mich. In Siolim steht der Kahn auf meiner Uferseite. Der Fährmann winkt mich zu seinem letzten Platz. Soll ich sagen „Nee, ich will nicht"? Blödsinn. Ich setze mich schnell. Am anderen Ufer gebe ich ihm die Zitrone von Bronwen, er lacht nur und steckt sie ein.

Nun wieder flussabwärts, es ist heiß und hungrig, ich gehe sehr langsam, schlafe zwischendurch unter einem Baum. Bei einem Chai-Shop frage ich nach einem Glas pani, Wasser, kein Problem. Als ich nach einem kleinen baji no paisa frage, bekomme ich gleich zwei geschenkt, der Tag ist gerettet. Es gibt so tolle Menschen hier! Morjim ist zu schön zu beschreiben, ich komme wieder an die See, stürze mich ins Wasser. Ich sitze am Strand, da läuft eine Fisch-Auktion. Plötzlich fragt jemand: „You want fish? Take two." Verdattert nehme ich einen und schon habe ich eine Riesenmahlzeit mit den restlichen Kartoffeln. Boom Shankar. Ich laufe noch ein Stückchen aus dem Dorf heraus, die Sonne sinkt, ich suche und finde mein Abendplätzchen, Feuerstelle, Feuerholz, Kartoffeln schnippeln. Verdammt! Die Kartoffeln sind auch geklaut! Fisch ohne nix, das geht nicht. Ich schaue herum und sehe nichts als Palmen, hohe, schlanke, Palmen voller Nüsse. Eine war kleiner als die anderen und ganz schief. Am Blätteransatz leuchtete eine Kokosnuss. Ich denke nicht lange nach, auf allen Vieren schaffte ich schnell ein paar Meter und als der Baum steiler wird, umklammere ich ihn wie ein Äffchen, rutsche höher und höher, erreiche die Krone, schaue nicht hinunter, halte mich mit der Linken am Stamm fest, während die andere weit über mir die Nuss erwischt, ein paar Mal schüttelt und dreht, bis sie schließlich aufgibt und mit einem dumpfen „Plopp" etliche Meter unter mir herunterkracht. Ich komme heil herunter, das erfolgreichste Unternehmen des heutigen Tages, den ich mit einem tollen „Fisch an Kokosnuss" kröne. Dann sitze ich noch lange in der Nacht am Feuer und denke über mein Glück nach. Was geht es mir doch gut! Nur wenn mir jemand mein Essen klaut, das kann mich auf die Palme bringen.

In dem Dorf singen sie heute noch „Wer hat die Kokosnuss, wer hat die Kokosnuss, wer hat die Kokosnuss geklaut ..."

Erschöpft, aber sehr zufrieden komme ich am nächsten Nachmittag am „Lake" an. Ein See, mitten am Strand, umgeben vom Meer und weißem Sand auf der einen und dichtem Urwald auf der anderen Seite. Wieder bin ich sprachlos über so viel Paradies. Oben auf einem Felsen sitzt ein indischer Freak mit langen, schwarzen Haaren am Feuer. Er winkt mich her, er kocht gerade Chai, eine schöne Begrüßung! Seine Hütte ist eine Pracht. Ausgestattet mit großen, bunten Tüchern und Teppichen, Sitzkissen, einer bequemen Matte zum Schlafen, Öllampen, Kerzen und Räucherstäbchen, einem prächtigen Altar für Göttin Shiva mit den vielen Armen hat sich Singh unter einer Palme eine echte Luxusvilla eingerichtet, mit Blick auf See, Meer und Dschungel. Er lebt schon einige Monate hier, hat jedes Stück über einen langen, engen Pfad hierhergetragen.

Dann sehe ich Renate aus Hamburg! Welche Freude. Und Ria aus Holland ist auch da. Sie dünsten gerade Kartoffeln, Kohlrabis und Tomaten, es reicht für drei. Am Abend sitze ich lange bei Ria auf ihrer Terrasse, während unten eine Gruppe Franzosen groß aufkocht, mit Dal, Chapatis und allen Gewürzen.

Wir haben uns noch nie gesehen, aber viel zu erzählen, jeder von uns hat so viel erlebt. Mir kommt es bald so vor, als würden wir uns lange kennen, wir schwingen auf der gleichen Wellenlänge. Ria kommt aus Groningen, ist groß und blond und hat schöne liebe Augen. Während wir unsere Geschichten erzählen, kommen sich unsere Augen immer näher und unsere Körper auch, bis sie sich berühren und gegenseitig wärmen. Das ist ein schöner Zustand und erregt uns beide. Es ist so normal, fast von selber fangen unsere Finger zu fummeln an, die Worte werden weniger, das Erzählen wird zum Kichern und unsere Hände streicheln seidenweiche Haut und wollen immer mehr. Und bekommen das auch …

Zum Frühstück gibt es Milchreis mit braunem Zucker, ich genieße es, am Seeufer zu sitzen, Fische, Vögel, Libellen und eine Wasserschildkröte zu beobachten, später lese ich im Buch von Tom Skinner und sehe Fabian, der in sein I Ging vertieft ist. Er macht das schon seit einem Jahr. Ich bin sehr faul, mehr k.o. von der Wanderung (oder von der Nacht?). Vor Sonnenuntergang gibt es Fischsuppe, dann hat Ria eine Pfanne Kartoffeln gebraten und schließlich werden zwölf Leute satt, die um das große Feuer herumsitzen. Besonders die Chapatis sind spitze, Chilom und Chai natürlich auch. Mein Bauch ist voll, ich habe zu viel gegessen heute. Man plaudert noch ein wenig, einer nach dem anderen verzieht sich. Ich sitze noch lange am Feuer, Orion senkt sich gen Horizont, Ria schläft schon.

Am anderen Tag sehen wir uns kaum, jeder macht seinen eigenen Trip. Ich finde direkt am Sandstrand eine kleine Höhle unter den Felsen, sicher vor der Flut und geschützt im Schatten vor der sengenden, tropischen Sonne. Hier breite ich meine Matte aus, hier bin ich zu Haus …

21 Tu le fais bon!

Indien ist das Land der Gurus, sagt man. Ein Guru ist ein menschliches Wesen, erfüllt von der Weisheit des Universums.

Wenn du Glück hast, triffst auch du einmal ein solches Wesen und wirst gesegnet mit seiner Erkenntnis.

Auch mir wurde einmal diese Gnade zuteil. Das kam so:

Eine Woche lang genoss ich das Paradies in Arambol. Doch nun musste ich zurück nach Vagator, Geld holen, Freunde besuchen, einkaufen, Post checken. Mein Platz in der Höhle blieb natürlich ohne Aufsicht, ich hinterließ aber nur eine Matte mit einem Beutel als Platzhalter mit Sachen ohne Wert, was sollte da wegkommen? Umso ärgerlicher aber war ich, als nach meiner Rückkehr drei Tage später ein Teil fehlte, ein dunkelroter Satinpyjama mit schwarzen Punkten. Keine Ahnung, warum ich dieses überflüssige Kleidungsstück nach Indien mitgeschleift hatte, aber jetzt, wo es verschwunden war, vermisste ich es und das ärgerte mich.

Plötzlich und unerwartet begegnete mir eines Tages das Oberteil dieses Pyjamas in einem Chai-Shop im Dorf Arambol am Körper eines French Heroin-Junkies, der sich ungeniert mit seinesgleichen in dem Lokal breitmachte.

Ich bin kein Rassist. Aber es war allgemein bekannt, dass diese „French Junkies" eine eigene Rasse bildeten innerhalb der Hippiewelt – und den Ehrentitel „Hippie" beschmutzten. Um zu überleben nahmen sie alles Brauchbare mit, was nicht angekettet war, bemitleidenswerte Kreaturen, die so weit gesunken waren, dass ihre einzige Lebensmotivation darin bestand, sich den nächsten Schuss zu setzen. Sie hatten grundsätzlich kein Geld, und wenn, dann war es geklaut. Sie waren eine starke Fraktion und tauchten meist im Rudel auf. Und von so einem Typen musste ich mich übel beschimpfen lassen, als ich es wagte, ihn dezent auf die Jacke anzusprechen. Was mir denn einfiele, mein Zeug so rumliegen zu lassen, schimpfte er, „Egoist, putain, trou de cul", und andere französische Wörter und Tiraden, die ich in der Schule nicht gelernt hatte, musste ich mir anhören. Er zog die Jacke aus, schmiss sie mir verächtlich vor die Füße und zwang mich auch noch zu der Demütigung, mich vor ihm zu verneigen, um sie aus dem Dreck aufzuheben, diesen unseligen Fummel, den ich nie mehr anziehen würde.

Ich brauchte einige Tage am See, um mich von diesem Vorfall zu erholen.

Der Strand war nur spärlich bevölkert. Die Franzosen waren glücklicherweise wieder abgewandert. Außer dem Inder Singh gab es ein paar Engländer und tiefer im Dschungel lebten noch ein paar Blumenkinder wie Adam und Eva unter und auf dem berühmten Banyanbaum. Das gefiel mir. Irgendwann würde ich auch einmal im Dschungel leben wollen, das wünschte ich mir. Inzwischen hatte sich am Beach eine kleine deutsche Kolonie etabliert, ein Pärchen aus München, Klaus und Gabi, ein schwuler Makrobiotiker aus Berlin, Renate und Jürgen aus Köln. Wir fanden schnell zusammen. Jeden Abend wurde am Strand gekocht. Ohne viele Worte organisierte irgendjemand die Zutaten im Dorf, fing an, Gemüse zu schnippeln, Feuerholz wurde gesammelt und angezündet, jemand anderes hatte was zu rauchen und zu trinken. Der Makrobiotiker spielte Gitarre und sang „don´t let it bring me down, it´s only castles´ burning" schöner als man es von Neil Young kennt. Es war ein perfektes Geben und Nehmen. Wir feierten das Rauschen des Meeres, die Farben des Sonnenunterganges, die Palmen im Wind, den Mond und die Sterne, die Wärme des Sandes und den Duft des leckeren Essens auf dem Feuer und den Augenblick und dass wir das alles erleben durften.

Aber eines Morgens, kurz vor der größten Hitze kam ein indischer Junge ganz außer Atem und aufgeregt aus Arambol gelaufen und fragte nach Mr. Ernest from Dschermani. Ich war der einzige „Mr. Ernest from Dschermani" am Strand. Was sollte das sein? Gerade hatte ich mich von dem Stress mit dem

Junkie erholt und nun schon wieder Aufregung. Ich solle ganz schnell ins Dorf kommen.

Der Junge fuchtelte mit den Armen: „Lady from France in Arambol, very pregnant, Baby coming, running, Sir!"

Jetzt verstand ich. Die französische Lady war wohl Nicole, die anscheinend hochschwanger in Arambol angekommen war und unmittelbar vor der Entbindung stand. Nicole, ja. Ich schnappte meinen Beutel, mein Hab und Gut. Wir rannten los, den schmalen Pfad zum Dorf, die einzige Verbindung, ca. drei Kilometer im Galopp, das war ich nicht gewohnt. Er führte mich zu einem Haus, das gehörte seiner Familie. Völlig außer Atem. Wir kamen zu spät.

Den Frauen im Dorf war der Zustand von Nicole aufgefallen. Blitzschnell hatten sie ein freies Haus zur Verfügung gestellt, ein Lager bereitet, sich die Hände gewaschen und das Kind auf die Welt gebracht. Als wir keuchend ankamen, war die Geburt gerade vorbei. Ein verschrumpeltes Mädchen schlief auf dem Bauch der erschöpften, glücklichen Mutter.

Nein, ich bin nicht der Vater. Aber ich wusste von dem Baby seit Monaten. Nicole und ihren Freund und Kindsvater Mike aus Berlin kannte ich aus dem Schlossgarten in Erlangen und sie konnten sich nichts Schöneres vorstellen, als das Baby in Goa zur Welt zu bringen. So verabredeten wir uns „irgendwo, irgendwann in Goa". Hat geklappt. Klein ist die Welt. Ich hatte nicht gedacht, dass sie das ernst meinten, mit Goa, umso größer war die Freude, sie wiederzusehen.

Die tollen Frauen aus dem Dorf hatten ihren Job getan und zogen sich zurück. Urplötzlich hatten nun Nicole, Mike, und ich eine schwere, dramatisch unbekannte Aufgabe. Das Baby, ein Mädchen, bekam den Namen Shanta und zeigte uns einen neuen Aspekt des Lebens, eine radikal neue Realität!

Die Nachricht des neuen Lebens verbreitete sich schnell über alle Strände von Goa. Viele kamen, halfen ein bisschen, brachten was zu Essen oder schauten nur und gingen wieder. Und dann waren SIE wieder da, es war unvermeidlich – die Franzosen! Und natürlich auch mein spezieller Pyjamafreund Quasimodo. Und sie blieben! Schlimmer noch! Sie übernahmen den ganzen Laden. Sie waren ein eingespieltes Team, sahen, wo es Arbeit gab, organisierten, putzten, kochten. Franzosen können das gut. Ich versuchte mich irgendwie dazwischen zu arrangieren. Einmal übernahm ich das Chapati-Backen. Das Rezept ist einfach. Mehl, Wasser, Salz, Teig kneten, Kugeln formen, zwischen den Händen hin und her patschen, bis tellergroße, runde Fladen entstehen, dann in der heißen Pfanne backen, bis sie braun und fest sind. Zum Schluss stellt man sie noch in die heiße Glut, bis sie aufgehen wie Luftballons, dann auf den fertigen Stapel hauen, pffft, Luft raus, fertig. Soweit die Theorie. Bei mir war schon der Teig zu fest. Beim Plattmachen gibt das Risse und ich kriegte sie nicht dünn genug. Aufgehen tut da auch keiner, höchstens anbrennen. Der Hit waren diese Chapatis nicht, aber sie veranlassten meinen Freund zu der trockenen Bemerkung: „Tu le fais bon – ou tu fais pas!", auf Deutsch: „Entweder du machst es gut – oder gar nicht!"

Dieser Keulenschlag hätte nicht besser treffen können. Tu le fais bon – ou tu fais pas, tu le fais bon – ou tu fais pas, tu le fais bon – ou tu fais pas, wie ein Mantra hat sich dieser Satz in mein Leben gebohrt und begleitet bei allen Aktivitäten, besonders bei Tätigkeiten, bei denen es besonders auf gute Arbeit ankommt. Diesen Spruch wurde ich in meinem Leben nicht mehr los. Ausgesprochen ausgerechnet von einem schmarotzenden Mistkerl von French Junkie. Das darf nicht wahr sein. Nein! Oder doch? Hat er nicht recht? Tu le fais bon ou tu fais pas! Dieser Typ zeigt den Weg. Er spricht die Wahrheit. Ein Satz – und so viel Weisheit! Tu le fais bon – ou tu fais pas! Entweder gut – oder gar nicht ! Das ist es! Dieser Mensch ist ein Lehrer, ein Wissender, ein Weiser, mein Guru. Ich verneige mich vor ihm. Möge mein Meister von der Nadel befreit worden sein und noch viele Menschen von Unwissenheit erlöst haben.

Aber vermutlich hat er sich längst den Goldenen Schuss gesetzt und ist in das Nirwana aufgestiegen.

22 Die letzte Reise

Am Morgen vor Vollmond verließ ich Nicole, Mike und das Baby Shanta – und die Franzosen. Wir hatten unterschiedliche Ziele. Sie wollten im Dorf bleiben, mich zog es in den Süden. Ich brauchte nach den vielen Begegnungen und dem Trubel in Goa wieder die Einsamkeit, den Egotrip. Ich war immer noch auf der Suche nach den großen Dingen in der Welt, von dem Baby einmal abgesehen. Von meinem Reisebegleiter, dem Großen Geist, wollte ich noch mehr erfahren. Die aufregenden Erlebnisse auf Trip, erst recht die von Anjuna hatten mich nur noch neugieriger gemacht. Die Reise war noch lange nicht zu Ende. Am Ende war es eine Reise zu mir selber. Ich wollte auch wissen, wo ich stand, wo mein Platz in der Welt ist, und was meine Aufgabe ist, denn jeder Mensch hat seinen Platz und seine Aufgabe, die er in seinem Leben erledigen sollte, das war mir schon klar. Menschen wollte ich bei dieser Suche nicht dabei haben. Mein Ansprechpartner war der Boss persönlich.

Aktuelles Ziel waren die atemberaubenden Wasserfälle von Jog Falls im Dschungel von Gersoppa, die 300 Meter senkrecht in die Tiefe stürzen, so wurde erzählt. Dazu wollte ich die 200 Kilometer nach Süden zu Fuß zurücklegen, entlang der Küste Maharashtras.

Am Nachmittag des nächsten Tages saß ich in einem Chai-Shop am Strand von Colva Beach. Die Sonne senkte sich langsam in Richtung Meer. Ich spürte den noch nicht sichtbaren Vollmond. Ich wusste, auch heute würde ich einen Trip nehmen. Ich hatte zwar keinen bei mir, aber ich wusste, er würde kommen, so wie er jedes Mal, wenn ich ihn brauchte, meistens auf wundersame Weise, zu mir kam. Ich wusste auch, heute würde ich ihn ausnahmsweise bezahlen müssen. Die Letzten waren immer umsonst. Heute würde er 20 Rupien kosten, das wusste ich auch. Es gibt Dinge im Leben, die weiß man einfach.

Ich schlürfte meinen Tee, genoss die sanfte, warme Brise des Spätnachmittags und schaute den Wellen zu. Ein Spanier kam dazu, ein bunter Vogel mit dunkler Haut und langen Rastas. Er bestellte sich einen Café con leche und setzte sich an meinen Tisch. Er lebte schon seit vielen Wochen in einem gemieteten Steinhaus in Colva und fertigte Schmuck aus allem, was er so am Strand und in der Natur fand. Ich brauchte aber keinen Schmuck. Außerdem hatte er Trips dabei, kleine, rote, ob ich einen haben wollte. Dumme Frage.

„How much?", fragte ich.

„20 rupees, very good acid!", sagte er.

Da gab es nichts zu feilschen. Ich gab ihm die 20 Rupien, er mir die Pille und bevor ich überlegen konnte, wohin damit, hatte ich sie auch schon eingeworfen, ich war selber überrascht, wie schnell das ging.

„Fullmoon tonight", lachte ich und er verstand, ebenso lachend. Die glutrote Sonne setzte auf dem Meer auf, und alle, die wenigen Besucher im Lokal und selbst die Inder an der Theke betrachteten dieses bedeutende Schauspiel, das immer faszinierend und nie langweilig war. Während das tiefe Purpurrot des Horizonts von der Schwärze der Nacht verschluckt zu werden drohte und der Shopkeeper seine Petroleumlampen auf die Tische stellte, hatte sich hinter unserem Rücken unauffällig und unspektakulär eine orangene Lichtkugel zwischen den Palmen emporgeschoben. Plötzlich stand er da, der Märzvollmond. Im gleichen Moment fing mein Trip zu wirken an.

Ich hatte bis dahin keinen Plan für die Nacht. Das regelte der Trip. Er ließ mich augenblicklich mein Gepäck nehmen, und mit einem „adios" und „namasté" verabschieden, und ohne, dass ich meine Beine daran hindern konnte, marschierten sie auch schon los. Ich wurde getrieben von der beeindruckenden Dynamik dieser Acidtablette, und ich spürte auch dieses Mal wieder, dass etwas Außergewöhnliches passieren würde. Ich fühlte mich von ihr auf die Fortsetzung meiner abenteuerlichen Reise geschickt, die umso spannender wurde, je weniger ich sie

176

aktiv beeinflusste. Und so ließ ich meine Beine laufen, laufen, laufen, nein schweben über den samtweichen, warmen Sandstrand.

Ich erlebte die Realität des Wassers zu meiner Rechten. Das Rauschen und Gurgeln des Wassers erinnerten mich ständig an das Erlebnis exakt vier Wochen zuvor in Anjuna. „Weißt du noch, wie es war und wer ich bin?", fragte es und natürlich erlebte ich diese Nacht und die Liebe des Wassers von Neuem. Ich spürte die Führung des Trips wie einen roten Faden. „Du bist der Gott auf diesem Planeten, ohne dich ist nichts und geht nichts, kein Leben, gar nichts", und mich überfiel eine demütige Ehrfurcht vor dem Wasser und wieder flackerte das Licht der Erkenntnis hinter meinen Augen. Da lachte der Mond, der inzwischen hoch am Himmel stand, und der mit seinem Licht wieder alle Dinge verzauberte wie im Paradies. „Jaja, die Größe und Göttlichkeit des Wassers sind unbestritten," meinte er, „aber sind nicht ich selbst und meine Mutter, die Erde und deren Geschwister, die Planeten und die Sonne und die anderen Milliarden von Sonnen und die Milliarden von Galaxien durch das Universum getanzt, bevor auch nur eine einzige, winzige Pfütze von dir zu sehen war? Was glaubst du, liebes Meer, wer uns alle geknetet und in unsere Bahn geworfen hat? Von selber wird das ja wohl nicht passiert sein!"

Dem musste sogar das Meer mit einem gelassenen „platsch" einer kleinen Welle zustimmen. Aber mit dem Rauschen von Millionen weiterer Wellen war klar, dass dieses Argument die Größe des Wassers nicht im Mindesten beeindrucken konnte.

Die Palmen kicherten. Sie winkten freundlich mit ihren glitzernden Blättern und sprachen mit ihrer Geste für alle Lebewesen.

„Was wäre diese Welt ohne das Leben? Ein Haufen langweiliger Steine und feuchter Staub! Das Leben in uns Palmen, Blumen, Gräsern, Wäldern und Feldern, Krähen, Kolibris und Käfern, Delfinen und Menschen, das erst gibt dem Ganzen einen Sinn, wir alle und Wind und Wasser, Licht und Wärme,

Mond und Sonne, alles zusammen, das ist es, das ist Gott, liebe Freunde."

Die Sonne sagte gar nichts. Sie hielt sich dezent unter dem Horizont zurück. Aber sie schickte ein paar Strahlen auf den Mond und von dort gingen sie direkt in mein Herz. Das war die Liebe. Die spürte ich ja schon die ganze Zeit an meinen Füßen durch den feinen, warmen Sand, ich spürte sie mit jeder Luftbewegung an meinem Körper, die ganze Atmosphäre war voller Liebe, so intensiv, als würde ich darin baden. Allein die Schönheit der Welt im Licht des vollen Mondes war ein einziger Liebesrausch.

Ich gab mich diesem Gefühl hin. Es war so stark, so überwältigend, dass wieder Ströme von Freudentränen in den Sand flossen. Als ich wieder denken konnte, sagte ich, „also hört mal her, das ganze schöne Theater, das ihr so aufführt mit der Schöpfung der Welt, dieser schönen, blauen Erde mit ihrer Botanik und den ganzen Viechern drauf, das wäre doch alles für die Katz, wenn sie nicht irgendjemand anschauen, begreifen und lieben würde, und das tu schließlich ich, der Ernsti und wenigstens ein Teil meiner 3,5 Milliarden Menschenkollegen (damals gab es nicht mehr). Und nachdem wir die Abbilder Gottes sein sollen, schaut sich der liebe Gott sein Werk eben durch unsere Augen an, ist es nicht so? Also sitzt Gott in jedem von uns Menschen, genauso wie in den Wassern, in der Luft, im Licht, in den Sternen, den Galaxien, in den Blättern von euch Palmen und in jedem Sandkorn von Colva Beach.

Damit waren alle einverstanden und ich konnte meinen Weg fortsetzen, Schritt für Schritt, Kilometer für Kilometer, bis ich müde wurde und mir in den Dünen ein tolles Himmelbett baute unter all den funkelnden Brillanten. Schnell kam ich zur Ruhe, aber der Trip wirkte weiter.

Auch das Königspaar hatte sich ins Schlafgemach zurückgezogen. Die Königin war eine junge, bildhübsche Asiatin in wunderschönen Kleidern, die sie nach und nach ablegte, ihren Gemahl fest im Visier. Der verschlang sie mit lustvoll liebenden Augen, sie streifte ihm die Unterhose herunter und er öffnete ihren BH. Er hob sie auf seine starken Arme und legte sie sanft aufs Bett und sich daneben. Er hatte einen riesengroßen Steifen. Sie streichelten sich zärtlich an schönen Stellen, sie stöhnten vor Freude. Mir gefiel es, ihnen zuzuschauen. Plötzlich entdeckten sie mich. Blitzschnell sprang der König auf, bedeckte seine Scham und schrie voller Zorn „Wer bist du, was machst du hier? Wache!!"

Ich war völlig verdattert. Ich hatte nicht erwartet, entdeckt zu werden, wusste ja gar nicht, wie ich überhaupt in diese Situation gekommen war. Eine sehr peinliche Situation!

„Äh, ich bitte um Entschuldigung, ich bin Ernsti, der Hippie", stammelte ich wahrheitsgemäß. Wie ich hier wohl wieder rauskam? Nach den Gesprächen mit den Göttern dieser Welt war ich immer noch ziemlich high. Erklärend sagte ich noch „Sorry, ich war nur ein bisschen auf Acid." Inzwischen waren alle Wachen alarmiert.

„Ein Hippie auf Acid spioniert hier rum" schallte es durch das gesamte Universum, bis in die höchsten Etagen der Hierarchie. „Fasst ihn, schmeißt ihn raus, gebt ihm die Todesstrafe, die Todesstrafe!"

Damit wachte ich auf. Ich war hellwach. Das LSD wirkte noch immer sehr stark. Ich sah meine Situation völlig klar. Ich hatte Mist gebaut. Ich war verurteilt, mit der Todesstrafe. Der Gott, mit dem ich sonst so kumpelhaft plauderte, zeigte mir seine andere Seite. Er hatte sein Urteil gefällt. Ich hatte meine Berechtigung, auf diesem Planeten leben zu dürfen, verwirkt. Wer war ich denn? Ein dreckiger Hippie, ein Schmarotzer, der anderen die Luft zum Atmen stiehlt, der sich anmaßt, mit ein paar Drogen Erkenntnisse zu erschleichen, wozu die Weisen mehrere Generationen tiefster Meditation brauchen, ein Nichtsnutz, der verschwinden muss! Raus mit ihm, tötet ihn, sofort! Ich hatte dem nichts entgegenzusetzen. Wie ein Zombie irrte ich über den finsteren Strand, einem Dorf entgegen. Ich war mitten in einem Horrortrip und kam da nicht heraus, ich konnte nichts dagegen tun.

Horrortrips hatten bis dahin immer nur die anderen erlebt, schlimme Sachen habe ich davon gehört. In einem Trip lebt man auf einer anderen Ebene, in einer anderen Realität. Man kann nicht einfach in die „Normalität" zurückwechseln, ein Trip ist erst zu Ende, wenn die Wirkung der Säure nachlässt, das dauert gute zwölf Stunden oder länger. Also lebt man in der anderen Realität, entweder nahe einem Lichtzustand, oder wie jetzt, abgestürzt als Krimineller mit einem Todesurteil.

Es war früher Morgen, der Tag begann mit der Dämmerung. Die Sonne wollte gerade aufgehen. Ich kam dazu, wie ein Fischerboot eingeholt wurde. Alle Männer des Dorfes halfen mit, das Boot an Land zu ziehen. Normalerweise war es selbstverständlich, dort mitzumachen. Ich hatte nicht die Kraft, den Jungs dabei zu helfen. Keiner von ihnen hatte einen freundlichen Blick für mich, sonst riefen sie schon von weitem. Ich schlich an ihnen vorbei, ich fühlte mich wie der schlechteste Mensch auf der Welt. Die ganze Welt war gegen mich und wollte mich loswerden. Ich musste hier verschwinden. Die Todesstrafe war ganz in Ordnung. Ich fand mich damit ab.

Ich verließ den Strand, schlich durch das menschenleere Dorf, nur ein paar Frauen und Kinder beobachteten mich misstrauisch. Diesmal kamen keine Kinder angerannt, wie sonst, ich war ein Aussätziger, das spürten sie. Am Rande der Siedlung setzte ich mich erschöpft unter einen Baum. Ich hatte die Vision, eine Schlange würde mich beißen und die Sache wäre erledigt. Soll sie doch kommen, die Schlange!

Was würden aber die Dorfleute mit meiner Leiche machen? Die hatten ja überhaupt keinen Hinweis darauf, wer ich bin, was mit mir passiert ist. Meine Freunde, meine Familie zu Hause, keiner würde mein Ableben erfahren, geschweige denn verstehen. Das musste doch irgendwie erklärt werden. Allmählich war ich wieder fähig, ein paar vernünftige Gedanken zu fassen „Ich werde meine Geschichte aufschreiben, von Anfang bis Ende", sagte ich mir. „Dann wird jeder kapieren und verstehen."

Ich nahm mein Tagebuch heraus. „Ich heiße Ernst", schrieb ich. Ich kam nicht weiter. Wie und wo sollte ich anfangen? Die Sonne stieg höher. Es wurde warm, es wurde wärmer, es wurde richtig heiß. Mehrmals musste ich mich umsetzen, um im Schatten zu bleiben. Die Schlange kam nicht. Mein Bericht auch nicht, keinen Buchstaben weiter war ich gekommen. Die Wirkung der Pille ließ nach. Aber jetzt klärte sich ihre Botschaft: Was war passiert, was war schiefgelaufen? Wozu hatte ich noch weitere Trips gebraucht, nach denen ich so süchtig war, jeden Monat, an jedem Vollmond? Die Lektionen von Kabul, Swat, Anjuna auf dem Berg und im Wasser, waren die nicht genug? Waren die Begegnungen mit dem Höchsten nicht die Knaller des Lebens, Momente, in denen ich ALLES verstanden hatte? Die Erkenntnisse waren erkannt! Was gab es noch mehr zu erfahren? Nichts! Ich war am Gipfel angekommen! Schon lange vor Colva, das hatte ich erst jetzt kapiert. Ich war unersättlich geworden. Deshalb wurde ich nun so brutal ausgebremst. Wieder spürte ich die Regieführung meines Schicksals, und dieses Erkennen, dass da jemand Regie führte, versetzte mich plötzlich in eine ganz wunderbare Stimmung. Das war alles so logisch. What goes up, must come down.[2] The higher you go, the deeper you fall![3]

Nun war ich wieder am Boden angekommen. Nie wieder würde ich einen Trip brauchen! Nie wieder würde ich einen nehmen. Dieser war mit Sicherheit der Letzte! Das war die letzte Reise!

Ich bekam Durst und Hunger, aber auch die Kraft, aufzustehen, um weiterzugehen. „Die Schlange kommt dann, wenn man sie am wenigsten erwartet, ich muss jetzt nicht auf sie warten", dachte ich. Ich kam an einer Kirche vorbei. Sie war offen, ich ging hinein. Eine wohltuende Kühle empfing mich. Ich stieg auf die Empore, das ganze Kirchenschiff lag unter mir. Vorne war

---

2   Aus „Spinning Wheel" von Blood, Sweat and Tears
3   Nach: „Everybody's got something to hide except me and my monkey", The Beatles

Jesus. Lange schauten wir uns an, obwohl er am Kreuz hing und eher nach unten schaute, mir war aber, als schaute er mir direkt ins Gesicht.

„Also, Jesus, ich bin der Ernst. Wir kennen uns."

Kein Widerspruch.

„Da ist was Schlimmes passiert und jetzt habe ich ein Todesurteil."

Kein Kommentar.

„Was machen wir damit?", fragte ich.

Lange Pause.

„Das verschieben wir", sagte er dann.

Pause.

„Verschieben?"

Pause.

„Bis auf weiteres", meinte er.

„Halleluja!" Damit kann ich leben!

23 Das Gatter

Das Ziel Jog Falls wollte ich zum nächsten Vollmond erreicht haben. Zwei Wochen lang war ich an der Küste entlangmarschiert. Nach dem unglücklichen Aufenthalt am Colva Beach versuchte ich wieder im Leben anzukommen, was relativ schnell gelang. Die Menschen waren wieder freundlich, luden mich oft ein, in ihr Haus, zum Essen, auch zum Schnaps trinken. Manchmal wurde ich ein Stück begleitet, stieg bei glühender Hitze über das von den Portugiesen verlassene und seitdem zerfallene Fort Cabo de Ram, fand Traumstrände unter Palmen ohne Touristen und ein Fischerdorf, in dem es weder elektrischen Strom noch Autos gab, wo ich auf einem Balkon über den Palmen köstlich bewirtet wurde und die Nacht bleiben durfte.

Je weiter ich mich von Goa entfernte, desto mehr wurde ich zur Attraktion in den Dörfern und über mich selbst und Dschermani ausgefragt. In der Dämmerung suchte ich mir ein ungestörtes Plätzchen für die Nacht, baute eine kleine Feuerstelle, kochte Kartoffeln, Reis, Tomaten, Blumenkohl und aß eine Unmenge Bananen und Kokosnüsse.

Einmal hatten mich Kinder an Rande eines Dorfes beim Kochen entdeckt. Ich war der Meinung, ein gutes Versteck zu haben, aber im Nu standen 20 Leute in meinem Wohnzimmer. Immer gab es einen, der Englisch konnte und als Dorfsprecher fungierte. Dann ging die Fragerei los: „Woher, wohin, warum, what is your country, how do you like India, are you married?" Die Fragen waren immer dieselben, oft auch deren Reihenfolge, es war manchmal ermüdend. Aber ich bemühte mich immer, den Menschen zu geben, was sie wissen wollten und ihre Fragen ernst zu nehmen, denn schließlich war dieser eigenartige Europäer Ernst wie ein Komet aus einer fremden Welt in ihren Alltag eingetaucht und es war nur zu verständlich, dass sie über diesen Eindringling alles wissen wollten. Für die Eingeborenen war ich Abwechslung und Dorfgespräch. Und immer

und überall begegneten sie mir freundlich, niemals bekam ich Aggression oder Feindseligkeit zu spüren. So auch hier. Als mein Süppchen fertig war und gelöffelt werden wollte, zogen sie sich höflich wieder zurück und ließen mir meine Ruhe.

Überall blieb ich nur eine Nacht, ich war auf Trip, unaufhaltsam strebte ich meinem Ziel Jog Falls entgegen, obwohl durchaus wunderschöne Orte am Weg lagen, die zum Bleiben einluden. Zum Beispiel dieses Urwalddorf am Meer, im Süden von Goa, wo es keinen Strom und zur Beleuchtung nur Kerosinlampen gab und zum Kochen Feuerholz oder bestenfalls einen Gaskocher. Die Gasflaschen und alle Lebensmittel mussten zu Fuß irgendwoher geholt werden, eine Straßenanbindung gab es auch nicht. Als ich mich diesem Dörflein näherte, gabelte mich ein junger Bursche auf, der englisch sprechen konnte und sich sehr freute, einen Besucher zu begrüßen. Vor ein paar Monaten war hier schon mal ein Mann aus Schweden vorbeigekommen, der einige Tage in seinem Haus blieb, erzählte er. Gleich lud er mich ein, hier den Urlaub zu verbringen, seine Mutter hätte auch nichts dagegen und würde gut kochen. Das tat sie wirklich. Sie tischte uns ein wahrhaft köstliches Festmahl auf, am Morgen gab es ein leckeres Frühstück mit Chai und Banana Pancake. Sie waren alle so herzensgute Menschen, auch die anderen Einheimischen, die sich womöglich auch gefreut hätten, einen Bewohner mehr zu haben. Aber ich war nicht aufzuhalten, viele Tagesetappen hatte ich noch vor mir. Später habe mich darüber geärgert, denn dieser Ort war so ursprünglich, unverdorben, archaisch. Nur in einer Ortschaft blieb ich zwei Nächte, in Gokarna, auch am Meer gelegen, genau auf der Hälfte der Strecke.

Bald war das Wandern in der Hitze zu anstrengend. Dann machte ich eine lange Siesta, startete am späten Nachmittag, machte fünf bis zehn Kilometer bis in die Dämmerung, legte mich irgendwo aufs Ohr und ließ mich vom aufgehenden Halbmond im Morgengrauen wecken. Das Wandern zu dieser Tageszeit gehörte zu den Highlights auf der Tour: Angenehme

Kühle, frische, unverbrauchte Luft, aufwachende Dörfer und Tiere, mit der ersten Fähre über den Fluss, Frühstück in einem freundlichen Chai-Haus zum Sonnenaufgang, dann rasch ansteigende Temperaturen.

Mein Budget betrug fünf Rupien am Tag, eine Mark dreißig. Davon kaufte ich Gemüse, Brot, Tee, Amruds, Baji, Tenginkai, Orangen und Berge von Bananen. Meistens war das Geld am Ende des Tages noch nicht ausgegeben. Das konnte ich dann in Form von Paisas, Chickies oder Bananen verschenken.

In einem Dorf heftete sich ein junger Kerl an meine Fersen. Sein Gang war ziemlich unrund. Unermüdlich quasselte er mir in seiner Sprache die Ohren voll, wobei er seine Worte heftig mit den Armen herumfuchtelnd begleitete. Die vielen Kinder um uns herum lachten und riefen: „Gregory crazy!" Er ließ sich nicht abwimmeln, also gingen wir in den nächsten Kramladen und kauften Zutaten für ein tolles Mittagessen. Wir fanden ein Plätzchen unter Bäumen, ich schnippelte das Gemüse klein, während Gregory weiterhin endlose Geschichten erzählte und ungeduldig Auf und Ab tigerte. Endlich war das Mahl gerichtet, verteilt und aufgegessen. Nach der letzten Banane stand er auf, sagte „kana kaya", das heißt „Bin satt", und weg war er. Die Dorfleute winkten freundlich zum Abschied.

Viele Meilen wanderte ich an dem National Highway entlang und zählte Meilensteine. Verkehr gab es fast gar nicht, Mitfahrgelegenheiten genauso wenig. So beschloss ich, dass ich ebenso am Meer entlanglaufen konnte, das wäre weniger langweilig. Nach einem längeren Waldstück, durch das mich ein schmaler Trampelpfad führte, kam ich wieder ans Meer, dem „arbi samudra". Ein wunderschöner, menschenleerer Sandstrand lag vor mir, aber nicht, wie in Goa, gesäumt von Kokospalmen, hier gab es Reisfelder, Papayabäume und bescheidene Hütten der Bauern. Am Strand spielte eine Handvoll kleinerer Kinder, langsam kam ich ihnen näher, bis mich ein Kind entdeckte. Es schrie vor Schreck laut auf, die anderen taten es ihm nach und die ganze Gruppe sprang kreischend auf und rannte, wie um ihr Leben, in Richtung ihrer Häuser. Es war das einzige Mal, dass Kinder vor mir weggerannt sind. Sie hatten wohl noch nie einen weißen Mann gesehen.

14 Tage nach Colva Beach erreichte ich Gersoppa, ein Dorf am Rande des Dschungels, am Ufer des mächtigen Sharvati Rivers, der von Jog Falls herkommt. In Gersoppa hatte ich vor Wochen schon zu Hause meine „poste-restante-Adresse" angegeben, ohne zu wissen, ob es hier überhaupt ein Postamt gab. Ich hatte ein paar Briefe nach Hause geschickt, denn hier in der Fremde freute ich mich immer über ein paar Nachrichten aus der Heimat. Besonders interessierte mich der Antwortbrief einer Freundin, die ich einmal schlecht behandelt hatte.

Es gab tatsächlich ein Postamt in Gersoppa mit einem engagierten Beamten, der sogleich Gelegenheit bekam, meine Lebensgeschichte im ganzen Dorf zu verbreiten. Ein Brief war noch nicht angekommen, aber nebenan gab es das sympathische Gasthaus von Raguvendra. Der Wirt war ungefähr in meinem Alter, genau wusste er das auch nicht, wir verstanden uns sofort. Auch er und seine Gäste nahmen regen Anteil an meiner Biografie, denn Touristen aus dem Westen gab es an diesem Ort eher selten, also eigentlich überhaupt nicht. Als Attraktion wurde mir empfohlen, wenn ich schon ein paar Tage in der Gegend sein sollte, unbedingt nach Jog Falls zu gehen, aber deswegen war ich ja hergekommen. Dann sollte ich den Urwaldtempel Chatrimusta Basti ansehen. Dorthin wollte mich auch gleich der Kinderschwarm führen, der mich ab dem Ortsrand als Begrüßungskomitee begleitete, für „two rupees only …", die hatten Humor!

Das hatte noch Zeit. Wenn ich hier meine Post empfangen wollte, durfte ich es nicht eilig haben. Zunächst musste ein Quartier gefunden werden. Für einen Mother Nature´s Son kam dafür nur ein Platz infrage: Der Dschungel, ein seit Arambol gehegter Traum, mitten im Urwald, fernab aller Zivilisation, umgeben von dichtem Gewächs, riesigen Bäumen, unbekannten Früchten und Tieren, möglichst direkt am Ufer des Sharvati Rivers.

Entsetzt wollte mich Raguvendra davon abbringen. Der Urwald sei gefährlich, voller Ungeziefer, wilder Tiere, Elefanten, Tiger und Schlangen, meinte er. Schlangen kamen mir gerade recht! Einmal war ich auf der Wanderung einem drei Meter langen Ungetüm begegnet. Aber das drückte sich bei meinem Anblick ängstlich an einem Felsen entlang und hatte bestimmt keine Lust, mich zu fressen. Ein andermal sah ich von einer Brücke aus ein etwa ein Meter langes Schlangentier schwimmen, das sehr hübsch farbig, aber auch sehr giftig aussah. Davor hatte ich mehr Respekt. „Hast du denn schon mal im Dschungel übernachtet?" fragte ich Raguvendra. Nein, hatte er natürlich nicht. Na also. Anderseits trieben die Bauern ihre Jungrinder in den Wald, damit sie groß und kräftig wurden, musste er zugeben. Die kamen meistens auch lebendig zurück.

So nahm ich meine Bagage und verließ das Dorf in Richtung Urwald. Ein Weg führte direkt hinein. Überrascht war ich über ein Gatter, das an dem Pfad in den Wald hinein angebracht war. Es stand offen. Sprachlos starrte ich es an. Das Gatter kannte ich!

Nach Colva Beach war ich ein paar Tage gewandert, als mich ein alleinstehender, stattlicher Banyanbaum dazu einlud, in seinem Schatten eine Pause einzulegen. Bald fielen mir die Augen zu und ich fiel in einen Traum, in dem ich mich vor einem eingezäunten Grundstück wiederfand. In dem Zaun befand sich ein hölzernes Gatter, wie auf einer Viehweide. Es war verschlossen und ich konnte nicht in das Grundstück hineinsehen. Natürlich war ich neugierig und wollte hineingehen. Ich bewegte das Tor. Es ließ sich ein wenig nach innen drücken. Augenblicklich stand ich in einem gleißenden Licht und mich umspülte eine Liebe unendlichen Ausmaßes, die ich auf meinen Trips nicht stärker erlebt hatte. Dieser Zustand war Christus, augenblicklich stand diese Botschaft fest! Und diesen Zustand erreiche ich, wenn ich aus dem bekannten, jetzigen Leben in eine andere Ebene, in ein nächstes Level eintrete, den Tod? Das wusste ich im gleichen Moment. Doch dafür war jetzt nicht der

Augenblick. Sanft bewegte mich eine Kraft wieder hinaus und das Tor schloss sich vor mir. Ich wachte auf und blickte in die Krone des Banyanbaumes. Das Gefühl hielt eine Weile an, aber kein Zaun war weit und breit zu sehen. Und keine Ewigkeit. Aber ich hatte einen kurzen Moment lang hineinspitzen dürfen. Spätestens jetzt war eines klar: Sollte mich so eine Schlange erwischen und ins Jenseits befördern, so erwartete mich dort eine Welt, wie ich sie soeben gesehen hatte.

Angst vor dem Tod gab es nicht mehr, das Todesurteil hatte seinen Schrecken verloren.

Plötzlich stand ich wieder vor diesem Tor. Genauso hatte es im Traum ausgesehen. Déjà vu! Was hatte das zu bedeuten? Die Geschichte ging weiter, hieß das, sogar ohne Drogen, ganz real! Ich war überwältigt. Ich war versöhnt. Wir waren versöhnt.

Das Tor stand offen! Das war die Einladung, hineinzukommen. Ich war auf dem richtigen Weg, ein Zeichen, deutlicher geht's nicht. Ich hätte hier zögern können, nach allem, was ich in der letzten Zeit so erlebt hatte. Ich zögerte keine Sekunde. Ich wusste mich in Begleitung aller himmlischen Heerscharen, die ich nie sah, aber immer spürte. Was auch immer passierte, es war in Ordnung, gehörte zum Plan, das war der Trip, der für mich ausgedacht war! Da konnte ich keine Angst haben. Beglückt folgte ich dem schmalen Pfad, der mich zu meinem neuen Zuhause führte.

Der Pfad war von Rindern und Dorfleuten ausgetreten, die Futter und Brennholz aus dem Wald holten. Doch er wurde immer dünner und unwegsamer und zum Fluss hin gab es nur einen abenteuerlichen steilen Abstieg durch dichtes Pflanzenwerk. Der Dschungel ist ein Lebewesen, das sehr wohl mitbekommt, was in ihm vorgeht. Ich hatte das Gefühl, dass meine Schutzengel gute Vermittlungsarbeit geleistet hatten. Ich trat in keine Dornen, obwohl barfuß, verstauchte keine Füße über glitschigen Wurzeln, rutschte nicht ab, zerriss keine Kleider, stolperte nicht über spitze Steine, das Pflanzendickicht war leicht zu durchqueren, die wilden Tiere, außer den Moskitos hielten sich im Hintergrund. Ich kam in freundlicher Gesinnung, war offen für alles, und so fand ich schließlich wohlbehalten meinen traumhaften Platz direkt am Wasser, eben und schattig, genau passend für meine Decke und einen Feuerplatz, mein gemütliches neues Zuhause! Sogleich glitt ich in den Sharvati und verliebte mich in das warme, klare Wasser. Das andere Ufer war weit weg, auch dort gab es nur grünen, dichten Urwald.

Schwimmen war eine meiner Hauptbeschäftigungen. Täglich schaffte ich mehrere Kilometer. Gerne schwamm ich weit flussaufwärts, ließ mich dann in der Flussmitte bergab treiben und genoss es, wie zu beiden Seiten der dichte Wald an mir vorbeischwebte. Mehrmals überquerte ich den Strom und besah mir meine Welt von der anderen Seite aus an. Wohin ich auch blickte, es gab keine andere Menschenseele, nur einige Affenfamilien, denen ich lange und belustigt zuschaute. Sie hatten ein bewegtes Zusammenleben, hierarchisch aufgebaut. Es machte Freude, den Kindern beim Spielen, Springen und Balgen zuzusehen, auch sie hatten viel Spaß dabei, wurden aber auch öfters von den Größeren abgewatscht, wie im richtigen Leben. Die Alten dösten auf einem Ast, fraßen Blätter, entlausten sich oder bumsten mal so zwischendurch. Ohne ersichtliches Vorspiel gingen sie ungeniert einer Regung nach, die ich schon seit Wochen nicht mehr erlebt hatte. Ich war ganz und gar auf Natur- und Suchetrip, mein Sexualempfinden war mangels Gelegenheiten und Anfechtungen komplett abgemeldet.

Was die Affen aßen, habe ich auch probiert. Wenn es schmeckte, kam es auf meinen Speisezettel. So gab es kleine, gelbe, leckere Früchte, die ich in großen Mengen sammelte und verspeiste. Diese zeigte ich später Raguvendra im Chai-Shop, den ich alle paar Tage einmal besuchte. Der meinte, sie wären giftig. Er hatte keine Ahnung.

Eine regelmäßige Tätigkeit war seit Langem das Führen eines Tagebuchs. Ich notierte Beobachtungen der äußeren und inneren Welt, besondere Vorkommnisse, meine Gedanken, Pläne, Visionen, den Speiseplan, Ausgaben, Gespräche, Abenteuer, machte Zeichnungen, alles mit Kugelschreiber. Fast 40 Jahre später nahm ich aus Anlass meines Schreibprojektes dieses Tagebuch erstmalig wieder zur Hand. Ein wahrer Schatz! Viele Begebenheiten tauchten aus den tieferen Schichten des Gedächtnisses wieder auf und ergaben mit dem, was sowieso, auch nach so langer Zeit präsent war, ein unglaublich lebendiges Eintauchen in diese Ära. Manchmal führte ich ein Doppelleben zwischen dem Jetzt und Damals, neben dem alltäglichen Geschehen spielte ein 40 Jahre alter Film im Hintergrund meines Bewusstseins. Ich staunte, wie intensiv diese Zeitreise war, besonders auch die Zeit am Sharvati.

Auch hier hatte ich gespürt, beobachtet zu sein. Beim Betrachten dieses Films aus 40 Jahren Abstand stellte ich fest, dass ich gerade selber dieser Beobachter war, oder einer von denen.

Einmal täglich saß ich auf der Decke mit überkreuzten Beinen und tauchte ein in eine lange Meditation. In der Kulisse von schreienden Affen, kreischenden und singenden Vögeln, rauschenden Blättern, dem Glucksen des Wassers, den Düften in der Luft und der unheimlich wohltuenden Wärme verschmolz ich mit dem Geist des Dschungels. Es waren glückliche Momente.

Gerne legte ich mich während eines Bades auf einen warmen Felsen mitten im Fluss und döste so vor mich hin und nichts zu denken, das war mein Sinn. Doch eines Tages schlich sich in meine Nichtgedanken die Vision von einer Familie mit eigenen Kindern. Vor Schreck wäre ich fast vom Felsen gekippt. Eine solche Option war noch in keinem meiner vielen Träume vorgekommen und Lichtjahre von hier entfernt. Schnell versenkte ich diese Gedanken mit einem Kraulsprint im Sharvati.

Eines Nachts wurde ich von einem seltsamen Rauschen geweckt. Monatelang hatte ich keinen Regen erlebt. Jetzt machten sich die Vorboten des Monsuns bemerkbar, sehr schüchtern noch, der Regen war sehr sanft, nur ab und zu gelangten ein paar Tropfen durch mein Blätterdach, aber es wurden mehr. Ich wollte mich aber nicht vollregnen lassen. Ich glitt in den warmen Fluss und drehte eine Stunde lang meine Runden in der stillen, stockfinsteren Nacht, bis keine Tropfen mehr fielen und das Morgengrauen begann. Ein warmer Wind trocknete meine Haut. Jetzt setzte das allmorgendliche Konzert ein, die ersten Frühaufsteher gaben vor und bald schwollen die Gesänge zu einem tausendstimmigen Höllenlärm an, dem ich als Besucher aber immer gerne zuhörte.

Der Beamte im Post Office von Gersoppa hatte noch immer keinen Brief für mich. Es tat ihm sehr leid und fast fühlte er sich für seine schlechten Nachrichten selbst verantwortlich. Mir tat es auch sehr leid, denn gerne hätte ich von zu Hause Post bekommen. Ich hatte in meiner Villa am Fluss bemerkt, dass mir an menschlichen Begegnungen schon gelegen war, so gerne ich die Einsamkeit genoss. Immer wieder musste ich an Sabine denken, mit der ich einmal kurz zusammen war. Ihr hatte ich einen Brief geschrieben und von ihr hätte ich einen Brief erwartet. Dadurch, dass er nicht kam, wurde dieser Wunsch immer stärker. Aber ich ging nicht so weit, dieses Phänomen „Heimweh" zu nennen, denn ich war ja hier zu Hause und das konnte und wollte ich auch nicht ändern. Allerdings beschloss ich, meinen Urwaldaufenthalt zu beenden und nach Jog Falls aufzubrechen. Außerdem war einmal wieder die bedenkliche Situation aufgetreten, dass ausgerechnet hier in diesem Urwalddorf, wo sich Affe und Tiger gute Nacht sagen, und man wirklich kaum Geld ausgeben konnte, selbiges zur Neige ging. Eines Morgens sagte ich zu Raguvendra:

„Raguvendra, paisa finished!" Kein Geld mehr!! Raguvendra war schockiert. Für meinen Freund war das eine unvorstellbare Katastrophe, der GAU sozusagen.

„Wie willst du ohne Geld bis Germany kommen?"

Ich musste ihn beruhigen. „Ich habe doch noch den amerikanischen Dollarscheck, den werde ich in der nächsten Bank einlösen. Bis dahin komme ich leicht durch, no problem, don´t worry."

Das beruhigte ihn natürlich. Aber ich setzte ihn gleich wieder unter Schock: Nach Jog Falls gab es eine kurvenreiche Straße für LKWs und die zwei oder drei Busse täglich. Die wollte ich allerdings nicht nehmen. Ich fragte Raguvendra nach einer Verbindung quer durch den Urwald, denn auf einer Karte hatte ich gesehen, dass die Straße einen großen Bogen machte. Nein, nach Jog Falls kommt man nur über die „Road", meinte er und alle anderen Anwesenden nickten übereinstimmend. „Außerdem wimmelt es im Urwald vor wilden Tieren, ich würde mich verlaufen und das würde ich nicht überleben!" Der alte Schisser! Aber ich hatte Glück. Es kam ein Holzfäller in den Shop, der sagte „Ja, das geht schon, überquere den Fluss nach Nagarbastikeri, gehe in Richtung Urwaldtempel, dann kreuzt die Telegrafenleitung und der folgst du bis nach Jog Falls."

Ich dankte für die gewünschte Auskunft, legte meine fast allerletzten Rupien in Wasser und Proviant an und nach einem bewegenden Abschied von den Dorfleuten konnte es losgehen. Es war Halbmond.

24 Bob Dylan und die Biene Maja

Wie der Holzfäller gesagt hatte, fand ich bald die Stelle, an der die Schneise mit der Leitung meinen Weg kreuzte. Dort ging es nach Jog Falls. Geradeaus ging es zu dem Urwaldtempel. Ich durfte doch nicht diesen Tempel auslassen! So ein langer Umweg konnte das doch nicht sein. Glücklicherweise fanden sich keine Kinder zur Führung und nach einigen hundert Metern durch dichten Wald auf schmalem Pfad stand ich plötzlich vor dem Chatrimusta Basti, einem kleinen Tempel aus uraltem, schwarzem Gestein mit vielen verwitterten Verzierungen. Von dichtem Buschwerk und Treppen umgeben, konnte ich gerade außen herumgehen. Die Eingangstür war verschlossen, aber ich fand eine weitere Tür, die sich nach gutem Zureden öffnen ließ, und schon war ich drin, bei Shiva. Es war recht dunkel, ich holte ein paar Kerzenstummel aus der Tasche, machte Licht und setzte mich davor. Der Altar sah gar nicht so verlassen aus, sogar ein paar Räucherstäbchen lagen noch da, anscheinend wurden hier ab und zu Pujas abgehalten. Dieser Tempel musste Hunderte von Jahren alt sein, ein Glück, dass ihn noch kein Reiseveranstalter entdeckt hatte. Obwohl es erst früher Nachmittag war, beschloss ich, den Rest des Tages und die Nacht hier zu verbringen.

Am Abend kam ich zu einer längeren Meditation. Stilecht mit Kerzenschein und den Räucherstäbchen saß ich lange in der Stille. Viele Gedanken kamen und gingen, aber dazwischen immer wieder Phasen, in denen ich zum großen Licht vordrang und die Gegenwart des höchsten Geistes antippte. Weit über eine Stunde saß ich so da, dann formierte sich plötzlich eine Botschaft, klar und deutlich verstand ich sie, kurz und blitzschnell war sie übermittelt. Ich hatte schon öfter Mitteilungen erhalten, aber erst, nachdem ich lange in der Stille war, länger, als ich eigentlich wollte, aber mich überwinden konnte, doch länger zu bleiben. Diesmal lautete die Botschaft: „Ich bin nicht dieser neue Jesus, ich bin es nicht!!"

Da war ich aber froh. Ich spürte eine Riesenlast von mir abfallen. Mein eitles Ego schmollte ein wenig, aber nicht besonders lange und umhüllt von dem uralten Urwaldtempel fielen wir in einen langen, traumlosen Schlaf.

Schnell war ich am Morgen auf der Schneise der Telegrafenleitung, meiner „Telegrafenroad". Dank der abendlichen Sitzung bekam ich heute einige Begleiter: Bob Dylan mit seiner Band leisteten mir Gesellschaft und spielten den Song „It ain´t me babe, no, no, no, it ain´t me babe" immer und immer wieder! It ain´t me you´re looking for, babe, I´m not the one you want, babe … Nein, ich war es wirklich nicht! Hatte ich jemals geglaubt, der Nachfolger des großen Christus von vor 2000 Jahren zu sein? Im Ernst nicht! Oder doch, ein bisschen? Es war eine Idee von mir, dass die Menschheit mal wieder eine Lichtgestalt wie einen neuen Jesus gebrauchen könnte. Tatsache war auch, dass ich zu einem Nominierungsgespräch eingeladen war, damals in Anjuna auf dem Berg, bei Vollmond, auf LSD. Danach war ich schon infiziert von der Idee, was man mit so einem Mandat alles anstellen könnte, um die Welt zu verändern. Leider blieb es bei den Ideen, die von Gras und LSD noch heftig angefeuert worden sind. Richtig wäre es gewesen, sofort mit dem Kiffen aufzuhören, um anzufangen mit Frieden stiften und Hunger zu beseitigen, als Anfangsprojekte. Aber es folgte gar nichts in der Richtung, das blieb alles im Kopf und ich ging meinen Trip weiter, der ja auch sehr angenehm war. Ich wusste natürlich auch, dass es für diesen Job andere Qualitäten braucht, als das was ich zu bieten hatte, nämlich die Talente von Gandhi, Nelson Mandela, dem Dalai Lama, Loriot, Dieter Hildebrandt, Joschka Fischer und natürlich auch von Bob Dylan, der weiter unbeirrt weiter sang: „It ain´t me babe, no, no, no, it ain´t me babe, it ain´t me you´re looking for, babe, I´m not the one you want, babe …" Beschwingt sang ich mit, ich fühlte mich gut und frei, denn ich konnte dieses Thema endlich abhaken, für alle Zeit!

Befreit von einer Last kam ich zügig voran, anfangs. Doch nach einigen Kilometern, als mein Freund Bob heiser und leiser wurde, entwickelte sich die Wanderung mühsamer als gedacht, denn die Schneise führte meist kerzengerade über Berg und Tal, ohne Schutz vor der Sonne und es war heiß und der Weg sah lang aus. Nach jedem überquerten Hügel folgte der nächste, das wiederholte sich mehrmals. Es gab keinen Fluss zum Schwimmen, nicht einmal eine Quelle. Gnadenlos brannte die Sonne hernieder. Mein Wasservorrat reduzierte sich sehr schnell, ich hatte großen Durst. Erfrischend waren die Tenginkai, die kleinen, saftigen Gürkchen, die ich in großer Anzahl verspeiste. Ich hatte keine Lust, eine Pause einzulegen, die Gegend lud nicht dazu ein. Ich kam immer langsamer vorwärts. Nach der nächsten Anhöhe musste doch einmal eine Ortschaft kommen! Mühsam schleppte ich mich nach oben. Dort gab es wieder eine Enttäuschung. Es gab nur den Ausblick auf den nächsten Berg, und der war noch höher.

Ich hatte keine Vorstellung über Entfernungen. Es gab keine Karte, niemanden zum Fragen. Der Holzfäller kannte sich hoffentlich gut aus hier, also musste ich weiter vertrauen. Glücklicherweise senkte sich die Sonne allmählich. Bis zum nächsten Gipfel wollte ich es noch schaffen, dann war Feierabend, das gab mir wieder Auftrieb. Oben angekommen, konnte ich meinen Trip erstmalig richtig genießen. Ich erlebte das befriedigende Gefühl, etwas richtig Großes geschafft zu haben. Der Blick rundherum war fantastisch. In jeder Richtung Wald, Wald und Wald, in allen möglichen Grüntönen, bis zum Horizont. Die Telegrafenleitung zog sich wie eine Schnur mittendurch. Irgendwo da unten, wo ich herkam, musste Gersoppa sein. Das andere Ende war nicht zu sehen, aber es ging eher nach oben. Dahinter vermutete ich das Tal des Sharvati und Jog Falls.

Die Abendsonne überzog das alles mit einer goldenen Patina. Die ganze Anstrengung des Tages löste sich auf und ging über in einen wunderschönen Glückszustand. Hier war gut Nachtquartier zu machen. Ich saß im Lotos, schaute, lauschte schnaufte, viele Gedanken liefen durch den Kopf und ich begriff es nicht: Ich befand mich in einem der bevölkerungsreichsten Länder der Erde, in dem sich Hunderte Millionen von Menschen auf oft so unmenschlich engem Raum drängelten, lärmten, zusammenlebten, um jeden Zentimeter kämpfend, und hier war ich, soweit das Auge reichte, der einzige Mensch, das war so irre, so unwirklich! Aber so verlief mein Leben ja schon seit Monaten! Und echt! Das fand ich gut.

Und selten war ich mir so nah wie dort bei Gersoppa und hier mitten über dem indischen Dschungel. Weit entfernt von menschlichen Einflüssen, Geräuschen und Schwingungen war ich ganz allein mit mir selbst beschäftigt. Ich wurde mir selbst zum wichtigsten Thema, beleuchtete mein bisheriges Leben, meine Vorlieben, Talente und Schwächen, malte mir Visionen aus und versuchte Pläne für die Zukunft zu machen, soweit man das überhaupt machen kann, denn das Leben formt und hat selbst ganz eigene, oft überraschende Pläne mit einem vor. Mein Motto war, offen zu bleiben für den „twist of fate".

Und in dieser Nacht an diesem unglaublichen Ort versank ich in eine tiefe Meditation und stellte die Weichen für mein zukünftiges Leben.

Jetzt, nachdem das eine Thema abgehakt war, kam darin viel Freiheit zum Leben und Reisen vor, aber auch weiterhin die Erfüllung eines Auftrags, den das Leben an jeden Menschen vergibt und erwartet, dass dieser zuverlässig, gewissenhaft und mit ganzer Energie je nach Talent und Können ausgeführt wird.

Ich hatte den inneren Wecker auf Sonnenaufgang gestellt. Die Gemeinschaft des Dschungels beschloss aber sehr lautstark, mich noch eher aus dem „Bett" zu kriegen. Infolge Wassermangels gab es keinen Tee zum Frühstück, aber ich hatte noch ein paar Bananen und Gurken. Eine riesige Sonnenkugel kroch aus dem östlichen Horizont. Sofort wärmte sie und kletterte weiter, genau wie ich. Ich stieg bergab, ich stieg bergauf, noch höher diesmal.

An dieser Stelle möchte ich eine Geschichte einfügen, die sie selbst zu erleben mir nicht vergönnt war. Aber wenn ich sie erlebt hätte, dann bestimmt an diesem Ort. Ich fand sie in dem Buch „Indienfahrt" von Waldemar Bonsels, Schriftsteller und dem Schöpfer der allseits bekannten Biene Maja. Sie ereignete sich am Anfang des vergangenen Jahrhunderts, 70 Jahre vor meinem Besuch im Dschungel, in der Region Mangalore, was nicht allzu weit von hier entfernt ist. Bonsels war in Begleitung zweier Diener, Panja und Pascha, unterwegs auf einem mehrtägigen Trip durch die Wildnis. Es verlangte ihn danach, „von jener kühlen, hohen Ruhe aus auf das indische Land jenseits der Berge hinabzusehen und angesichts der unermesslichen, hügeligen Weite seine Gedanken noch einmal durch jene Tage zu führen", die er schon einmal an anderem Ort erlebt hatte. Seine Diener waren entsetzt über seine Pläne, aber was konnten sie machen? Mit ihrem Herrn und Brötchengeber hatten sie schon etliche Eskapaden erlebt und mehrmals vergeblich versucht, ihn von seinen verrückten Abenteuern abzubringen. In dieser Hinsicht fühle ich mich mit Waldemar Bonsels sehr verbunden.

Die ersten Tierstimmen erwachten um uns her, aber nichts regte sich. Wir waren tief im Grünen und krochen und sprangen abwärts in weiten Abständen voneinander, von Fels zu Fels, über gestürzte Baumstämme und sumpfige Löcher, in denen die Überreste eines Gebirgsbachs faulten. Nach einer Weile öffneten sich Bambuswände, und ich gewann für eine kurze Zeit einen freien Blick über die ungeheure Schlucht. Zur Rechten und zur Linken erhoben sich gelbliche Felswände, beinahe senkrecht abfallend, und fast ohne Vegetation. Sie liefen in der Ferne auseinander und ließen einen Blick in die dampfende, grau schimmernde Weite zu. Der Dschungel erschien wie eine grüne Decke im Winkel eines riesenhaften Gemachs mit braunen Wänden, und der Morgenhimmel darüber war von gläserner Klarheit.
  Die westliche der beiden steilen Felswände war bis zur Hälfte wie mit dunkelroter Farbe bemalt, gegenüber flimmerte das Mondlicht im

Grünen. Ich stand, von diesem Bild gebannt, in Betrachtung versunken da. Zugleich mit der Hoffnung, dass nun der schwierigste Teil unserer Reise überwunden sein möchte, glaubte ich die Wohltat eines leichteren kühlen Windes zu verspüren, und meine Augen glitten entzückt über die goldene Glutbahn des Morgenlichtes an der Felswand dahin.

Auf halber Höhe dieser Wand, etwa dort, wo sie der Sonnenschein teilte, lief eine ausgehöhlte Bahn waagerecht durch das Gestein. Sie wirkte wie ein überdachter Weg und mag auch zum großen Teil gangbar gewesen sein, führte an halbkuppelartigen Höhlen vorüber und gewährte vereinzelten Zwergpalmen und Aloëstauden Halt. Vor der größten dieser Höhlen war ein kleines Felsplateau, nicht größer als etwa der Raum, den ein alter Lindenbaum in der Mittagssonne zu beschatten vermag, und am Rand dieser Felsplatte in der Sonne lag etwas. Ich erinnere mich deutlich, dass, noch bevor der Eindruck, der meine Augen fesselte, mir irgend zu Bewusstsein gedrungen war, noch ehe ich darüber sann, was dieses gelbliche ruhige Etwas sein mochte, ein Unterbewusstsein, wie eine ahnungsvolle Ehrfurcht mich bannte. Aber dann wusste ich es jählings, wie durch einen lauten Zuruf aufgeklärt, und auch ohne, dass ich noch Figur und Zeichnung recht unterschied: der Tiger.

Es ist das einzige Mal gewesen, dass ich in Indien einen Tiger in der Freiheit erblickt habe. Ich lehnte mich an den Stamm eines Baumes, schloss die Augen und öffnete sie wieder und sah hinauf wie einer, der sich von seinen Blicken betrogen glaubt. Niemals werde ich die hellbraunen Felswände vergessen, das Morgenlicht in der Steinkuppel und vor ihr, wie auf einem Marmorsockel als Thron, im Schutze des steinernen Baldachins, die ruhende Sphinxfigur des Tigers. Die Entfernung und die Höhe der Felswände ließen ihn mir klein erscheinen, aber ich unterschied die Zeichnung des Fells deutlich und sah die Pranken nebeneinander ruhen unter dem schrecklichen Haupt, das unbeweglich, wie gemeißelt, die geschmeidige Linie des Rückens und des breiten Nackens vollendete und dessen Augen in die Weite gerichtet schienen. Eine Majestät ohnegleichen ging von diesem glühenden Monument der Natur aus.

200

Der Anblick dieser großen ruhenden Katze in der Sonne, hoch in der Felsenfreiheit, unter dem unruhig gärenden Bett der vielerlei kleinen Geschöpfe und Pflanzen des Dschungels, trug meinen Geist über die Geschicke der Zeiten fort, zurück bis an den ältesten Stein der Menschheitserinnerung. So erschien mir das herrliche Tier in seiner Vereinsamung, wie ein später Nachkomme einer versunkenen Zeit, schon im schwermütigen Schatten des Abschieds seines starken Geschlechts von der Erde der Menschen, denen es mit vielen, längst vergessenen Wesen hat weichen müssen.

Aber hier war noch das Reich seiner Herrschaft. In der Morgensonne funkelte sein steinerner Thron, und den erwachenden Urwald, tief unter dieser königlichen Ruhe, schreckten die Schauer vor solcher Majestät. Arm, müde und machtlos schlichen ein paar Menschlein unten durch das schützende Grün, und unter ihnen ich, geduldet und eingeschüchtert durch die Herrschaft des Tiers …

Plötzlich hörte ich Stimmen weit hinter mir. Ich sah zwei Männer in einiger Entfernung auf meinem Weg, die sich langsam näherten. Schließlich riefen sie mir etwas zu, bald hatten sie mich eingeholt. Sie erzählten aufgeregt irgendetwas in ihrer Sprache, erwähnten die Namen Raguvendra und den vom Postmeister in Gersoppa, schienen sichtlich erfreut. Was hatten sie denn? Sie verstanden kein Englisch. Aber schließlich griff der eine Mann ein blaues Papier aus seiner Jackentasche und überreichte es mir. Es war ein Luftpostbrief aus Deutschland. Ich war sprachlos. Postzustellung mitten in der Wildnis! Die beiden grinsten nur und wollten gleich weiter. Sie hatten ihre Mission erfolgreich erfüllt. Ich fragte noch „Jog Falls?", und zeigte in die Richtung. Sie schüttelten den Kopf. „Wooden Beil", sagte der eine. Aha, hölzerne Axt, wie interessant. „Jog Falls?", wiederholte ich, „Jog Falls, tik hä, Wooden Beil", meinte der andere. Tik hä und Kopf schütteln bedeutet „Jawohl, passt, alles gut!" Also war ich auf der richtigen Spur. Pani – Wasser hatten sie nicht. Ich dankte ihnen vielmals und ließ sie ziehen, ihr Tempo war strammer als meines, und außerdem hatte ich einen Brief zu lesen. Von Sabine war er nicht. Von meiner Mutter war er, die als Einzige von meinen poste restante Adressen Gebrauch gemacht hat, im Gegensatz zu meinen Freunden. Im Brief stand zu lesen, dass meine Schwester einen Sohn Olli geboren hatte. Na, das war doch was.

Dieses Erlebnis und diese Neuigkeit gaben mir wieder enorm Kraft. Der Durst allerdings ließ nicht nach. Schon lange war ich ohne Wasser. Die Zunge klebte am Gaumen, die Temperatur stieg weiter. Ich träumte von einem Eimer Wasser, einem richtigen Chai und einem Gemüse- Reis-Plate in einem netten Dorfrestaurant. Bald danach verließ mein Pfad die Telegrafenroad und bog nach links in den Wald ab. Endlich gab es Schatten und es ging bergab. Jetzt kam ich auch noch an eine leibhaftige Quelle am Wegrand, ich konnte mein Glück kaum fassen. Ich trank sie halb leer, zog mich aus, suhlte mich im feuchten Laub und weinte vor Freude.

Nach ein paar Kurven kamen auch noch die ersten Hütten von Wooden Byle ins Blickfeld. Heute war mein Glückstag!

Wooden Byle wusste bereits von dem weißen Verrückten, der bald aus dem Dschungel kommen würde. Razu war der Erste, der mich begrüßte und mich einlud, in sein Haus zu kommen. Ich konnte es nicht ablehnen. Geduldig stellte ich mich seinen Fragen und den Blicken seiner vielköpfigen Familie und denen seiner Nachbarn und Kinder, die immer zahlreicher wurden, während mir ein leckerer Chai serviert wurde und die Frauen einen traumhaften Riceplate mit Bohnen und Auberginen zubereiteten mit Dosas und einem Mango Lassi als Dessert.

25 Jog Falls – you blow my mind

Hart schlug das Wasser des Sharvati Rivers auf meinem Kopf auf. Es war nicht sehr viel, was da aus dem einen von vielen Seitenarmen nach unten stürzte. Auf seinem 253 Meter tiefen Fall zerteilte sich das Wasser in Tausende kleine Tropfen, die sich da unten wie ein harter Regen anfühlten, aber nicht schmerzhaft, eher belustigend. Während des Monsuns hätte ich diesen Ausflug nicht überlebt, da würde ein entfesselter Strom alles mit sich reißen, was sich ihm in den Weg stellte. Aber wir befanden uns noch in der heißen Trockenzeit und ich konnte in dem kleinen See ruhig meine Bahnen schwimmen. Ab und zu kreuzte sich meine Spur mit dem harmlosen Fall des Sharvati. Das gehörte zu den Freuden dieser drei Vollmondtage. Gefährlich war eher der Abstieg von der Abbruchkante nach unten gewesen. Ich war oben an der Straße gestartet und einem Pfad nach unten gefolgt, der sich dann aber in dichtem Gestrüpp verlief. Umkehren wollte ich nicht. Ich dachte, ich wäre schon zu weit und stieg weiter bergab, sehr steil, über umgestürzte Bäume und Geröll. Ich wollte ganz nach unten. Die Gewächse wurden immer dichter, aber zwischen Bäumen und Sträuchern kam ich immer durch, langsam und vorsichtig, Schritt für Schritt. Dann kam ich an eine fast senkrechte Felsplatte, glatt und über zehn Meter tief. Außen herum kam ich nicht weiter, ich musste hier herüber. Es sah fast aussichtslos aus. Aber zum Umkehren war ich wirklich schon zu weit. Also befestigte ich mein Gepäck noch fester am Körper und startete einfach bäuchlings ein halsbrecherisches Unternehmen. Am Rand gab es Äste zum Festhalten, zum Glück rutschten die Füße nicht. Meine Finger und Zehen krallten sich an den wenigen unebenen Stellen im Felsen fest. Ich musste mehrere Pausen einlegen, blickte nach oben und unten. Hier durfte mir nichts passieren! Mit aller Konzentration und sehr langsam gelang es mir, Stück um Stück Tiefe zu gewinnen. Schweißgebadet empfingen mich unten wieder fester Boden und dichter Wald. Ich blickte nach oben. Ich sah ihn nicht, aber ich spürte sehr deutlich, dass hier mein Schutzengel genauso geschwitzt hatte.

Durch Schlingpflanzen und dichtes Gestrüpp kam ich zum nächsten Hindernis. Ein riesiger Baum lag umgestürzt am Boden und hatte einen Bach zu einem Feuchtbiotop angestaut, das Ganze war jahrelang gut eingewachsen. Das Wasser bot eine willkommene Erfrischung, aber einfach drüber zu klettern war unmöglich, der Stamm und das Dickicht waren zu dick. Auch hier war an eine Umkehr natürlich nicht zu denken, jetzt erst recht nicht. Ich folgte dem Stamm, quetschte mich an einer geeigneten Stelle über glitschige Wurzeln unten durch, aber dahinter musste ich mich Meter für Meter durch den Berg von Gestrüpp und abgebrochenen Ästen hindurchwühlen, dicke Zweige abbrechen und zurückbiegen und tatsächlich fand ich nach längerem erschöpfendem Kampf aus diesem Hindernis den Ausweg. Den gibt es immer, auch in schier ausweglos scheinenden Situationen.

Von oben konnte man den Boden nur erahnen, schließlich gehören die Jog-Fälle laut Wikipedia mit 253 Metern zu den höchsten auf der Welt. Aber mit einer Mondlandschaft hatte ich wirklich nicht gerechnet. Zwischen großen und kleinen Felsbrocken kam ich nur mühsam kraxelnd vorwärts, aber schließlich wurde auch das belohnt, denn nach stundenlanger, schweißtreibender Schwerarbeit und dem Gefühl, Unmögliches geschafft zu haben, stand ich plötzlich am Ufer eines kleinen Sees, der ausreichend groß und tief für ein erfrischendes Bad war. Das war das Beste, was mir nach diesem mörderischen Abstieg passieren konnte, noch dazu mit der tollen Original Wasserfall-Dusche unterhalb der gigantischen Felswand. Nach diesem Vergnügen fand ich auch noch eine spitzenhafte Höhle mit einem ebenen, sandigen Boden, das war ein ideales Quartier für die kommenden Nächte. Auch reichlich trockenes Feuerholz lag überall herum für ein großes Freudenfeuer mit anschließendem Vier-Sterne-Festmahl. Aber bald schon holte mich die Erschöpfung des Tages ein und ich fiel in einen tiefen erholsamen Schlaf.

Lange währte er allerdings nicht, es war das taghelle Licht, das mich weckte. Ich spitzte aus meiner Höhle heraus: Da war es wieder, dieses Zauberlicht, eine Magie wie auf Trip ausstrahlend, um mich herum senkrechte Felswände, die fast bis zum Himmel reichten. Jetzt erst entdeckte ich die Vielfalt an Farben der Gesteine und Pflanzen, dazu das gleichmäßige Rauschen des herabstürzenden Wassers und senkrecht über allem stand der volle kreisrunde Mond! Jetzt war ich glockenwach und unternahm einen Rundgang über den Boden des Kraters, bis ich einen Felsen mit einer glatten Sitzfläche fand. Von hier aus betrachtete ich im Lotos das Naturwunder Jog Falls um mich herum. In mir wurde es ganz still. Ergriffen saß ich da und blickte nicht in die gewaltigen Gesteinswände, nicht in einen imposanten Wasserfall, nicht in die grüne Pflanzenwelt, die sich an die steilen Felsen klammerte, nicht in das Licht, das alles zusammen so herrlich beleuchtete, sondern ich blickte mit klaren Augen und klarem Verstand genau und ohne Zweifel in das nicht zu beschreibende schöne Gesicht unseres leibhaftigen Gottes. Hier zeigte er sich wieder unverschleiert und ungefiltert in seiner wahren Gestalt. „Jog Falls, you blow my mind", fiel mir dazu nur ein.

Am Morgen musste ich lange ausschlafen. Geweckt wurde ich durch den Gesang eines Vogels, der meine ganze morgendliche Aufmerksamkeit in Besitz nahm. Ganz weit oben sang er dort seine Lieder mit der Dynamik einer Nachtigall, aber er sang keine Arien wie seine europäische Schwester, sondern die Geschichte von Jog Falls mit dem Charisma eines indischen Weisen. Seine Töne schienen wohlbedacht, mal hoch, dann tief, dann eine schöne Melodie dazwischen, sein Tonumfang war beachtlich. Die Akustik in dem Krater konnte in keinem Konzertsaal besser sein. Manchmal überquerte er das Tal und sang von der anderen Seite, aber er kehrte immer wieder auf seinen Platz zurück, um stundenlang seine Geschichten zu erzählen. Alle drei Tage, die ich hier verbrachte, war ich sein bester Zuhörer. Ich höre ihn heute noch singen. Oh du Glücklicher, du bist hier zu Hause, am schönsten Ort der Welt!

Nach dieser Bekanntschaft schlenderte ich gemütlich zum See zur Schwimmstunde. Der Mond war untergegangen, die Sonne kletterte über die Felsenkante, alles sah wieder normal aus. Doch plötzlich erstarrte ich vor Schreck. Das hatte ich am wenigsten erwartet: Am Ufer meines Badesees saßen zwei Gestalten! Schnell zog ich mir etwas an und begrüßte die beiden, einen Vater mit seinem Sohn beim Angeln! Sie waren genauso erstaunt wie ich, jemanden hier zu treffen. Nach den üblichen Fragen und Antworten zeigten sie mir die Treppe, die oben mit unten verband. So konnte ich jetzt die 253 Meter ganz bequem ohne Lebensgefahr überwinden, verbrachte den Tag oben und stieg erst wieder hinab, nachdem die orangene Mondkugel riesengroß über einem Speichersee aufgegangen war.

Natürlich verbrachte ich die Nacht wieder auf meinem Lotosfelsen. In der Meditation drängten sich Gedanken über meine LSD-Trips und sonstige Hilfsmittel auf. Nachdem ich heute genau vor vier Wochen den letzten eingeworfen hatte und seitdem nichts davon genommen hatte, also clean war, wanderte die Erinnerung zum letzten verunglückten Trip am Colva Beach bis zum Anfang am Dummetsweiher mit Norbert. Dazwischen lagen zwei Jahre. Ich zählte 28 solcher Erfahrungen, ich kann mich noch gut an sie alle erinnern, jede hatte ihren eigenen Inhalt, ihren eigenen Charakter, ihre eigene Botschaft. Ich erlebte Entdeckertrips, Beziehungstrips, Naturtrips, Reisetrips, einmal sogar einen geschäftlichen Trip, auch ein paar weniger gute waren dabei. Der Eindrucksvollste dieser weniger guten war natürlich das Erlebnis von Colva Beach, gerade vier Wochen war das her. Was war da nur passiert? Angefangen hatte das Desaster mit einem Traum. Man träumt ja die skurrilsten Dinge, die im Traum einen logischen Sinn ergeben, nüchtern betrachtet aber der größte Blödsinn sind. Angefeuert von LSD erlebte dieser Blödsinn dann ungeahnte Ausmaße, er wurde zum Selbstläufer, den ich nicht mehr steuern konnte, und plötzlich wurde auch noch ein Todesurteil gefällt. Spätestens da kam der Moment, wo LSD gefährlich wurde. In dieser Situation hätte ich auch völlig ausflippen können, glücklicherweise aber nahm ich mein Schicksal an. Das Urteil kam ja von oben und war wohlbegründet, plausibel und die logische Konsequenz meiner „Schandtaten". Dazu kam, das ich mich im Hinterstübchen als „Kind Gottes", das ich zu sein glaubte, für die Verbrechen der gesamten Menschheit an der Natur und den Menschen verantwortlich fühlte, und dafür war ein Todesurteil wahrlich nicht unberechtigt.

Dieses bizarre Erlebnis hatte auch Vorteile: Erstens kam ich wieder auf den Erdboden zurück. Ich hatte angenommen, die tollen Trips würden ewig so weitergehen, ein Höhepunkt würde vom nächsten noch übertroffen werden, eine Erkenntnis von einer noch besseren gefolgt und ein Licht vom folgenden noch überstrahlt werden. Nein! Dem war nicht so! Es war alles gesagt, alles gesehen, alles erkannt, jetzt war Schluss damit. Wieder so ein Zeichen, ein Stoppschild zur richtigen Zeit! Jetzt war ich selber gefordert, das Erlebte umzusetzen, und zwar nüchtern, ohne Hilfsmittel, selbstständig, sofort!

Zweitens konnte ich im Moment des Todesurteils mein ganzes Leben abschließen. Ich hatte ein tolles Leben gehabt, weder Frau noch Kinder würden um mich jammern, na ja, meine Mutter und Geschwister wohl schon, für die Betroffenen ist das Ableben eines Angehörigen immer brutal schmerzhaft. Aber ändern können wir das nicht. Also muss das in Ordnung sein. Ein jedes Baby bekommt bei der Geburt sein Todesurteil mit auf die Reise, wann die Reise zu Ende geht, steht in den Sternen. (Ob der Zeitpunkt verhandelbar ist, wie in dem geschilderten Fall, darauf will ich mich nicht festlegen, aber es wäre schon eine interessante Option.) Jedenfalls hat in Colva Beach gleich beim ersten Kontakt mit dem Tod das Sterben seinen Schrecken verloren. Wenn es so ist, dann ist es so. Leben und Sterben gehören zusammen, das habe ich dort begriffen.

Außerdem geht es auf einem anderen Level eh weiter.

Nun, ich wurde mehrmals eingeladen in dieses Level einen Blick zu werfen. Das waren natürlich die Sahnehäubchen der hier beschriebenen unvergesslichen Begegnungstrips mit dem Höchsten.

So hat jeder dieser 28 Trips zu einer Gesamterfahrung beigetragen. Alle verband ein roter Faden und alle zusammen sind ein wichtiges Kapitel in meinem Leben. Seltsamerweise – oder besser – erfreulicherweise hörten die Trips nach diesem Kapitel nicht auf, sie gingen genauso großartig weiter – ohne LSD, ohne fremde Hilfe! Am Abend zuvor war ich wieder in einen wunderschönen metaphysischen Zustand versetzt worden, die einzigen Hilfsmittel waren der Mond, die grandiose Kulisse von Jog Falls und, na ja, natürlich das Offensein für alles, was kommt und die schon seit Monaten anhaltende Suche nach „Gott". Ich sage einmal „Gott", obwohl ich dieses Wort eigentlich ungern verwende. „Gott" ist zu diffus, zu allgemein und unpersönlich, auch abgedroschen. Meine Erfahrungen dagegen waren sehr persönlich, eigentlich zu persönlich, um sie der Öffentlichkeit zu präsentieren. Aber wie anfangs gesagt, das alles muss raus und ich fühle mich gut dabei.

Ist diese Suche nicht in jedem von uns Menschen angelegt? Natürlich, weil wir ein Produkt unseres Schöpfers sind, der mit uns einen Plan, eine Bestimmung hat! Ist doch klar, dass wir diesen Urheber kennenlernen wollen, und meistens auch kennen, aber unbewusst. Der Glückliche weiß das von Geburt an und findet seine Bestimmung von selbst. Aber normal ist, dass wir jahre- und jahrzehntelang tausend verrückte Dinge tun und glauben, dass sie für uns und die Welt wichtig sind. Aber irgendwann kommt der Moment, dass unser Geist anklopft und uns daran erinnert, dass wir nicht nur Arbeiter, Familienmensch, Funktionierender, ein Hamster im Rad sind, sondern, dass es noch etwas anderes gibt als Geldverdienen und Party feiern. Wohl dem, der auf Zeichen hört! Ein tolles Spiel kann beginnen. Für jeden Menschen ist eine eigene Geschichte vorgesehen. Das schreibe ich, weil ich das so erlebt habe. Warum wollte ich nach

Afghanistan? Doch nicht, um einen Gott zu suchen! Ich habe nur gemerkt, dass mein Leben verkehrt lief. Man kann einwenden, dass es falsch ist, ein Studium abzubrechen, um Haschisch und Gras zu rauchen. Meine Erfahrung ist, von heute aus betrachtet, dass es besser ist, Regeln zu übertreten, als auf einem falschen Weg zu bleiben. Ich will niemanden dazu animieren, Gras zu rauchen, aber das ist harmloser, als uns die Gesellschaft weismachen will. Richtig schlimm ist die Gier nach Geld und Macht, wie wir es von unseren VIPs vorgelebt bekommen.

Als ich anfing, die ersten Joints zu probieren und zu tun, was mir Freude machte, hatte ich nicht das Gefühl, etwas Illegales zu tun. Ich folgte nur einer Welle, die in den 60er-Jahren um die Welt ging. Nach der Entdeckung von LSD durch Albert Hofmann wurde ein Lichtschub eingeleitet, der eine ganze Generation in Schwingung versetzte. Durch die Berichte meines Schulfreundes Günter, die ersten Joints und dem Rhythmus der Popmusik der Zeit war ich infiziert und wollte dabei sein.

Das, was danach folgte, und dazu gehören natürlich auch die 28 LSD-Trips, die Reisen in die Welt und bis ins Innerste, zum Mittelpunkt des Herzens hat meinem Leben erst einen Sinn gegeben. Für diese Erfahrungen bin ich unendlich dankbar.

26 Sai Baba und Jesus

„What is your country?", fragte Munivenkatappa die schon tausendmal gestellte Frage.

Ich habe mir angewöhnt, nicht gereizt oder ironisch auf diese Frage zu reagieren. Die Leute wollen das ja wissen und haben auch ein Recht dazu. Schließlich komme ich von weit her extra in ihr Land und bin ja genauso neugierig. Und oft schon, nicht immer, haben sich interessante Gespräche entwickelt. „What is your country" ist also ein Türöffner, der alles möglich macht.

„Germany" antwortete ich brav und sachlich. Natürlich folgte nach dem „Wo kommst du her" das „Wo gehst du hin", „Are you married" und schließlich „How do you like India?" Mein Gegenüber war ein sympathischer junger Kerl so um die 30, machte einen gebildeten Eindruck und sein Interesse schien echt zu sein. Also erzählte ich ihm, was mich an seinem Land so fasziniert: Die Wärme, das Essen, das Meer, die Strände, die Palmen, die Menschen, ihre Herzlichkeit, Fröhlichkeit, wie inbrünstig sie ihre Gottheiten lieben und sie mit Blumen schmücken …

Das war sein Einsatz: „What is your religion?", wollte Munivenkatappa dann wissen.

Das war auch eine der am häufigsten gestellten Fragen. „Na ja, ich bin als Christ getauft", sagte ich kurz, wollte aber keine Diskussion über Religionen an sich und die christliche im Besonderen beginnen. Darum fragte ich zurück, wer denn der Wuschelkopf auf seinem Button wäre. Munivenkatappa strahlte und umfasste liebevoll das Bildnis mit dem sympathischen, vollen Gesicht auf seiner Brust.

„This is Satya Sai Baba", sagte er stolz. „Sai Baba is my Guru! He is a Sadguru!"

Das wollte ich nun näher erklärt bekommen.

Und dann erzählte er, ein Sadguru sei der allerhöchste aller Gurus, eine Inkarnation, eine Verkörperung von Shiva, dem

Schöpfer der Welt. Shiva kommt immer wieder einmal als Mensch auf die Erde, wie vor 2000 Jahren unser Freund Jesus, den kennen wir ja. Gott als Mensch auf der Erde, das ist nichts Einmaliges, aber natürlich schon eine sehr besondere Vorstellung.

„Hier in Indien heißt diese Inkarnation Sai Baba", meinte Munivenkatappa. Und Sai Baba gab es schon einmal in diesem Jahrhundert, im Körper vom Sai Baba von Shirdi. Jetzt, wo er diesen Shirdi Sai Baba erwähnte, erinnerte ich mich, diesen schon öfters gesehen zu haben. Ich kannte ihn von Abbildungen her, die oft in Geschäften und Restaurants, neben anderen Heiligenbildern hingen, als Aufkleber in Taxis, und an Motorrollern, oder als Button an einer Mala: Ein sympathischer, einfacher, alter Mann mit weißem Bart, gütigen Augen und einem Kopftuch, auf einem Stein sitzend, die Beine übereinandergeschlagen. Er war mir aufgefallen, aber noch nie hat mich dieser alte Mann interessiert.

„Der alte Sai Baba hat immer noch viele Verehrer, obwohl er schon lange das Zeitliche gesegnet hat", sagte Munivenkatappa.

Aber seit vielen Jahren gibt es den lebendigen, „neuen", wiedergeborenen Sai Baba, eben diesen Satya Sai Baba mit dem Wuschelkopf. Dieser Neue ist eigentlich der Alte, aber in einem neuen Körper, denn die Körper werden alt und müssen irgendwann ausgetauscht werden im Gegensatz zu der – unsterblichen – Seele des „alten" Sai Babas, die dann in dem neuen Körper wohnt. Eigentlich ist das leicht zu verstehen, wenn man sich vorstellen kann, dass die Seele eines Menschen erstens unsterblich ist und sich zweitens auch noch nach dem Ableben einen neuen Körper sucht.

Auch diesen „neuen" Sai Baba hatte ich schon oft gesehen in Abbildungen und auch als Button an einer Malakette hängend. Und, so Munivenkatappa, diesen Sai Baba, den größten Heiligen in Indien könne man besuchen, ihn leibhaftig erleben, und er, Munivenkatappa, war schon viele Male in seinem Ashram, und ich könne ja auch mal dorthin gehen. Am besten, ich ginge jetzt gleich dorthin, denn so weit wäre der Ashram gar nicht entfernt. Seine Begeisterung war beeindruckend, aber meine Ziele hießen Benares und Nepal. Einen Heiligenbesuch hatte ich eigentlich nicht vor. Ich bedankte mich für die Auskunft, wir verabschiedeten uns, und jeder ging seinen Weg weiter.

Ich durchquerte langsam die kleine, uninteressante Stadt Kargal. Von keinem Menschen wurde ich behelligt, so marschierte ich am anderen Ende der Stadt wieder hinaus und sah dort einen kleinen Shivatempel, der mir gut gefiel. Er war offen, ich ging hinein. Es duftete nach Räucherstäbchen, viele Blumen standen auf dem Altar. Kein Mensch war dort. Ich machte Pranam, eine Verbeugung und setzte mich vor die Shivastatue zu einer Meditation.

Die Ereignisse der letzten beiden Tage zogen an mir vorüber. Eine völlig neue Situation war eingetreten, schon in Gersoppa angekündigt, aber seit dem dritten Tag in Jog Falls Realität: Zum Abschied hatte ich mir bei „Woodlands", dem Restaurant oben an der Kante des Wasserfalls, eine warme Mahlzeit geleistet und dabei meine allerletzten Rupiengroschen gelassen. Jetzt war ich wirklich ohne Geld! Keine Paisa mehr klimperten in der Tasche! Diesen neuen Zustand fand ich spannend, aber keineswegs besorgniserregend. Nach ein paar Tagen würde ich Bangalore erreicht haben und könnte meinen 500-Dollar-Scheck einlösen. No problem! Mehr Sorgen machte mir der Blick zum Himmel: Am Nachmittag, nach dem Abschied von Jog Falls, hatten sich gigantische dunkle Wolken am Horizont aufgetürmt. Solche riesigen Wolken hatte ich noch nie gesehen. Der Monsun stand unmittelbar bevor. Ich obdachlos, ohne Regenkleidung! Meine Garderobe bestand lediglich aus ein paar dünnen Tüchern und einer Decke zum Umhängen und Zudecken in der Nacht. Es musste schnell gehandelt werden, denn die Wolken wuchsen in den Himmel und kamen bedrohlich näher. Ich hatte, wo ich war, einen sehr schönen Schlafplatz auserkoren. Doch zum Schlafen konnte ich hier nicht bleiben. Ich suchte die Gegend nach einem Schutz ab. Das Land bestand aus offenem Gestrüpp, keine Siedlung weit und breit, vereinzelt ein paar Bäume. Die Sonne war plötzlich hinter den Wolkenbergen im Westen verschwunden, die Dämmerung setzte schnell ein. Da entdeckte ich, schon recht undeutlich, eine Scheune, einige Hundert Meter weit weg. Ich machte mich querfeldein auf den Weg. Es war schon ziemlich finster, als ich dort ankam. Das Gebäude war irgendein Unterstand, glücklicherweise offen, der Boden weich und trocken, ich prüfte nicht lange, denn ich war müde und froh über diesen Fund, außerdem hatte ich keine andere Wahl, so breitete ich meine Decke aus und schlief wie ein Murmeltier.

Kein Monsun weckte mich, sondern eine Kuh, die mich neugierig anglotzte. Eine weitere kam und noch eine. Sie wunderten sich über dieses seltsame Wesen, das sich ausgerechnet in ihrem Zuhause niedergelassen hatte. Ich wünschte einen guten Morgen und das war es auch. Keine Wolke am Himmel! Es wurde warm und ich sah mich um: Vor meinem Nachtquartier war ein Berg von Früchten aufgehäuft, die ich nicht kannte. Ein betörender süßer Duft ging von ihm aus. Die Kühe frühstückten dort bereits. Die gelben und roten Früchte, groß wie Äpfel, waren voller Saft und schmeckten unglaublich gut. Ich befand mich in einer Cashewplantage. Rund um mich herum standen die Bäume in Reih und Glied. Jetzt sah ich auch die vielen Cashewäpfel an den Ästen und unter den Äpfeln die nierenförmigen Nüsse. Nur die Nüsse sind für den Bauer interessant. Der köstliche Rest ist Viehfutter! Daran musste ich denken, während ich im Lotossitz in dem kleinen Tempel von Kargal saß und den Saft dieser Früchte auf der Zunge schmeckte.

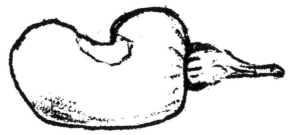

213

So paradiesisch begann also der heutige Tag, ein weiterer Tag ohne Geld. So konnte es weitergehen!

Langsam kam ich zur Ruhe, konzentrierte mich auf die Atmung und auf das dritte Auge. Eine Weile befand ich mich in einem glücklichen Zustand, in dem das Zeitgefühl nicht existierte. Ich schwebte über meinem Platz. Irgendwann kam ich wieder herunter und in meinem Kopf formulierten sich die Worte: „Und jetzt bin ich gespannt, was du heute noch mit mir vorhast …"

Die Antwort auf diese Gedanken erhielt ich sofort am Ausgang aus dem Tempel. Dort stand einer und grinste: Munivenkatappa. Er war hier vorbeigegangen, hatte mich im Tempel sitzen sehen und auf mich gewartet. Er lud mich in seine Wohnung ein, sodass mein Süppchen diesmal in einer richtigen Küche gekocht werden konnte. Natürlich war Sai Baba das Thema des Abends. Begeistert erzählte mein Gastgeber über seinen Guru: Wenn dieser nicht auf Reisen war, lebte er in einem seiner zwei Ashrams in der Nähe von Bangalore: Whitefield und Puttaparti. Dort unterrichtete er eine große Anzahl von Schülern. An beiden Orten konnte man ihn besuchen, um Darshan, seinen göttlichen Segen zu erhalten. In der Bevölkerung war er berühmt dafür, in der Hand eine Art Asche herzustellen, das Vibhuti, welches er an die Menschen verteilte. Auch Munivenkatappa hatte eine Kostprobe davon im Haus und ließ mich probieren. Es war ein feines, graues Pulver ohne besonderen Geschmack. Es schafft eine körperliche Verbindung zu dem Meister, aber man konnte es auch bei Krankheiten anwenden, diese würden gelindert und sogar geheilt. Sai Baba hat auch auf wundersame Weise Operationen ausgeführt. So haben mehrere gläubige Patienten davon berichtet, dass ihnen Sai Baba im Traum erschienen wäre, um z. B. ein Geschwür aus ihrem Körper herauszuschneiden. Sie konnten seine Handgriffe genau beschreiben. Am nächsten Morgen seien die Patienten geheilt aufgewacht, sie hatten keinerlei Schmerzen und von einem Schnitt gab es keine Spur.

Über die Heilungen von Jesus wird noch 2000 Jahre danach geredet, aber die erstaunlichen ähnlichen Taten Sai Babas sind lediglich eine Randbemerkung in seiner Biografie.

Nach einer gemeinsamen Morgenmeditation gab es ein ordentliches indisches Frühstück mit von Zuckersirup triefenden, pappsüßen Jalebies und natürlich einigen Tassen Chais und zum Abschied noch einmal die Aufforderung, doch bald Sai Baba zu besuchen, wenn ich schon in Richtung Bangalore unterwegs war. Aber trotz aller interessanten Geschichten über diesen geheimnisvollen Menschen sah ich keinen Anlass, von meiner Reiseroute abzuweichen.

Selbstverständlich wurde auch heute wieder ein heißer Tag. Ich war spät gestartet, die Sonne stand schon reichlich hoch und meine Flasche Wasser nach einigen Meilen Fußmarsch bald ausgetrunken. In Indien gibt es keine Kilometer, nur Meilen, viele Meilen. Die Strecke entlang des Highways hatte zwar wenig Verkehr, aber auch wenig Schatten. Durst setzte ein, ich brauchte unbedingt etwas zu trinken. Ich beschloss, beim nächsten Haus um Wasser zu bitten. Bald kamen zwei gegenüberliegende Häuser in Sicht. Wo sollte ich fragen? Bevor diese Frage in Stress ausarten konnte, wurde sie auch schon beantwortet, denn magisch wurde ich auf die linke Seite hingezogen. Ich hatte gelernt, solchen Hinweisen nachzugehen, fügte mich und klopfte.

Eine freundliche Lady öffnete, ich erklärte ihr, ich wäre auf der Wanderschaft und ob sie nicht ein wenig pani für meine Flasche hätte. Sie rief ihren Mann, erklärte ihm auf Kanata, der Landessprache, die Situation und der erlaubte mir, einzutreten.

Ein Foto Sai Babas hing an der Wand. Ich sagte nur „Oh, Sai Baba" und schon erstrahlten die Gesichter meiner Gastgeber und ich bekam neben reichlich Wasser viele freundliche Fragen, Chai und Kekse serviert. Auch sie waren schon oft in Sai Babas Ashrams gewesen und haben seine Nähe gespürt und das Vibhuti aus seiner Hand empfangen. Sie ermunterten mich natürlich, das Gleiche zu tun.

Wieder auf der Road überholte mich eine Familie auf einem Wagen, der von zwei Ochsen gezogen wurde. Zwei Ochsen waren geringfügig schneller als ein Fußgänger und dies feststellend betrachtete ich interessiert den Überholvorgang, in dem ich die auf etlichen Säcken sitzenden Passagiere anlachte, was sofort erwidert wurde. Inder warten eigentlich immer auf eine Gelegenheit, zu lachen, ein kleiner Anstupser reicht schon, schon lachen sie. Diesmal auch wieder. Schließlich gab mir der Familienvater zu verstehen, ich solle doch aufsteigen und mitfahren, und schon war ich oben auf dem Wagen, ein Sack war noch frei. Die Unterhaltung begann natürlich mit den üblichen Fragen, die ich zwar nicht verstand, aber mit „Germany" und dem Reiseziel „Bangalore" beantwortete, denn diese beiden Fragen wollten sie bestimmt beantwortet haben, da braucht man die Sprache gar nicht zu verstehen, diese Fragen nach woher und wohin sind immer dabei. Wir befanden uns im Bundesstaat Karnataka, und hier sprach man Kanata und das wird ziemlich schnell und unverständlich gesprochen. Mit Englisch und Hindi kam ich nicht weit. Dann natürlich wurden die Namen ausgetauscht, damit konnte man schon eine Weile zubringen und eine Familie unterhalten und belustigen, wenn man versucht, einen kanatesischen Namen richtig auszusprechen, was mir bei meinem Freund Munivenkatappa schon geglückt war, der sich allerdings selbst Mnivnktppa nennt.

Im nächsten Dorf war die Reise schon wieder zu Ende, aber zum Abschied konnte ich jedem von ihnen eine Prise Vibhuti, der Asche von Sai Baba, die mir Munivenkatappa zum Abschied geschenkt hatte, in die Handfläche geben. Plötzlich wurden sie alle ergriffen von diesem Stoff, verneigten sich mehrmals, bedankten sich ehrfürchtig und schienen voll glücklich und gesegnet über dieses kostbare Geschenk.

Die Nacht verbrachte ich in einem offenen Gestrüpp. Ich hatte einen festen Schlaf. Doch plötzlich sah ich Sai Baba über mir. Eine Weile lächelte er mich an, aber er sagte nichts, lächelte nur, wie auf den Bildern. Er kam mir sehr bekannt vor. Davon erwachte ich und bemerkte ein Tier über mich drüber huschen, das schnell im Laub verschwand.

Von Munivenkatappa wusste ich, dass sich Sai Baba auch in verschiedene Formen verwandeln kann, z. B. in Tiere. Auch konnte er an verschiedenen Orten zugleich sein. Sollte dieses Tier ein echter verwandelter Sai Baba sein? Nichts anderes kam mir augenblicklich in den Sinn.

Allmählich machte mich der Mann richtig neugierig. Die Zeichen in einer dermaßen schnellen Folge waren allzu auffällig: Zuerst die Begegnung mit Munivenkatappa, der mich erst einmal mit Sai Baba bekannt gemacht hat, dann die Leute, die mich mit Wasser bewirtet hatten, zu deren Haus ich so stark hingezogen wurde dann, die Beglückung einer ganzen Familie mit ein bisschen von Sai Babas Asche, jetzt auch noch sein Lächeln und das seltsame Tier in der Nacht. Das hatte Bedeutung! Damit wurde mir klar, sonnenklar, dass mich Sai Baba persönlich besucht hat. Die ganze Zeit über war ich in Begleitung Sai Babas. Je mehr ich darüber nachdachte, umso wahrhaftiger kapierte ich das. Gurus holen sich ihre Schüler, nicht umgekehrt. Jetzt spürte ich überdeutlich die persönliche Einladung Sai Babas, ihn zu besuchen. Die sehr persönliche Einladung! Mit seinem Lächeln und verkleidet als geheimnisvoller, flinker Vierbeiner, der vermutlich eine Ratte gewesen war. Eine charmante Einladung! Selbstverständlich würde ich einen seiner Ashrams aufsuchen, daran führte nun kein Weg vorbei, auch wenn ich überhaupt keine Ahnung hatte, wo Whitefield oder Puttaparthi zu finden waren. Aber nach diesen Erlebnissen, wenn er es ernst meinte, würde ich von ihm wie ein Blinder dorthin geführt werden, da war ich mir sicher.

Während ich am Morgen solchen Gedanken nachhing und die Dämmerung fortschritt, faltete ich meine Decke zusammen, um mich für eine kleine Morgenmeditation draufzusetzen. Doch da hörte ich die innere Stimme zu mir sagen: „Dein Truck kommt, hurry up a little!" Gehorsam packte ich meinen ganzen Krempel flink zusammen, begab mich zum Highway und hielt beim ersten Laster in Richtung Bangalore den Daumen raus. Er fuhr vorbei. Der Nächste auch. Der Dritte hielt und nahm mich ein ganz weites Stück mit, bis nach Bangalore.

In Bangalore war alles anders.

Eine große Stadt, viele Menschen, Verkehr, Lautstärke, Durcheinander. Schluss mit dem Naturtrip, kein Regenwald, keine Tiger, kein Vollmond, keine Dorfmenschen, keine Spur von Sai Baba. Sondern Behördengänge, also unangenehme Arbeit!

Mein erster Weg ging zur Bank, ich brauchte endlich wieder ein paar Rupien, so ereignisreich und erfolgreich diese eine Woche ohne Geld auch war. Aber diese Erfahrung hatte ich nun gemacht, ich hatte überlebt, eigentlich gut gelebt, aber jetzt war es auch wieder gut damit.

Im ersten Geldinstitut erklärte mir der freundliche Angestellte mit blumigen Worten, er könne den Scheck nicht einlösen, sorry, und schickte mich zur State Bank of India. Diese hatte überall im Land die schönsten Gebäude und die schlechtesten Wechselkurse. Der Beamte dort besah sich das wertvolle Papier von allen Seiten, verschwand damit und ließ mich stehen. Er besprach sich wohl mit den Experten des Hauses, was einige Zeit in Anspruch nahm, bis ich nervös wurde. Doch plötzlich kam er wieder, mit einer frohen Botschaft.

„Yes Sir", meinte er, „wir können den Scheck einlösen." Na also. „Aber wir müssen ihn nach Amerika schicken, zu American Express, dort wird er geprüft und kann erst dann freigegeben werden. Kommen Sie bitte in vier Wochen wieder, Sir."

Ich hörte wohl nicht recht! Nun, wir befanden uns im Prä-Internet-Zeitalter, diesen Vorgang kann sich heute kein Mensch mehr vorstellen. Aber es war so, und damals nahm man solche Nachrichten nicht erfreut, aber immerhin gefasst auf. Aber vier Wochen in dieser Stadt? Einen so prickelnden Eindruck machte sie nicht. Nein, ich wollte weiter, notfalls ohne Geld, und nahm den Scheck etwas frustriert wieder an mich.

Das nächste Ziel war das Central Post Office. Dort erwartete ich mit Spannung meine Post am Poste restante Schalter. Bestimmt lag dort ein Brief von Sabine, oder wenigstens von der Familie. Aber leider ging ich auch hier leer aus.

Ziemlich enttäuscht und genauso ungern begab ich mich zu der dritten und letzten Behörde: dem Visa–Office, ein ganz besonders unangenehmer Gang. Die Visaverlängerung war seit Langem fällig. Drei Monate Aufenthaltsgenehmigung erhält man bei der Einreise. Diese drei Monate waren im März, noch in Goa abgelaufen. Einmal kann man sie um den gleichen Zeitraum verlängern. Verpasst man das, kann es Ärger geben. Ich habe schon von Leuten gehört, die deshalb im Knast gelandet sind oder viel Geld abdrücken mussten. Der Beamte in der Ausländerbehörde witterte schon eine Portion Bakshish, denn eigentlich hielt ich mich schon seit Wochen illegal im Lande auf, worauf er mich auch hinwies, mit gestrengem Blick, über seine Brille hinweg. Er merkte aber recht bald, dass ich ohne Geld unterwegs war, und musste sich das Argument anhören, dass es im Dschungel bei den Affen, wilden Elefanten, gigantischen Wasserfällen und verwunschenen alten Tempeln kein Visa-Office gab. Der gute Mann spielte zwar den Polizeioffizier, aber eigentlich war er viel zu neugierig auf meine Dschungelexkursion. Von Jog Falls hatte er schon mal gehört, aber bei den wilden Elefanten spitzte er plötzlich die Ohren, das interessierte ihn besonders. Überall in seinem Büroraum hingen geschmückte Bildchen von Ganesha, dem Elefantengott, also durfte ich ihm diese Geschichte nicht vorenthalten:

Einmal hatte ich von meinem Wohnplatz am Fluss bei Gersoppa einen Ausflug in die tieferen Gefilde des Urwaldes unternommen. Dabei folgte ich manchen Pfaden, die es hin und wieder gab, und nicht zu schwierigen Passagen durch das Gestrüpp, immer in Flussnähe zur Orientierung, denn ich wollte auch wieder zurückfinden. Ich beobachtete Affenfamilien, Vögel, unbekannte Käfer und Riesenameisen, probierte exotische Früchte ohne große Genusserlebnisse, kletterte auf Bäume und lauschte der Musik des Waldes. Dabei merkte ich erst als es dämmerte, wie schnell der Tag zur Neige gegangen war. Da eine Rückkehr in mein Zuhause nicht mehr zu schaffen war, setzte ich mich ans Ufer des Sharvati, aß meine letzten Bananen, drehte noch eine Runde im Fluss, legte mich aufs Ohr und schlief schnell ein.

Lange dauerte der Schlaf nicht. Von einem lauten Knacken wurde ich geweckt. Das war ein ungewöhnliches Geräusch! Nicht einmal ich selber verursachte solche Töne beim Gehen. Sofort war ich hellwach. Das waren Schritte von etwas ganz Schwerem, sie kamen geradewegs auf mich zu, sehr langsam, aber kontinuierlich, immer näher. Es gab Jungrinder im Wald, die sich mit dieser Geschwindigkeit fortbewegten, aber das hier war kein Rind! Ich spürte, wie der Boden unter mir leicht bebte. Dieser nächtliche Besucher konnte nichts anders sein als ein Elefant!

Ich duckte mich an den Boden, versuchte, möglichst leise zu atmen, aber mein Herzschlag verursachte einen Höllenlärm. Elefanten kannte ich als friedliebende Tiere, aber ich hatte noch keine Erfahrung mit freilaufenden Bullen. Wie würde der auf einen fremden Europäer in seinem Revier reagieren? Auch ohne böse Absicht konnte ich schnell zu Matsche verarbeitet werden. Der Schweiß stand mir auf der Stirn. Jetzt war er ganz nah. Uns trennten nur ein paar Meter. Ich war nicht fähig, irgendeinen Fluchtgedanken zu fassen, ich war zu konzentriert auf das Erfassen der Situation. Gleichmäßig bewegten sich die Schritte weiter, immer näher. Sehen konnte ich nichts, es war eine pechschwarze Nacht. Es knackte, der Boden gab nach, gleich neben mir, aber dann an mir vorbei. Das Tier hatte mich nicht entdeckt. Langsam entfernten sich die Schritte wieder. Ich spürte Entspannung. Noch lange lauschte ich in den Wald hinein, ich konnte so schnell nicht wieder einschlafen. Doch bald war auch der Herzschlag wieder normal und nur noch das Gurgeln des Flusses zu hören.

Dieses Erlebnis erzählte ich mit entsprechender Dramaturgie dem beeindruckten Visa-Beamten und empfahl ihm, doch auch einmal, einen Ausflug in den Dschungel zu machen, so weit war es doch gar nicht dorthin. Aber nein, niemals, davor hatte er Angst, und die Region Bangalore hatte er noch nie verlassen. Sein höchster Traum war, mit seiner Frau irgendwann einmal das Taj Mahal in Agra zu besuchen. Doch er konnte den Respekt vor meinem ausführlichen Bericht nicht verbergen, dem er staunend zugehört hatte. Und zwischen seinen Zusatzfragen stempelte er nebenbei ein neues Visum in meinen Pass und so hatte ich heute wenigstens ein Erfolgserlebnis.

Damit war der Scheck aber nicht eingelöst. Jetzt dachte ich mir Plan B aus: Nach B wie Benares, meiner Lieblingsstadt, um den Scheck dort zur Bank zu bringen, dann nach Nepal weiterfahren, denn dort wollte ich sowieso hin. Außerdem hatte ich gehört, dass man sich nach Nepal Geld per Telexanweisung schicken lassen konnte, sogar blitzschnell, innerhalb weniger Tage, was in Indien nicht möglich war. Dann hätte ich ab dort wieder Dollars und würde danach wieder nach Benares fahren, um die 500 Dollar zu kassieren. Genau so würde ich das machen! Auf nach Nepal! 2000 Kilometer waren nicht so viel. Irgendwie würde ich über die Runden kommen, da sah ich kein Problem.

Doch ich kam aus dieser Stadt nicht heraus. Irgendetwas hielt mich hier fest. Schon zweimal hatte ich auf einem unbewohnten Grundstück übernachtet, war von einer Beamtenfamilie zum Essen eingeladen worden, latschte viel in der Altstadt umher, alberte mit den Kindern auf dem Gemüsemarkt herum und bekam Bananen geschenkt.

Dann meldete sich der Monsun wieder mit einem Wolkenbruch, bei dem ich mich in eine Kirche retten konnte.

Die Kirche hatte einen Aufseher, dem war natürlich das unbekannte Schäfchen sofort aufgefallen. Er war ein schmächtiger, alter Mann mit Brille und Dienstmütze, auf die er sehr stolz zu sein schien. Er begrüßte mich und stellte sich mit „Henry" vor. Nach den vielen üblichen Fragen lud er mich ein, nach Dienstschluss in seinen Ashram zu kommen, in dem er lebte. Dort würde er dafür sorgen, dass ich eine Weile bleiben konnte. Ich hatte nicht viel Auswahl und folgte ihm dorthin.

Der Ashram war eine einstöckige Wohnanlage mit großem Innenhof. Hier wohnten einige Familien mit kleinen Kindern, aber auch mehrere Personen ohne Anhang, meist ältere Herrschaften beiderlei Geschlechts. Das Gelände gehörte der Kirche, die Bewohner waren alles Mitglieder der Gemeinde. Der zuständige Pfarrer Menoah, ein sympathischer, energiegeladener

Altstadt von Bangalore

Mann mittleren Alters, hatte nichts dagegen mich aufzunehmen. Es war kein Problem, dass ich kein Bargeld hatte, die meisten Menschen hier lebten von der Gnade des Herrn. In Henrys Raum war noch ein Platz frei, allerdings bescheiden, ohne Matratze. Ich legte meine Decke auf den blanken Betonboden, aber ich war zufrieden. Ich konnte gut schlafen, es wurde ein erträgliches Essen serviert, ich hatte ein Dach über dem Kopf, das war wichtig, denn jetzt zeigte der Monsun sein wahres Gesicht.

Monsun bedeutet „Regenzeit", aber mit unserem Regen in Deutschland, selbst, wenn er heftig kommt, ist das nicht zu vergleichen. Was hier vom Himmel herunterkam, war ein Orkan, der mit Wasser gefüllt war. Die Palmen im Hof bogen sich, es wurde dunkel, die dichten Wolken ließen kaum Licht mehr durch. Wie eine Meeresgischt klatschte das Wasser an die Hauswände, mit einer furchteinflößenden Heftigkeit. Wohl dem, der die Türe hinter sich zumachen konnte. Nicht auszudenken, wäre ich jetzt unterwegs auf der Road, es wäre mir übel ergangen. Insofern musste ich dem Herrn Jesu danken, dass er mich in die Kirche gelockt hatte. Da ich nicht an Zufälle glaube, muss es wohl so gewesen sein.

Der Monsun hielt an. Tagsüber war es trocken, sonnig und sehr warm. Im Ashram gab es immer etwas zu tun, und wer konnte, half mit beim Aufräumen, Reinigen, Reparieren. Manchmal ging ich in die Stadt, setzte mich an eine Ecke und zeichnete ein bisschen, gleich umringt von einer Schar Kinder, die so etwas noch nie gesehen hatten. Oder ich begleitete Henry zu seinem „Arbeitsplatz", dem Kirchhof. Aber man musste zeitig zuhause sein, denn am Nachmittag ballten sich die Wolken zusammen und vor der Dämmerung ging es los, ziemlich regelmäßig, wie ein Ritual krachte das Wasser vom Himmel, und am Morgen war alles wieder trocken, als wenn nichts gewesen wäre und die Stadt glänzte sauber gewaschen.

Einige Wochen hatte ich hier festgesessen, dann war dieses imposante Naturschauspiel nach Norden weitergewandert und nun hielt mich nichts mehr, auch nicht die Freundschaft mit Henry und den anderen Hausbewohnern. Mit einem Riesenbündel voller Gottes Segen, aber weiterhin ohne paisa verließ ich den Ashram Christu Seva Samaj.

Auf dem Weg zum Bahnhof machte ich Rast am Obstmarkt, den ich schon so oft besucht hatte und wo ich einige Leute kannte. Neben einem Tempel saß ich auf einer Kiste und dachte über die vergangene Zeit nach. Ich war froh, dass es weiterging und ich freute mich auf die neue Freiheit und die Reise nach Benares. Es war nicht so, dass ich im Ashram ein Gefangener war. Hier war ich ein Familienmitglied, ich war zu Hause, geborgen im Schutz der Kirche, umgeben von Bedürftigen und Seelsorgern. Es herrschte eine liebevolle, für mich unkomplizierte, aber auch einlullende Atmosphäre, die bewirkte, dass ich so lange blieb. Aber jetzt war es gut.

In diesem Moment fiel mir Sai Baba wieder ein. Ihn hatte ich völlig vergessen! Wollte ich nicht Sai Baba besuchen und war vom Monsun daran gehindert worden? Oder bildlich gesprochen, hat nicht Jesus meine Route umgebogen und in sein Asyl geführt? War es nicht so? Und urplötzlich war Er wieder da, der mir doch so viele Zeichen geschickt hatte! Ich hörte die Stimme in mir: „Du musst da nicht hingehen, aber sollst wissen, dass er da ist." Noch während sich diese Gedanken bildeten, kam der Händler vom Stand neben mir auf mich zu und drückte mir eine dicke Mangofrucht in die Hand, einfach so und grinste breit über alle Backen. Dazu muss der Leser wissen, dass eine Mango die königliche, herrlichste Frucht in Indien ist. Für einen, der seit Wochen ohne Geld ist, erst recht. Bananen gab es fast täglich, aber wie lange schon hatte ich auf diesen Genuss verzichten müssen! Und nun hatte ich plötzlich diese Kostbarkeit in der Hand, in dem Moment, in dem meine Gedanken bei

Sai Baba waren! Das war die Sprache Sai Babas, so wie ich sie schon mehrmals kennengelernt hatte. Ich überlegte. Wie oft schon war ich geflippt, weil ich mich nicht klar entscheiden konnte für den einen oder anderen Weg. Diesmal stand für mich fest: „Ich fahre nach Benares und lasse mich nicht von meinem Weg abbringen. Ich weiß, dass Sai Baba existiert und ein großer Meister sein muss, so viele Zeichen hat er mir geschickt." Aber unter dem Einfluss der letzten Zeit in dem christlichen Ashram sagte ich mir, dass mein Bedürfnis nach einem Guru doch nicht so groß ist, dass ich unbedingt dorthin muss. Ich bedankte mich für all das und die köstliche Frucht und verspeiste sie mit großem Vergnügen. Dann nahm ich mein bescheidenes Gepäck, verabschiedete mich herzlich von meinem Sponsor, dem Händler und startete in Richtung Bahnhof, Richtung Benares.

Doch jetzt passierte etwas unglaublich Magisches! Unglaubliche Dinge habe ich den letzten Monaten häufig erlebt, viele unter dem Einfluss von LSD, aber genauso ohne Drogen, unter dem Banyan-Baum, in Träumen, Visionen, Erlebnisse im täglichen Leben, die kein Zufall sein konnten, mein ganzer Lebensweg erschien mir manchmal wie pure Magie.

Aber hier und jetzt in Bangalore auf dem Weg von der leckeren Mangofrucht zum Bahnhof passierte mit mir etwas, das zu den überzeugendsten und unvergesslichsten Fügungen gehört, die mir in diesem ereignisreichen Leben widerfahren sind:

Zielstrebig ging ich meinen Weg. Aber plötzlich bemerkte ich, wie eine geheimnisvolle Kraft mein Gehen beeinflusste, und nicht nur das. Es war, als wenn diese Kraft mein Gehen übernehmen würde. Von den LSD-Trips kannte ich das. Aber ich war ja seit Monaten „sauber". Ich ließ es geschehen und beobachtete mich. Es war spannend und willig schlüpfte ich in die Beobachterrolle, während meine Beine gingen. Sie wollten eine vielbefahrene Hauptstraße überqueren. Ich griff nicht ein, mein Kopf drehte sich nur nach rechts und links. Wir überquerten die Straße ruhig, Schritt für Schritt, zwischen hupenden Taxis, Lastern, Bussen, Scootern, Rikshas hindurch und kamen sicher auf der anderen Seite an. Hier folgten wir der Straße weiter auf dem Gehsteig. Die Magie hielt an. Ich folgte ihr. Wir näherten uns einem Busbahnhof. Eine Menge Busse standen dort nebeneinander, die wir passierten. Wie eine Marionette drehte sich plötzlich mein Körper und steuerte in einem großen Bogen auf einen klapperigen Bus zu, der weiter hinten stand. Direkt vor dem Kühler blieben wir stehen. Die Führung war zu Ende. Ich war wieder Herr meines Körpers.

Mein Blick ging hinauf zu der Reisezielanzeige über der Windschutzscheibe. Der Bus fuhr nach Whitefield, Sai Babas Wohnsitz.

Teil III

.

27 Whitefield

Noch ziemlich beeindruckt von dem soeben Erlebten stieg ich ein. Nun konnte ich nicht anders! Diese Entscheidung fiel mir leicht. Der Bus war überfüllt. Ich quetschte mich vorne auf den letzten Stehplatz und schon fuhr er los. Der Schaffner arbeitete sich mühsam von hinten nach vorne durch und kassierte ab. Ich war ohne Geld. Aber er ließ mich in Ruhe, er schien mich gar nicht zu sehen.

Jetzt konnte ich es gar nicht erwarten, nach Whitefield zu kommen.

Dort hielt der Bus direkt vor der Ashrammauer. Viele Menschen waren dort versammelt, ich sah nur Inder. Die Mauer fiel mir auf, eine hohe Betonmauer. Oben auf der Kante waren Glassplitter eingelassen. Das Tor aber war offen. Ich ging hinein. Ich sah ein weitläufiges Gelände mit vielen Bäumen, einem großen Tempel in der Mitte, etliche andere Gebäude waren außen herum angelegt. Einige Hundert Menschen saßen auf dem Boden vor dem Tempel, viele sangen. Musik und vielstimmigen Bajangesang hatte ich schon draußen vor dem Tor gehört.

Ich beobachtete erst einmal. Hier war viel Bewegung. Immer mehr Menschen drängten durch das Tor. Die Versammlung vor dem Tempel verdichtete sich. Auch hier sah ich nur Inder. Ein schönes Licht des Spätnachmittags lag über der farbenfrohen Szenerie. Die Sonne sank, die Tageshitze nahm ab. Endlich erblickte ich einen Westler in meiner Nähe. Den quatschte ich gleich an. Er war aus Neuseeland, hieß Roger und war der erste Nichtinder, den ich seit Goa getroffen habe. Er gab mir bereitwillig eine Einführung in das Geschehen. Sai Baba war hier und er würde sich bald zeigen und durch die Menge gehen, deshalb waren so viele Menschen gekommen. Danach gäbe es Abendessen und später am Abend könne man noch seinen teachings beiwohnen, meinte er. Unterkunft sei in einem Haus gegenüber des Ashrams, er selber wohnte dort schon länger mit anderen in einem Raum und es gäbe noch Platz, ich könne gerne dort übernachten. Ich solle mich schon mal setzen und auf seine Ankunft warten, was ich auch tat.

Da saß ich nun völlig überraschend, erst geplant, dann wochenlang verdrängt, dann auf einem ganz anderen Trip, nach einer geistigen Achterbahnfahrt, jetzt quasi gezwungenermaßen wartend auf einen großen Guru, einen Avatar, inmitten von Hunderten von Gläubigen. Für alle bedeutete es etwas Großes, hier zu sein, sie waren weite Strecken gefahren, hatten sich Urlaub benommen, lange Geld gespart, um dies hier zu erleben. Und wahrscheinlich hatten sie alle eine Geschichte erlebt, so wie ich, die sie zu dem Meister geführt hatte. Ob diese Geschichten auch so magisch waren, so wie meine? Und ob der Meister diese Menschen auch alle kannte, spirituell gesehen, so wie er wohl offensichtlich auch mich kennen musste, so wie er mich nicht ganz freiwillig, aber doch einigermaßen liebevoll hierher gebracht hat? Solche Gedanken gingen mir durch den Kopf, während ich mit gekreuzten Beinen mit geschlossenen Augen in der Menge saß und die Klänge von Harmonium, Trommeln, Schellen und Gesängen auf mich wirken ließ. Es waren einfache, eingängige, sich ständig wiederholende Melodien, die gespielt und kräftig gesungen wurden, immerzu wurde der Gottesname Govinda, Govinda wiederholt. Doch schließlich hörte die Musik auf, die Gesänge verstummten, auch ich landete aus der Welt meiner Gedanken wieder auf dem Boden, denn jetzt wurde es spannend. Gleich würde er erscheinen, der große Guru, der vor wenigen Wochen plötzlich in mein Leben getreten war, persönlich, da war ich mir sicher, durch immer unglaublichere Geschichten von Munivenkatappa als erstem Boten bis vorhin, der Sache mit dem Bus. Wie würde ich reagieren, wenn er mir zuzwinkerte? Oder wie würde er sich mir zu erkennen geben? Er würde durch die Menge gehen, kam er auch bei mir vorbei, zur Begrüßung in seiner großen Gemeinde? Ich war sehr aufgeregt, denn jetzt würde er aus seinem Tempel heraustreten, das

Geplapper hatte nachgelassen, es wurde mucksmäuschenstill, sogar der Straßenlärm außerhalb der Mauern schien nachzulassen, und alle standen auf.

Die Tempeltüre öffnete sich, jetzt kam er, der große Meister, aus der Dunkelheit des Tempels. Als Erstes fiel sein orangener Goun auf, das Gewand, das ihm von den Schultern bis zu den Füßen reichte. Er war eine stattliche Gestalt, gekrönt von einem tiefdunklen vollen Gesicht mit der markanten lockigen, schwarzen Mähne auf dem Kopf. Seine wachen Augen streiften über die Menge. Neutral seine Gesichtszüge. Er stand nur da, war präsent, ebenso wie die vielen Menschen, gefesselt von seiner Gegenwart. Ein paar Mal drehte sich sein Kopf von links nach rechts, von rechts nach links. Zu mir schaute er nicht. Nun bewegte sich sein Körper nach vorne. Er schritt die paar Stufen langsam vom Tempel herab. Zwei seiner Schüler folgten ihm. Menschen in den ersten Reihen verneigten sich, einige fielen ihm vor die Füße, er ging ihnen aus dem Weg. Einige reichten ihm Briefe und Zettel, wahrscheinlich Bittschriften. Kommentarlos nahm er sie entgegen und gab sie gleich ohne weitere Reaktion an seine Begleiter weiter. Frauen gaben ihm Blumenkränze, einige schafften es, ihn anzusprechen, in Sekundenschnelle hat er sie gesegnet und ging weiter. Ohne seine Miene zu verändern blickte Sai Baba über die vielen Köpfe. Er war einfach da, bewegte sich, sagte nichts, ließ sich anschauen, ging auf niemanden zu, seine Ausstrahlung spürte ich nicht. „Er könnte doch mal in meine Richtung schauen", dachte ich. Wenigstens einen Augenblick lang, ein winziges Zeichen hätte ich schon erwartet. Ich war schon bescheidener geworden. Aber nichts geschah. Weit entfernt von mir schritt er durch die Menge der Gläubigen. „Ich bin ja auch kein Gläubiger", sagte ich mir. Gläubige sind die, die seine Füße küssen. Davon war ich meilenweit entfernt. Wer war ich denn? Ich war ein Neugieriger, ein Nichts. Aber ich war auch nicht zufällig hier, nach all den mysteriösen Erlebnissen war ich seinen Zeichen gefolgt, sogar seiner handfesten Einladung! Und jetzt könnte er mir doch einen klitzekleinen Hinweis, ein Feedback schicken, dass er meine Ankunft bemerkt hat, wenn er schon über eine solche Kraft verfügt. Tat er aber nicht. Ich war schon etwas enttäuscht. „Wahrscheinlich geht es allen Anwesenden so. Er wollte niemanden bevorzugen und alle gleich behandeln", dachte ich. Aber ich dachte auch „Morgen früh fahre ich weiter. Was soll ich hier eigentlich?"

Die Lehrstunde am Abend fand vor vielen seiner Schüler in der Landessprache statt. Was ich davon behielt war, dass er über eine Stunde lang in der Landessprache Karnata redete, ohne Manuskript, in einer Geschwindigkeit, die die Spanier alt aussehen ließen. Und die Spanier sind die Schnellsprecher Europas.

Am nächsten Morgen fuhr ich nicht ab. Ich schlief bis zum Nachmittag. Als ich erwachte, fand ich Bananen, Toast mit Honig an meinem Bett. Der Wohltäter war Roger, der Neuseeländer. Roger erzählte mir, dass er bei einem abendlichen Diskurs beobachtet hatte, wie Sai Baba scheinbar aus dem Nichts heraus ein Seidentuch aus der Hand gezaubert hatte, mit dem er sich die Stirn abwischte. Er war sich sicher, dass es aus dem Nichts kam, denn er hatte ihm ständig auf die Hände gesehen. Über seine Lehren wusste er wenig zu berichten, außer natürlich der so simplen, aber schwergewichtigen Botschaft: „My Religion is Love!" Aber seine Lehren sind in Karnata zusammengefasst, englische Übersetzungen gab es kaum. Einmal soll ihn eine Frau gefragt haben, sie verstehe seine Lehren nicht. Seine Antwort war ganz einfach:

„Who told you to read?" Einfach, aber eingängig sind auch seine Sprüche. Überall im Land sieht man sie: „Start early, drive slowly, reach safely", „Love all, serve all, help ever, hurt never!" Botschaften, die unsere Welt braucht. (Aber nicht versteht. Obwohl sie so einfach sind).

Sai Babas Lehren waren Roger nicht wichtig. Er lebte hier seit über sechs Wochen, bescheiden in einem Mehrpersonenzimmer auf einer dünnen Matratze auf dem Boden. Er war einfach fasziniert von der Präsenz und Ausstrahlung Sai Babas, hatte auch schon einmal einen Satsang erlebt, so etwas wie eine Privataudienz.

Ich hatte es nicht mehr eilig, fortzukommen, von Tag zu Tag fühlte ich mich besser. Die Atmosphäre war natürlich entspannter als am ersten Tag, und so blieb ich auf dem Gelände, lauschte den Gesängen, genoss die guten Mahlzeiten, lernte ein paar Leute kennen. Der ganze Ashram strahlte eine Atmosphäre des Wohlgefühls aus, stundenlang saß ich unter einem Baum und atmete sie ein. Wenn ich von außen durch das Tor auf das Gelände kam, fühlte ich mich angehoben und wie von Rückenwind hineingeschoben. Natürlich wollte ich auch am Abend noch einmal Sai Babas Auftritt in der Menge erleben. Jeden Tag wurde ich ein wenig mehr zu ihm hingezogen. Meine Erwartung, von ihm begrüßt zu werden hatte ich inzwischen aufgegeben. So lief das nicht, das war mir inzwischen klar.

Aber eine Frage trug ich immer mit mir herum: Ist Satya Sai Baba der große Sadguru, der Avatar, die Inkarnation Shivas, der wandelnde Gott in Menschengestalt, so wie es unser Jesus Christus war? Zweifel kamen mir: Wozu brauchte ein Gott Glassplitter auf der Mauer, warum ging er so scheinbar lieblos durch die Menge, wenn seine Religion Liebe sein soll? Weil er ein Mensch ist. An einem anderen Tag erlebte ich ihn anders, freundlicher, er lächelte und verteilte Vibhuti. Und natürlich sieht man auch, was man sehen will. Hatte ich Zweifel, bestätigte er die, war ich der Meditation mit ihm verbunden, waren alle Zweifel weg, und ich war mir ganz sicher: Er ist es! Die Antwort auf meine große Frage würde mir niemand beantworten, schon gar nicht Sai Baba, es sei denn, vielleicht, ich würde mich ihm komplett hingeben.

Doch das schaffte mein Ego in den vier Tagen, in denen ich mich in Whitefield aufhielt, nicht.

Faszinierend bis heute empfinde ich die Geschichte, die er mir schenkte. Sie hat mein Leben ungemein bereichert.

2011 ging Satya Sai Baba in den Samadhi ein, im Alter von 84 Jahren. Seine Anhängerschar in Indien ist riesig. In seinem Tempel in Puttaparthi bei Bangalore wird aus einem Shiva Lingam die Asche, das Vibuthi weiterhin produziert, keiner weiß, wie das passiert. Irgendwann soll Satya Sai Baba als Prem Sai Baba wieder erscheinen, so hat er das angekündigt.

28 No paisa

Sai Baba hat mich noch lange begleitet. Meine Füße trugen mich kilometerweit über staubige Straßen, mein Hintern saß auf harten Bus- und Eisenbahnbänken, mein Magen knurrte, die Ohren ertrugen das Gehupe und den Lärm der Städte, aber mein Kopf war voll von der Stimmung der vier Tage bei Sai Baba. Jetzt in freier indischer Wildbahn wurde mir erst der paradiesische Frieden vom Ashram Whitefield bewusst, es war eine Oase von Harmonie und Glück.

Aber ich musste ja weiter, es war mein Wille, den Besuch dort zu beenden, ich wollte nach Benares, wegen dieses Schecks, und nach Nepal, weil ich Nepal sehen wollte und auch, weil ich dort wieder Bargeld erhoffte. Seit dem Aprilvollmond, seit Gersoppa, seit sechs Wochen war ich nun ohne Geld, zahlungsunfähig, pleite. Na fast. Der gute Roger hat mir zum Abschied ein paar Rupienscheine zugesteckt, es wäre ihm ein Bedürfnis, er freute sich, ein wenig zu helfen, hatte er gesagt. Danke, Roger! Bis Nepal hatte ich noch 2000 Kilometer vor mir, die würde ich mit Bahn, zu Fuß und Autostopp überwinden. Bei meinem Tempo würde ich noch bis Juli unterwegs sein, also noch mal sechs Wochen. Ich hatte keine Wahl und eigentlich auch keinen Einfluss auf das Timing, nur das Ziel war klar: Kathmandu, Nepal. Doch davor gab es noch eine fast unüberwindliche Grenze! Dort wurden von den nepalesischen Grenzern ganze 30 Rupien kassiert, als Eintrittsgeld. Obwohl ich keine Ahnung hatte, wie ich dieses Vermögen aufbringen sollte, störte mich das erst einmal nicht. Sechs Wochen hatte ich bereits überlebt, die Strecke Jog Falls – Bangalore, ohne Paisa. Die Situation war nicht gewünscht, aber ich konnte sie auch nicht ändern. Millionen von Menschen leben in Indien ohne Geld. Das Leben geht trotzdem weiter, das hatte ich gelernt, und immer und immer wurde mir gegeben, gerade wenn ich nichts erwartet hatte. Was für mich nicht infrage kam, war betteln. Das hatte ich einmal versucht, nach ein paar Tagen Fastenzeit eine indische Familie gefragt und eine Abfuhr bekommen. Das war eine derart peinliche, erniedrigende Situation, dass ich das Betteln nie wieder probiert habe. Lieber hungern. Natürlich habe ich gehungert und einige Kilogramm abgenommen, aber meine Zeit ohne Geld ist in meinem Gedächtnis nicht hängengeblieben als Hunger- und Entbehrungszeit, sondern als eine meiner wichtigen positiven Erfahrungen. Dazu gab es einige Regeln zu erkennen und zu befolgen:

Eine davon war, keine Erwartungen zu haben. Hilfe kam immer, wenn es notwendig war. So war das mit der Mango, dem Reisegeld von Roger und den zahlreichen Geschenken unterwegs, wo ich Bananen, einen Chai oder eine Einladung erhielt.

Eine weitere Regel: Gottvertrauen. Meines war – und ist immer noch – unerschütterlich. Gerade in schwierigen Situationen konnte ich mich immer wieder darauf verlassen, dass ich stets begleitet wurde von einer unsichtbaren Kraft, der wir gerne Namen geben, wie „lieber Gott", oder „Schutzengel", oder „Zufall", und die meist unbemerkt die Strippen zogen. Bei den Erlebnissen der letzten Zeit mache ich eindeutig Sai Baba verantwortlich, wie bereits erzählt. Ein weiteres Beispiel passierte gleich nach Whitefield im Bangalore-Bombay-Express. Ich gebe zu, etwas dreist war es schon, dass ich mich ohne Ticket in einem reservierten Abteil der zweiten Klasse bequem machte. Ich schrieb gerade Eintragungen meiner Erlebnisse in Sai Babas Ashram ins Tagebuch, als der Kontrolleur das Abteil betrat und die Mitfahrer kontrollierte. Ich bekam eine rote Birne, weil es eigentlich klar war, dass eine Kontrolle kommen würde, aber ich schrieb einfach weiter. Der Kontrolleur befasste sich mit meinem Nachbarn, entfernte sich, ich atmete tief durch. Plötzlich kam er wieder, ich senkte meinen Kopf wieder über das Tagebuch, er gab meinem Nachbarn Wechselgeld zurück und wieder verschwand er, ohne mich zu behelligen.

Auf diese Weise kam ich gut voran. Auf einer anderen Strecke war es freundliche Menschlichkeit, die mich vor einem schmerzhaften Rauswurf bewahrte. Ermutigt durch das erste Mal ließ ich mich wieder in einem Zweite-Klasse-Abteil nieder. Natürlich kam ein Kontrolleur.

„Ticket please!"

„Ich habe kein Ticket", sagte ich.

„Warum nicht?", fragte er.

„Ich habe kein Geld für ein Ticket."

„Wenn Sie kein Geld haben", sagte er, „steigen Sie doch bitte an der nächsten Station in die dritte Klasse um. Dies hier ist die zweite Klasse." Er sagte tatsächlich „bitte"!

„Yes, Sir," antwortete ich, „das werde ich tun. Ich danke Ihnen."

Ab sofort fuhr ich in der dritten Klasse. Nie wurde ich behelligt.

In Haiderabad sprach mich ein Herr mittleren Alters an und stellte die üblichen Fragen. Er war alleinreisend und hatte wie ich eine längere Wartezeit auf den nächsten Zug. Einfach so lud er mich zum Essen in ein gutes Restaurant ein. Er wollte keine Geschäfte machen oder mich anbaggern. Er war einfach stolz auf sein Land, das so viele Fremde anzog und hatte nun einmal Gelegenheit, mehr über uns und unsere Beweggründe zu erfahren. Wir hatten eine anregende Unterhaltung und ich kam zu einer hervorragenden, üppigen Mahlzeit.

Züge mit Dritte-Klasse-Abteilen sind überfüllt, sie fahren langsam, halten oft und lange, gerne auch auf offener Strecke in mörderischer Hitze. Dazu kommt es noch zu längeren Wartezeiten auf Anschlusszüge, natürlich in Großstädten wie Kazipet, Nagpur, Kumptee oder Jabalpur. Diese Gelegenheit nutzte ich, besonders abends, auszusteigen und in einem Hindutempel um Quartier zu bitten. Das wurde immer auch gerne gewährt, am Morgen gab es meist noch eine Dusche und Chai dazu.

Die letzte Etappe bis Benares war wieder ein Highlight in doppelter Hinsicht. Zunächst einmal erlebte ich den vollsten Eisenbahnzug ever. Er war schon überfüllt, als ich mich in einer Provinzhauptstadt in den Waggon quetschte. Das ging nur mit eisernem Willen und dem völligen Verzicht auf irgendeine Rücksichtnahme. In indischen Zügen nimmt niemand Rücksicht auf niemanden. Wer diese Regel nicht beherrscht, bleibt draußen. Viele Reisewillige schafften es immer noch, einen winzigen Hohlraum im Wagen zu erkämpfen, einige klammerten sich außen an der offenen Tür fest, der Rest hangelte sich aufs Dach, dieses Bild kennt man ja von indischen Zügen, dann fuhr der Zug einfach los, immer noch einen Haufen Kreischender am Bahnsteig zurücklassend, von denen nicht wenige verzweifelt versuchten, durch einen Spurt doch noch aufzuspringen. Ich war in der glücklichen Lage, wenigstens einen Fuß am Boden zu haben. Der andere war in Kniehöhe zwischen indischen Körperteilen eingequetscht. Umkippen konnte keiner. Jede Bewegung war unmöglich. Wie es da noch ein Schaffner schaffte, sich quasi über allen, unter der Decke hindurchzuhangeln, um Tickets zu kontrollieren, machte mich sprachlos, auch verstand ich den Sinn dieser eigenartigen Sportart nicht, denn die meisten Gäste hatten eh kein Ticket.

Wir waren eine homogene Masse schwitzender menschlicher Leiber, gefangen in einer rostigen Blechbüchse der Indian Railway Company bei 50 Grad Außentemperatur, wir waren alle gleich.

Ich beobachtete die hinduistische Weltsicht im Zeitraffer:

Das Leben ist der Zug, der von der Geburt zum Tode fährt. Für die meisten Inder ist er dritte Klasse, voll, übervoll, er ist das „Jammertal", das jeder Mensch durchleiden muss. Der Zug kommt zu seinem Ziel, dem Ende des Lebens, dem Ende des Leidens, dem Tod, aber nicht dem Ende des Daseins. Denn hier winkt die Befreiung, wo man aussteigen, sich ausstrecken, einen Chai trinken kann, aber dann müssen sie alle wieder in ihren engen Waggon und weiterfahren, noch einmal leben auf unserer Ebene und dabei auf das nächste Ziel hoffen, denn man hat ja im Zug Platz gemacht für Gebrechliche, hat den Bettlern etwas gegeben und brav sein Ticket bezahlt, dadurch sein Karma verbessert und jetzt die Aussicht, im nächsten Zug, in der nächsten Wiedergeburt in der zweiten Klasse mit Schlafplatzreservierung und vielleicht sogar Air Condition zu reisen, bis man beim nächsten Ziel ankommt. Dort erreichen manche wenige die echte Befreiung aus dem Kreislauf, das Nirwana, denn ihr Leben hat sie möglicherweise zu einem Guru geführt, der ihnen Tricks verraten hat, wie sie als erleuchtete Wesen dorthin kommen. Doch solange es vollgestopfte Züge gibt, kommen die meisten Hindus nicht aus dem ewigen Kreislauf von Leben, Tod und Wiedergeburt heraus, und ihr Zug fährt immer und immer im Kreis herum, von einem Bahnhof zum Nächsten, ohne das wirkliche Ziel jemals zu erreichen.

Ich beschloss, nach einigen Stunden tapferen Leidens, mein Nirwana schon früher zu erreichen. Wieder einmal hielt unser Viehtransporter auf offener Strecke, just an der Stelle, an der ein National Highway, wie ich vermutete, die Straße nach Benares, die Bahnlinie kreuzte. Dutzende Tata-LKWs warteten geduldig vor der Bahnschranke. Ich überlegte nicht lange, quetschte meinen Leib mitsamt Gepäck zwischen apathischen Leidensgenossen hindurch in Richtung Ausgang, sprang heraus und war befreit. Echt befreit, es war die Erlösung!

Die Straße führte tatsächlich nach Benares. Ein wartender Truckdriver ließ mich einsteigen. Ich fühlte mich wie Dustin Hoffman in der letzten Szene des Films „Die Reifeprüfung", nach der erfolgreichen Entführung seiner Freundin aus der Kirche. Glücklich, einfach nur glücklich!

Es kam noch besser. Nach ein paar Stunden auf dem Beifahrersitz wurde der Kasten über dem Führerhaus abgeladen. Jetzt durfte ich dort oben Platz nehmen. Es wurde Abend, es wurde Nacht. Ich hatte einen idealen Aussichtsplatz unter Millionen von Sternen. Dann ging auch noch der Junivollmond auf und beleuchtete die Nacht! Jetzt war ich ein Erste-Klasse-Passagier auf Deck eines Ozeandampfers, wir kreuzten durch eine Traumlandschaft aus Reisfeldern, Kokospalmen und Bananenstauden. Ich war im Nirwana angekommen, im kleinen.

Der Fahrer, ein Sikh mit stattlichem Vollbart und Turban, hatte gemerkt, wie glücklich er mich mit seinem Lift gemacht hat.

Zum Abschied am Morgen in Benares drückte er mir auch noch einen Zehn-Rupien-Schein in die Hand. Das war wieder ein völlig unerwartetes Geschenk.

Dieser Sikh war wirklich kein reicher Mann. Aber er hat gespürt, dass ich seine zehn Rupien gut brauchen konnte. Vielleicht hatte ihn seine Religion das gelehrt, oder er war einfach ein „giver", ein großzügiger Mensch, der keine Gegenleistung für sein Tun erwartete. Oder er beherrschte eine weitere Grundregel: Gib, dann wird dir gegeben. Die funktionierte in meinem Fall hundertprozentig. Wohin ich auch kam, Bettler, Verkrüppelte, Ausgestoßene erwarteten ein Almosen. Die Sache mit dem Scheck konnte ich ihnen schlecht erklären, die Formel „ich hab nichts" galt nicht, denn meistens hatte ich irgendetwas in der Tasche, das ich teilen konnte, eine Banane, ein paar Paisa, ein Stück Brot. Auch diese Brosamen, mit dem Herzen gegeben, wurden dankbar angenommen. Mein Einkommen war ja auch gegeben, also gar nicht meins, eigentlich. Und ich konnte absolut sicher sein, dass mich mit dieser Einstellung die nächste Gabe erreichte. Nur so funktionierte das System.

Es gab auch Tage, da hatte ich wirklich nichts, schon länger nichts, no paisa, nichts zu knabbern und richtig Hunger. Aber Fasten hat auch Vorteile.

Auf dem Weg zum Bahnhof passierte ich eine Kirche. „Ich könnte nach einem Glas Wasser fragen, vielleicht gibt's ja auch ein wenig zu essen", dachte ich im Hinterkopf, kehrte um und klopfte am Pfarrhaus. Der Pfarrer öffnete und sagte gleich, es gäbe kein Geld und wollte die Türe wieder schließen. „Ich will kein Geld, nur ein Glas pani", meinte ich. Ein Glas Wasser wurde nie verwehrt, das bekam ich hier auch. Statt einer Mahlzeit bot er mir an, die Kirche aufzusperren. Ja, warum nicht? Es war ein kleines, schmuckloses Kirchlein, mit ein paar Bankreihen und einem hängenden Jesus am Kreuz für seine kleine Gemeinde.

Im Lotos setzte ich mich vor den Altar. Hier war wieder Jesus mein Gesprächspartner. „Tut mir leid, Jesus, dass du hier noch am Kreuz hängen musst. Wo du doch schon lange wieder auf der Erde herumläufst. Aber woher sollen die das hier wissen?" Ich erhielt ein zustimmendes Schweigen als Antwort. Aber dann eine Meditation, die ich nicht vergesse. Ich kam zur Ruhe. Ich spürte, dass mein Körper immer leichter wurde, ich spürte mein Fleisch nicht mehr, nur noch ein paar Röhren, die alles zusammenhielten. Ich wurde federleicht, von der Erde unabhängig. Durch die fehlende Nahrung empfand ich eine Klarheit im Kopf, die ich nur auf Acid-Trips erlebt hatte. Nahrung war Ballast, der die Klarheit trübte. Mit der Klarheit spürte ich den Geist, ich verschmolz mit dem Geist, wurde eins mit ihm. Ich sah helles Licht am Horizont und Farben. Ich schwebte eine kleine Weile in diesem Zustand. Dann kam ein Gedanke dazwischen und holte mich wieder auf die Erde.

Im Pfarrhaus durfte ich noch duschen. Mit Seife. Eine Mahlzeit brauchte ich nicht mehr.

Am Truckerbahnhof ließ mich Jak Thar Singh aussteigen. Sein Ziel war Patna, meines Benares. Der Knotenpunkt für Brummis lag im Finsteren und machte einen verschlafenen Eindruck. Der Vollmond senkte sich im Westen, die Dämmerung stand kurz bevor. Ich musste die eiserne rote Brücke überqueren, um auf die andere Seite des Ganges zu gelangen. Die Silhouette mit den vielen markanten Tempeln am Ufer, die die Stadt so weltberühmt gemacht hat, glitzerte im zauberhaften Mondlicht. Ich genoss eine lange nicht erlebte Stille des frühen Morgens, die Geräusche der langsam aufwachenden Metropole waren weit weg, kaum ein Auto störte meine Welt, unter mir gluckste der Ganges. Es war ein Geschenk des Himmels, mich meinem geliebten Benares in einer Vollmondnacht und in dieser Stimmung nähern zu können. Ich war sehr glücklich.

Aber diesmal war alles anders. Mein Schatz von zehn Rupien würde den Besuch auf drei Tage beschränken, immerhin erstaunlicherweise drei Tage. Für drei Tage drei Gründe: Die Bank besuchen, Benares wiedersehen und zur Post zum Briefe checken. Aber dort war wieder nichts, nichts von zu Hause, nichts von Sabine. Vielleicht sollte ich einfach öfter schreiben, aber die Portokasse war ja auch leer. Tagsüber quälte eine mörderische Hitze. Sprünge in den Ganges waren gefährlich, der reißende Fluss führte unglaublich viel Wasser, hatte alle Treppenstufen bis zum Marktplatz überschwemmt und die kilometerbreite Sandbank am anderen Ufer. Ich habe noch nie so einen breiten Strom gesehen.

Auf dem Hausboot gab es eine günstige Unterkunft auf Deck, in den Gassen traf ich einige Bekannte wieder und schließlich auch den Baba Krishna mit dem ich im Vorjahr bis Goa gereist war. Das gab ein frohes Wiedersehen, das ausnahmsweise mit einem dicken Chillum gefeiert wurde. Aber ansonsten Schmalkost, und das in dieser Stadt, die so viel Kostbarkeiten und Delikatessen zu bieten hat! Schließlich wurde ich noch meinen Dollarscheck in einer Bank los, wie erwartet sollte ich in vier Wochen zum Auszahlen wiederkommen. Diesmal war das erwartet und akzeptiert. Aber hierher kam ich gerne wieder, hoffentlich in einem besseren Zustand.

Doch in der Nacht vor der Abreise traf eine unerwartete Verschlimmerung ein, ich hatte einen Verkehrsunfall: In dieser Nacht wollte ich noch einmal mein Benares erleben. Es war sehr spät, weit nach Mitternacht. Die Stadt war menschenleer und still, keine Rikshas, hupende Autos, stinkende LKWs störten die unwirklich anmutende Idylle. Noch immer strahlte der fast volle Vollmond mit großer Kraft. Die Gassen der Altstadt waren vom Licht verzaubert. Wir drei, der Mond, Benares und ich waren unter uns. Eine magische Atmosphäre umgab uns. Jetzt kam auch noch eine Kuh um die Ecke, ein stattliches weißes Tier mit einem Buckel auf dem Rücken. Schritt für Schritt kam sie langsam näher. Ich begrüßte sie mit „Namasté" und sie blieb stehen. Mit dem linken Huf auf meinem linken Fuß! Dort stand sie dann, die heilige Kuh. Und stand. Ich war barfuß! Mit einem Viertel ihres ganzen Körpergewichtes stand sie auf meinem linken Fuß und bewegte sich nicht mehr. Die ganze Magie des Augenblicks war dahin. Ich drückte sie weg von mir, sie blieb stehen. Ich bat sie höflich, weiterzugehen, sie verstand kein Deutsch. „Geh weiter, go ahead, chelo, chelo!!", rief ich, schon energischer. Keine Reaktion! Jetzt erst recht nicht. Ich drückte sie stärker mit beiden Händen – und spürte ihren Widerstand. Und den Schmerz in meinem Fuß. Und ihr Gewicht. Ich war wie angenagelt. Ich betrachtete den dreckigen Huf, der sich unterhalb des kleinen Zehs in den Rist gebohrt hatte. Dann schritt sie davon, Ihre Majestät. Ich war wieder frei! Oh Gott, welche Erleichterung!

Eine tiefe Verletzung zierte den linken Fußrücken. Er blutete wenig. Blut würde den hinterlassenen Mist herausspülen. Die Wunde musste gesäubert und desinfiziert werden! Mit was denn? Und wo? Ein Krankenhaus um diese Zeit gab es nicht. Ich hatte nur eine Idee. Ich humpelte zurück zu meinem Hausboot am Ganges. Zum Ganges! Die Hindus lassen sich taufen mit Gangeswasser, sie beten Ganga, die Göttin des Stromes an, für sie ist der Fluss heilig, er entspringt vom Haupte Shivas und versorgt ein ganzes Land mit seiner Fruchtbarkeit. Dieses göttliche Wasser sollte meinen Fuß doch wieder heilen können, zumindest säubern! Jeder deutsche Arzt hätte mir jedoch schriftlich bescheinigt, dass mir nach einer Berührung mit dieser Kloakenbrühe, die eigentlich nur aus Bakterien besteht, in Kürze der Fuß abfaulen würde. Einmal habe ich eine steife Frauenleiche darin schwimmen sehen. Alle Abwässer und Unrate der Anwohner landen im Gangeswasser. Ich dachte nicht allzu viel darüber nach, sonst hätte ich bis zum Morgen gewartet und wäre wieder einmal mit einer Blutvergiftung aufgewacht. Mich zog es direkt zum Ufer, ich spülte den Fuß und besonders die Wunde mit Gangeswasser, wickelte mein orangenes Om namah shivay-Tuch darum und legte mich schlafen.

Am Morgen gab es nicht die Spur einer Rötung, ich verband die Wunde notdürftig mit einem Pflaster des Bootsvermieters und verabschiedete mich in Richtung Nepal.

Dorthin fuhren Trucks und überfüllte Züge über Mughal Sarai, Patna, Samastipur, Sugauli, Muzaffapur, Motihari, drei endlos lange Tage, bis in Raxaul schließlich der Grenzort erreicht wurde. Meine Verletzung heilte ohne Probleme, es war ein kleines Wunder.

Ich freute mich auf Nepal, dem angeblich schönsten Land der Erde. Allmählich hatte ich genug von Indien, war lange genug umhergereist. Vor allem aber hatte ich genug von diesem unglücklichen Zustand, kein Geld in der Tasche zu haben, das ging ganz schön an die Substanz. Fremde Leute sprachen mich an, dass ich schlecht aussehe, ob ich krank wäre, und so, „Body is the temple of God", meinte ein Familienvater im Zug, als wenn ich das nicht selber wüsste. Man soll seinen Körper pflegen und gut füttern, dann hat es auch der Gott gemütlich darin, heißt das auf Deutsch und nur in einem gesunden Körper kann ein gesunder Geist leben. Tatsächlich hatte ich ziemlich abgenommen, die Mahlzeiten kamen ja auch zu unregelmäßig und waren zu knapp. Dafür aber sehr bewusst und dankbar angenommen. Eine wichtige Erfahrung fürs ganze Leben! Die Inder fütterten mich durch, hier einen Chai, dort ein Jelabi, Chapatis, Bananen und Guavas, manchmal sogar einen ganzen riceplate! Machte aber nicht fett. Die Restklamotten waren auch erneuerungsbedürftig. Kurz: Ich sehnte mich danach, diesen erbärmlichen Zustand zu beenden. Es musste wieder Geld in die Tasche, deshalb auch dieser Trip nach Nepal. Hoffentlich stimmte die Information mit dem Money-Telex, sonst schaute ich wirklich alt aus. Doch je näher die Grenze kam, umso nervöser wurde ich. Diese 30 Rupien Visagebühren waren ein Vermögen! Diese Summe war mir unterwegs mehrmals bestätigt worden. Es hätten auch 300 Rupien sein können, oder 300 Dollar, das machte keinen Unterschied. Woher sollte das gezaubert werden? In Patna hatte auch noch ein Beamter gemeint, an der Grenze würden überhaupt keine Visa ausgestellt. Ich war mir aber sicher, dass sich dieses Problem lösen würde, dazu war mein Gottvertrauen einfach zu groß. Die Sache wurde also immer spannender, und jetzt war es soweit. Der Bummelzug lief in der Endstation Raxaul ein.

Mein erster Weg ging zur Grenze, ich grüßte freundlich „Namasté" und zeigte meinen Pass vor. Der Beamte gab mir einen Haufen Formulare zum Ausfüllen und verlangte 30 Rupien. „Hab ich nicht, führ ich nicht, krieg ich auch nicht rein", sagte ich sinngemäß. Mein Gegenüber war sehr freundlich, verstand aber keinen Spaß. „No money, no visa", konterte er mitleidig lächelnd. Diskutieren half nichts, ich musste zurück nach Indien. Dort setzte ich mich unter einen schönen Mangobaum, fand eine leckere Frucht auf dem Boden und zog etwas frustriert erst einmal mein Tagebuch aus der Tasche, um die letzten Ereignisse aufzuschreiben. Das Thema Indien musste schon ordentlich abgeschlossen werden!

Heute kam ich hier nicht raus.

Was sollte ich tun? Da saß ich also unter einem schattigen Mangobaum, lehnte mich an seinen mächtigen Stamm mit Blick nach Indien, das Buch auf dem Schoß und betrachtete die neue Situation. Ich kam nicht nach vorne, wollte auch nicht zurück. Gestern war vorbei, das Morgen unerreichbar. Also war ich im Heute, im Jetzt. Und Hier, unter dem Mangobaum, mit einer Mangofrucht in der Hand. Eigentlich ein idealer Zustand! Die Mango war süß und saftig. Ich begann, mich mit meiner Situation zu arrangieren. Hatte eh keine andere Wahl. Ich dachte an die letzte überschrittene Landesgrenze, bei Amritsar, mit Bronwen. Vor acht Monaten waren wir in Deutschland aufgebrochen. Wie einen Film sah ich die Reise mit ihr vor mir ablaufen. Fast die ganze Strecke mit dem Zug, bis nach Bombay, zwei Monate in Goa am Meer. Wir hatten eine tolle Zeit zusammen, aber auch einen Abschied. War der unvermeidlich? Das war so unglaublich lange her. Auch die anderen großen Höhepunkte, die Geburt des Babys in Arambol. Ich dachte an Nicole und Mai. Ob sie noch zusammen waren? Wie es wohl dem Baby ging. Ob sie es durchgebracht haben? Diese Frage ging mir oft durch den Kopf, natürlich auch jetzt, beim Schreiben. Das Baby Shanta müsste nun 40 Jahre alt sein. Ich habe sie alle nie wieder gesehen.

Ich dachte an den Vollmond im Meer vor Anjuna, wo ich eins war mit allem Wasser auf der Erde, ich selbst nur ein winziger Tropfen, aber gleichzeitig so groß wie die ganze Welt. Wo ich, oder besser, der Geist, der in mir ist, hinüberglitt in den großen Geist in den Wassern, sodass wir eins waren, ungetrennt, und alles war klar, denn ich verstand die ganze Welt. Und für diese Erkenntnis tauschte ich meinen Verstand ein, wenigstens für einen Tag. Mir rinnt es kalt und heiß den Buckel runter, wenn ich daran denke. Das war Anjuna II, die Erkenntnis des Lebens! Seltsamerweise war das wieder in Anjuna, genau ein Jahr nach Anjuna I, auch dort fand auf dem Berg die Begegnung mit dem Höchsten statt, mit dem Herrn der Planeten. Unglaubliche Bekanntschaften!

Auch die folgenden Vollmonde hatten es in sich: Der Horrortrip am Colva Beach, der letzte auf Acid, dieses Hilfsmittel, das Klarheit verschafft, die im Normalzustand nicht erreicht werden kann, auch die Klarheit, dass dieser Trip der letzte wäre. Nie wieder würde ich einen einwerfen! Na ja, nur einmal noch, auf der Wanderung vor Bangalore konnte ich nicht widerstehen, trotz Verbot! Ich erlebte, wie der Trip zu wirken begann. Ich sah meine Umgebung unter Palmen in den schönsten Farben erstrahlen und alles wurde klar. Doch im schönsten feeling tauchten plötzlich zwei Burschen auf. Unvermittelt gingen sie aggressiv auf mich los, sie hatten Prügel dabei, wollten mich tätlich angreifen. Ich erschrak furchtbar, denn so viel Aggression war mir von Indern noch nicht vorgekommen. Ich war unfähig, mich zu wehren, und schon prasselten die ersten Schläge auf meinen Kopf. Da wachte ich auf. Ich hatte geträumt! Es gab keine prügelnden Inder, keine Strafe. Aber Stimmen von zwei jungen Burschen. Sie kamen auf mich zu, winkten freundlich, riefen „Hello, how are you", und liefen weiter. Verstört, aber glücklich stand ich auf. Die Botschaft aber hatte ich verstanden. Nie wieder würde ich einen Trip schmeißen und habe mich bis heute daran gehalten. Die Ära Acid war definitiv vorbei.

Dafür begannen die paradiesischen Zeiten von Jog Falls und Gersoppa im Dschungel. Es folgten die Achterbahnfahrten zwischen den Göttern. Sai Baba tauchte auf und zeigte seine Macht, die er über uns Menschen hat. Und dann Christus, der immer wieder zur Stelle war, zur richtigen Zeit am richtigen Ort. Oder wer war das wirklich? War es wirklich Sai Baba, der mich quer durch die Stadt Bangalore schob und mich zwang, in den Bus nach Whitefield einzusteigen? Oder vielleicht war das ja Christus, der mir zeigen wollte, wo ich nicht hingehörte? Oder umgekehrt? Vielleicht hat mich Sai Baba erst neugierig gemacht, um mir dann zu zeigen, dass die Ashram- und Christenwelt doch nicht meine Welt seien? Oder war alles ganz anders? Und wer hat mich zum Bus nach Whitefield geschickt? Ich selber kann das nicht gewesen sein, da war jemand anderes im Spiel, nicht etwas, sondern jemand, das lief völlig persönlich ab, solcherlei Erfahrungen machte ich ja schon seit zwei Jahren am laufenden Band. Auf jeden Fall bin ich manchmal ganz schlimm zwischen meinen geistigen Führern herumgeeiert, besonders in Bangalore. Aber wenn Gott eins ist, wie alle sagen, dann kann es ja keinen Unterschied geben zwischen all den Göttern, oder? Nur viele Namen. Jede Kultur benennt ihre Götter mit eigenen Namen, allein Shiva hat 1008 davon. Dann schlagen die Religionen sich gegenseitig die Schädel kaputt, denn der eigene Gott ist ja der Größte und Schönste und Einzigste!

Was aber sollten diese komischen Kämpfe in meinem eigenen Kopf zwischen dem einen und dem anderen? Obwohl ich immer über den Dingen zu stehen glaubte, geriet ich in der Bangalorer Zeit in ein unangenehmes Spannungsfeld. Dabei ist es so einfach: Wenn der eine „Gott" gleich Liebe ist, dann gibt es auch nur eine Liebe und ich bin es natürlich selber, der sich diese Liebe von dummen Kämpfen im Kopf verdrängen lässt. Aber hier unter dem Mangobaum saß ich wieder völlig entspannt und spürte die Liebe, an der kein Etikett eines Absenders klebte. Wer auch immer für mich zuständig war, er führte mich und er führte mich gut und in bester Absicht. Dass ich geführt wurde, das stand seit Langem fest. Und dass er es gut mit mir meinte, ebenso, sonst hätte längst die Schlange zugebissen, oder ich wäre den Wasserfall herabgestürzt, im Meer versoffen, oder hätte mir Pest und Cholera eingefangen. Ich war nicht einmal verhungert und mein einziges Luxusproblem waren die 30 Rupien Visagebühren. So konnte ich mit meinem Herrn ganz zufrieden sein.

Aber war mein Ziel erreicht? Eigentlich wollte ich auf diesem Indientrip meinen ständigen Begleiter identifizieren, wissen, wer er ist, ihn kennenlernen wie man einen leiblichen Bruder oder Freund kennt. Wie oft habe ich die Frage gestellt „Wer bist du?" Habe ich eine Antwort bekommen? Natürlich nicht! Aber wie kann ich etwas sehen, was in mir drinnen ist, mir Zeichen gibt, lenkt, schützt, mit mir spricht, mich unterhält, mich verwirrt? Deshalb habe ich mir, weil es für mich ein wichtiges Thema war, ein inneres Auge zugelegt, ein virtuelles Organ, das nach innen schaut. Genug Zeit war ja vorhanden und so konnte ich immerhin nach und nach herausfinden, dass er erstens männlich ist und zweitens älter als ich, also vermutlich vor meiner Geburt schon vorhanden war.

Ein Verdacht diesen Herrn betreffend war allerdings seit einiger Zeit aufgetaucht: 1945, kurz vor Ende des Zweiten Weltkriegs, wurde der 18-jährige Bruder meiner Mutter von den Amerikanern im Schützengraben in Frankreich erschossen. 18 Jahre alt! Der Schmerz seiner Familie war unbeschreiblich. Drei Jahre später wurde ich geboren. Ich erhielt seinen Namen und, wie ich vermute, die unausgesprochene Erwartung, sein gerade begonnenes Leben fortzuführen. Ist es möglich, dass diese junge Seele, der es nicht vergönnt war, außer einer schönen Kindheit das Leben auf Erden kennenzulernen, in meinen Körper geschlüpft ist, um mit mir als Vehikel auf Abenteuerjagd zu gehen? Ich habe ihn in der Meditation danach gefragt, es gab keine klare Antwort. Diese Frage soll wohl erst im Jenseits geklärt werden, so vermute ich. Damit bleibt das Leben über den Tod hinaus spannend.

Am nächsten Morgen schlenderte ich durch Raxaul, ein kleines unauffälliges Städtchen wie unzählige andere, mit viel Lärm, engen staubigen Gassen, vielen Kindern, die herumflitzten und „Hello Mister, one Rupee" riefen, ohne jedoch die Hand aufzuhalten, und weiterrannten. Eine kleine Kirche lag am Weg, ich konnte mal reingehen, hatte ja Zeit, war auch schon lange in keiner gewesen, warum nicht, sie war offen, kein Mensch war da, hier war es angenehm kühl und ruhig. Wie gewohnt saß ich eine Weile im Lotos vor dem Altar und ließ, wie schon am Vortag unter dem Mangobaum, die Gedanken über die letzten sieben Monate schweifen, die ich in Indien verbracht hatte. Es war eine irre Zeit gewesen, psychedelisch und mystisch, auch die Begegnung mit Satya Sai Baba und sogar mein No-Paisa-Trip war der Hammer, mit vielen, unglaublichen Erlebnissen, die mir keiner glauben würde. All das machte mich high. Ich fühlte eine tiefe Dankbarkeit, die ich zum Himmel schickte. Ich dankte für alles, fügte aber auch ein Gebet an, das die 30 Rupien für das Visum betraf, und stand auf.

Eine halbe Stunde später hatte ich das Geld, kaufte mir ein Visum und marschierte hinüber nach Nepal.

29 „Everest"

Germando, ein Typ aus New Mexico, USA und ein Schweizer waren mit mir zusammen durch die langwierigen Grenzformalitäten gegangen. Wir hatten viel Zeit gehabt, uns auszutauschen. Der Amerikaner stammte von einer großen Rinderfarm, die er eines Tages übernehmen sollte, aber vorher brauchte er noch einmal richtig Abstand von den vielen Rindviechern. Der Schweizer hatte einmal Jura studiert, das wurde ihm zu trocken, also folgte er dem Ruf der Zeit und einem inneren Antrieb, seine Entscheidung für die Zukunft zu überprüfen. Beide waren wie ich monatelang in Indien gereist, jeder für sich, genau wie ich waren sie auf Selbstfindungstrip, ich glaube sogar, die meisten Reisenden auf dem Hippietrail waren das ebenso. Und auf Reisen, mit dem Abstand vom Alltag, sieht man viele Dinge viel klarer.

Die beiden hier wollten in Nepal trekken gehen, der eine zum Annapurna, der andere nach Mustang. Wir alle drei hofften natürlich auch, den Mt. Everest zu sehen. Jetzt standen wir in Birganj, der ersten nepalesischen Siedlung, und versuchten, eine Weiterfahrt zur Hauptstadt zu organisieren. Von einem Bus nach Kathmandu wusste niemand etwas im Dorf, den gab es einfach nicht. Diesen Service übernahmen hier die Trucks, die LKWs, die ständig etwas zu transportieren hatten und wenn Platz war, Leute gegen Gebühr mitnahmen. Das wurde allerdings schnell für uns organisiert. Bereits nach einer Stunde Wartezeit saßen wir auf einer Pritsche, dicht bei dicht umgeben von neugierigen Nepalis, die aber weder Hindi noch Englisch sprechen konnten, und wir kein Nepali, und so beschränkte sich die freundliche Konversation auf „woher, wohin und so". Alle hatten sie eine goldbraune Hautfarbe, eine Andeutung von Schlitzauge und ein Käppchen auf dem Kopf. Hier war nicht mehr Indien. Bald ging es bergauf, immer höher, der LKW schnaufte viele Kurven hinauf, die heiße, weite indische Ebene unter uns wurde kleiner, ferner und verschwand schließlich im Dunst. Als die Abenddämmerung begann, war die Passhöhe erreicht und schnell wurde es dunkel. „Alle Mann aussteigen", hieß es, „morgen früh geht's weiter!" Die Nepalis verdrückten sich irgendwo hin, die reichen Touristen wurden im Berggasthof untergebracht.

Urplötzlich gehörte ich wieder dieser Kaste der reichen Touristen an, seit heute, 15. Juni, nach so vielen Wochen des Darbens und Hungerns, Hoffen auf Brosamen, Fügungen, Fasten mit schönen Erlebnissen und überraschenden Geschenken, Einladungen und Entbehrungen. Das kam so: Gestern in Raxaul war ich nach dem Kirchenbesuch weiter herumgeschlendert, ohne Ziel, ohne Erwartungen. Ich passierte einen Buchladen, schaute mir im Schaufenster die bescheiden dekorierten, staubigen Buchtitel an, viele in englischer Sprache zu kirchlichen Themen. Über der Eingangstüre war zu lesen „Mr. Achary's bookstall". Darunter, mit Tesafilm an die Scheibe geklebt, ein vergilbter Zettel, handgeschrieben. Ich las ihn einmal, noch einmal und ein drittes Mal. Auf dem Zettel stand: „If you need any money, come inside, we will help you!" (Wenn du Geld brauchst, komm herein, wir helfen dir!) Ich trat ein. Ein kleiner, schmächtiger Mann mit glatten, geölten, etwas angegrauten Haaren schaute mich mit offenen, freundlichen Augen an. „Sir?"

Ich erzählte ihm meine Situation, er hörte zu und meinte nur kurz „No problem, Sir, hier sind 30 Rupien." Wenn er helfen kann, dann macht er das gerne und wenn ich mal wieder in der Gegend bin, könne ich das Geld ja wieder vorbeibringen. Ich konnte das kaum fassen, aber fügte mich in mein Glück. Mr. Achary gehörte zu der kleinen christlichen Gemeinde in Raxaul. Für ihn war es eine Pflicht, zu helfen, wo immer er konnte. So verstand er seine Aufgabe als Christ. Und er meinte, es wäre ja auch kein Zufall, dass ich seinen Laden und diesen Zettel gefunden habe, ich hätte auch vorbeilaufen können. Ich erzählte ihm von meinem Gebet, gerade vor 20 Minuten.

„Siehst du", sagte er „so arbeitet er, der Christus", und wir lachten beide. „God bless you!"

Oben auf dem Pass wurden wir, Germando, der Schweizer und ich mitten in der Nacht geweckt. „Kathmandu, Kathmandu", rief einer durch die Zimmertüre. „Get up!" Das war hart. Schlaftrunken wankten wir zu unserem LKW, es war auch noch schweinekalt, als uns der Fahrer zur Seite nahm. „Look!", sagte er und zeigte auf den Horizont. In der Ferne, einige hundert Kilometer weit weg, aber glasklar erkennbar, sahen wir die Silhouette einiger schneebedeckter Gipfel, die von einer soeben aufgehenden, noch unsichtbaren Sonne rot angestrahlt wurden. Nur die Gipfelspitzen waren beleuchtet, der Rest der Welt lag in tiefer Finsternis. „Everest", sagte er nur stolz, und uns blieb die Spucke weg.

Hier möchte ich meine Erzählung enden lassen, denn der Anblick dieses immerhin 8848 Meter hohen Höhepunktes konnte schwerlich getoppt werden, höchstens vielleicht von dem des Machapuchare-Gipfels, des „fish-tails", der nach zwei Wochen Wartezeit doch einmal aus den Monsunwolken herausspitzte. Aber wen interessiert schon ein Reisebericht aus Nepal? Jeder Weltenbummler ist schon dort gewesen und viele sind auf den zahlreichen Sieben- und Achttausendern herumgekraxelt und haben weit interessantere Geschichten auf Lager.

Bleibt zu berichten, dass die Telex-Money-Überweisung in Kathmandu tatsächlich funktioniert hat. Nach drei Tagen hatte ich ein fettes Bündel Dollars in der Tasche. Damit konnte Germandos Darlehen abbezahlt und ein Paar Schlappen gekauft werden, denn die Kloaken Kathmandus während des Monsuns waren mir barfüßig doch zu eklig. Im Schweizer Restaurant gingen wir gepflegt Cornflakes frühstücken, beim Affentempel wurde ich bestohlen, ausgerechnet von einem Affen und in dem kleinen Hippiehotel beim Durbar Square traf ich Ecki, mit dem ich dann ein paar Wochen umhergereist bin. In Benares gab es noch einmal 500 Dollar, auch die Scheckeinlösung hat hervorragend geklappt, und ein Express brachte mich bis Delhi, wo ich ein billiges Ticket einer sehr bescheidenen syrischen Flug-linie erstand, die uns Heimreisende aber sicher in München ab-lieferte.

Nach knapp einem Jahr Abwesenheit kam ich also gesund, aber schon wieder ziemlich verändert nach Hause zurück.

30 Heilige Inder

Nach so vielen Monaten tapfer ertragener Keuschheit in Indien waren in der fränkischen Heimat wieder andere Lebensgeister aufgetaut, d. h. das Leben verlief wieder ziemlich normal, mit Discobesuchen, Partys, kurzen, unverbindlichen Affären, ohne spektakuläre Abenteuer mit wilden Tieren oder mysteriösen Geschichten.

Bis eines Tages „Sie" wieder auftauchte, und diese Begegnung war wieder einmal „magisch"!

Eigentlich wollte „Sie" nur mal kurz vorbeikommen auf dem Weg von Kückelühn, Schleswig Holstein nach irgendwohin: Andrea, der Engel aus Benares. Nachdem wir uns beide nicht vergessen konnten, fanden wir es eine gute Idee, uns mal wieder zu sehen. Das geschah an diesem wunderschönen, warmen Frühlingstag. Es ergab sich einfach so, dass sich vor der Haustür der Wohngemeinschaft „Tandaradei" am Theaterplatz ein kleines Straßenfest entwickelte, weil ihre Bewohner, Mitglieder der Musikgruppe „Windstill" ein paar Stühle herausgestellt hatten und zu spielen anfingen. Andere kamen dazu, brachten ihre Instrumente mit, Purple seine Querflöte, Tommi seine Trommel, Christian die Gitarre, der Maler Michi die Bouzouki und schon improvisierte eine ganze Band, dass es eine Freude war und über den ganzen Platz zu hören war, was natürlich noch mehr Leute anzog.

Und dann stand „Sie" plötzlich da und wir lachten uns an. Sie war immer noch so anziehend wie in Benares, mit ihren Sommersprossen auf der Nase, den neugierigen Augen, und dem bezaubernden Lächeln in den Mundwinkeln. Ihre langen, dunkelblonden Haare fielen auf ihr hübsches indisches Kleid.

Lange schauten wir uns an, bevor wir uns vorsichtig umarmten und uns einen schüchternen Kuss auf die Backen drückten. Nachdem wir uns seit dem schnellen Abschied in Bombay nicht mehr gesehen hatten, mussten wir uns wieder neu annähern. Es gab eine Menge zu erzählen, aber zwischen den Worten und in unseren Blicken merkten wir, dass die indische Glut noch nicht erloschen war.

Zunächst aber hielten wir es lange hier aus. Es war ein traumhaft schöner Karfreitag, einer der ersten richtig warmen Tage des neuen Frühlings. Die ganze Zeit saß ich neben Andrea, es war ein bisschen wie auf den Stufen am Ganges in Benares. Die Luft und die Musik aber waren völlig anders: Der Klang änderte sich mit den wechselnden Musikern, mal ging es rockig zu, mal bluesig, dann melodisch, auch chaotisch, dann gab es Pausen, bis wieder einer einen Trommelrhythmus vorgab und die Gitarre eine Melodie dazu erfand, und schon summten alle wieder mit und die Mädchen tanzten auf dem Gehsteig. Es war ein echter lazy day, der musste extra lange gefeiert werden, und allen anderen ging es genauso. Aber ich spürte, dass mein Herz lauter klopfte als sonst.

Am Abend fuhren Andrea und ich nach Poxdorf bei Forchheim, am Rand der Fränkischen Schweiz, wo ich inzwischen zuhause war. Mit einigen Studenten und Schülerinnen hatten wir zum Entsetzen der katholischen Bevölkerung einen lange leerstehenden uralten Bauernhof, das älteste Haus mitten im Dorf, bevölkert. In Hunderten von Arbeitsstunden war dieses liebevoll bewohnbar gemacht worden, Fachwerkbalken von Putz befreit, geschliffen und geölt, knarzende Fußböden restauriert, Wände gestrichen, ein Bad eingebaut, gemütliche Zimmer geschaffen, erste Erfahrungen im Anbau von Salat und Küchenkräutern wurden gesammelt, ein zusammengefallener Brotbackofen wurde restauriert und dann auch noch leckeres Brot gebacken. Außer den Katzen Maya, Junika und August hielten wir einige prächtige Zwerghühner, bis sie der Marder holte und eines Tages stand auch noch eine Ziege in der Küche, weil der Stall noch nicht fertig war.

Der Hof hatte auch eine große Scheune, in der der Nachbar sein Stroh gelagert hatte. Dort zeigte ich Andrea ihr Nachtquartier. Weil es schon spät und dunkel war, hatte sie nichts dagegen, dass ich bei ihr blieb, dann musste sie sich in der Dunkelheit nicht fürchten. Eigentlich hatten wir lange genug darauf gewartet, endlich einmal alleine zu sein. Es war auch gar nicht schlimm, dass es dunkel war, wir konnten uns ja erfühlen, wir schwiegen und vermissten keine Worte, auch auf Klamotten konnten wir bald verzichten. Aber unsere Hände und Finger waren lebendig und erforschten alles, es gab so viel zu entdecken, alles war wieder neu, wir kannten uns ja kaum. Wir hatten es beide nicht eilig. Lange genossen wir die Fingerspiele mit allen Körperteilen, die immer erregender wurden. Aber dann endlich waren unsere Körper so heiß auf den anderen, dass uns nun nichts mehr aufhalten konnte, wir fielen übereinander her, fanden die perfekte Stellung und vereinigten uns in einer Intensität, die uns fast um den Verstand brachte. Fest umschlungen genossen wir die Vereinigung und das Nachspüren, die Wärme unserer Körper und die Nähe des anderen. Jetzt erst brauchten wir eine Decke zum Zudecken. Das Stroh wärmte von unten, war weicher als der Boden des Hausbootes in Benares und schaukelte auch nicht so. Auf diese Begegnung hatten wir scheinbar jahrelang gewartet.

Andrea blieb bis zum nächsten Tag. Und zum Übernächsten. Und zum Überübernächsten, und sie blieb ein paar herrliche Wochen und viele wunderbare Monate, denn wir waren unsterblich verliebt.

Andrea war auch ein Glücksfall für unsere Wohngemeinschaft. Auch die anderen mochten sie, sie passte hervorragend zu uns. Während sich unsere zwei Medizinstudenten Christian und Jürgen häufig in der Uni und die zwei Hebammenschülerinnen Anke und Romana im Unterricht aufhielten, blieben Sabine, die gerade mit der Schule fertig war, Andrea und ich als Bodenpersonal zu Hause, um tagsüber die Gemeinschaft am Laufen zu halten. Arbeit gab es genug! Die Mädels kümmerten sich um Hühner, Ziege, Haus und Küche, kämpften im Garten mit dem Unkraut, saßen oft am Webstuhl und webten tolle Teppiche, schmückten das Haus mit bunten Stoffen und selbstgemalten Bildern, während ich als Mann fürs Grobe Abwasserleitungen und Ofenrohre verlegte, auf dem Dach Ziegel auswechselte und zentnerweise Brot backte, um damit uns selbst und einige Wohngemeinschaften in der Stadt zu versorgen.

Wir hatten eine offene gemeinsame Kasse, Geld war knapp, aber nie ein Problem. Wir schafften viel, hatten aber auch viel freie Zeit und viel Gaudi miteinander. Im Sommer gründeten wir sogar ein gemeinsames Schlafzimmer mit einem riesengroßen Bett. Das war einige Nächte ganz lustig, besonders, wenn Freunde zu Besuch waren; inmitten von anderen ein heimliches Liebesspiel zu treiben, hat auch was, aber auf Dauer hat sich das wegen der eingefahrenen Paarbeziehungen dann doch nicht so bewährt und so zog sich ein jeder wieder in sein eigenes Bett zurück.

Im August bekam ich einen Praktikumsplatz auf einem anthroposophischen Bauernhof in Oberbayern angeboten. Den nahm ich natürlich an, denn für den Traum einer Landkommune mussten ja die wichtigsten Grundkenntnisse beherrscht werden. Dazu war ich hier genau richtig. Wir hatten Kühe, Schweine, Hühner, Bienen, einen großen Garten, Wiesen und Äcker, ich lernte regelmäßig sehr früh aufzustehen, Traktor zu fahren, Futter zu machen, Kühe mit der Hand zu melken, es war ein harter Job, aber am Ende des Tages mit einem befriedigendem Gefühl, Wesentliches, Sinnvolles geschafft zu haben. Dort gefiel es mir gut, wir hatten eine angenehme Gesellschaft von lauter Originalen, echten Anthroposophen, die Roggen mit extra langem Stroh züchteten, Schriften von Rudolf Steiner vorlasen, Frühstücksbrei kochten und Pflanzenzucht betrieben, es gab junge Menschen, die auf der Suche waren, manche mit schwieriger Vergangenheit, und einen schweigsamen Bauern aus Schweden, dem ich zugeteilt war. Die Trennung von Andrea war schmerzhaft, aber unser Bauernhaus in Poxdorf war nicht allzu weit weg, und oft trampte sie hin und her, denn dieser Trip gefiel ihr auch. Manchmal blieb sie länger, half im Garten, in der Küche und bei den Kühen, und in der Mittagspause liebten wir uns am Waldrand neben der Weide, und die Kühe glotzten.

Von hier aus war es nicht weit in die Alpen. Manchmal machten wir Ausflüge in die Berge zu einer Wanderung oder badeten in einem eiskalten See. Eines Tages waren im Zirkus Krone in München, David Crosby und Graham Nash mit Band angekündigt, Sänger, Gitarristen und Komponisten von „Crosby, Stills, Nash & Young", Stars auf dem Woodstock-Festival und Idole einer ganzen Generation. Als Fans ihrer Musik fuhren wir natürlich dorthin, zogen kräftig einen durch, erlebten ein tolles Konzert ganz vorne vor der Bühne und tanzten zweieinhalb Stunden lang, bis wir nicht mehr konnten. Leider war die Vorstellung dann zu Ende, aber wir hatten keine Lust, sofort wieder nach Hause zu fahren, also hingen wir noch ein wenig vor der Bühne herum und beobachteten die Roadies beim Aufräumen der Anlagen. Plötzlich hörten wir, wie sich zwei Herren darüber unterhielten, dass sie noch mit den Musikern in ein bestimmtes Lokal gehen wollten. Wir schauten uns an und verließen den Saal, fragten einen Taxifahrer nach der Adresse dieses Lokals, er meinte, das sei „glei um a poor Ecken", und schon spurteten wir los. Der Weg war länger als gedacht, wir verliefen uns ein paarmal, aber fanden schließlich das Restaurant, und Platz für uns war auch. Weiter hinten gab es einen Nebenraum, dort mussten sie sein. Wir saßen vor unserer Apfelschorle, den Gitarrensound im Kopf, als spontan eine Idee reifte, und in der wir uns für diese Herren Musiker eine Rolle ausdachten. Genau genommen gehörte die Idee zu einem Plan, einem Traum, der im indischen Urwald zu keimen anfing. Als später Nachkomme niedersächsischer Großbauern sah ich meine Zukunft in der Landwirtschaft. Der Traum war, dem Zeitgeist entsprechend, auf einer Farm zu leben mit Freunden, Künstlern, Handwerkern, mit vielen Tieren und Kindern, selber mit dem Traktor über die Wiesen und Feldern zu düsen, in der Erde buddeln, Kühe melken, Bäume pflanzen, Feste feiern, kurz, ein erfülltes, spannendes, pralles, liebevolles Leben zu leben. Deshalb absolvierte ich gerade dieses Art Praktikum auf dem Demeter-Hof in Grub bei Wasserburg. Das war es, was ich suchte. Auch Andrea gefiel das, auch sie kam ja aus der Landwirtschaft. Das wollten wir zusammen machen!

Plötzlich kam Craig, aus dem Nebenraum in Richtung Toilette, Craig, der Keyboarder der Band, er ging direkt an unserem Tisch vorbei. Wir bereiteten unseren Angriff vor. Dann kam er zurück, wieder bei uns vorbei.

„Hi Craig!", rief ich. Er stoppte.

„We just saw you on the stage. That was a really great show!", legte ich nach.

„Oh, did you join the concert?"

„Yes, und wie, ihr wart echt gut drauf, wir haben die ganze Zeit getanzt."

„Oh, yes, I remember you", sagte er, wobei er Andreas freches Dekolleté anlächelte.

„Und jetzt seid ihr da hinten, na so ein Zufall", meinte sie scheinheilig.

„Yes, we are sitting over there, the band and some of the organizers …"

„Ej, kommt doch mit rüber, wir haben noch Platz", sagte er plötzlich. Wir trauten unseren Ohren nicht, aber das war genau der Plan und so nahmen wir unsere Apfelschorle und folgten Craig in den Nebenraum.

„Au Backe, hoffentlich geht das gut", dachte ich und wurde nervös. An einem langen Tisch saßen ca. 15 Personen, kaum jemand nahm Notiz von uns, doch David Crosby, der in der Nähe des Eingangs saß, war hellwach und hatte sofort Andrea erspäht. Er musterte sie von oben bis unten.

„That's …"

„Andrea and Ernest", ergänzte Andrea und Craig erklärte „they've been to the show und saßen zufällig da drüben."

„Ja, ganz zufällig", meinte ich und Craig bot uns zwei Stühle an, nicht weit weg, schräg gegenüber von dem großen Weltstar David Crosby.

259

„Andrea", wiederholte er genussvoll auf Amerikanisch, nahm einen großen Schluck Münchner Weizenbier und schaute sich Andreas Busen an. Andrea sah wirklich zum Anbeißen aus. David schleckte sich den Schaum aus dem Schnauzer und grinste verschmitzt. Er schien ziemlich stoned zu sein.

Andrea fragte ihn: „Do you like German beer?"

„Oh yes", sprach er bedeutungsvoll, und alle in der Nähe lachten. „German beer and deutsche girls", wobei er Andrea fest in die Augen schaute. Wieder Gelächter. Die anderen konnten sich wohl ausmalen, wie die Geschichte weiterging, aber wozu zum Teufel bringt ein Groupie seinen Macker mit, mochten sie denken. David interessierte sich wenig für den Macker und baggerte weiter: Was sie denn am liebsten so mache, wollte er wissen.

Sie überhörte das „am liebsten" und erzählte, dass sie gerade mit Freunden eine „organic farm" gründen wolle, so wie es in Amerika unzählige gäbe, nach Vorbild von Twin Oaks oder so, eine community mit vielen Menschen, Kindern, Pferden, Ziegen und Hühnern, Handwerk und Business. David grinste Andrea immer noch an. Aber jetzt kam sie zum Punkt: „Leider fehlt uns noch das Geld dazu."

„Oh, the money …", meinte er und wurde ernster, und Andrea fuhr fort: „Ja, wir brauchen einen Sponsor, am besten eine bekannte Persönlichkeit aus der amerikanischen Musikbranche, die das Konzept unterstützt", grinste Andrea zurück, „und diese Person könnte bei jedem Deutschlandbesuch ihre eigene Farm besuchen."

David hatte sofort kapiert und jubilierte: „Oh yeah, I buy a farm, a farm full of my own chicks! That's great!"

Die anderen lachten laut über Davids neuen Witz mit den Chicks. Sie nahmen uns einfach nicht ernst. Aber immerhin bekamen wir die Adresse von einem Agenten, dorthin sollten wir uns wenden, wenn wir das passende Objekt gefunden hätten.

Dazu kam es leider nicht, es kam ganz anders. Der Traum von einem Twin Oaks in Germany blieb für immer ein Traum.

Im April heirateten wir, ich, der Ernst und Andrea, meine Freundin, die schönste Frau der Welt, denn es war ja sowieso klar, dass wir zusammenbleiben wollten, außerdem waren wir schwanger.

Und als wir mit dem dritten Jungen schwanger waren, das war dann noch mal zehn Jahre später, fragte sie: „Was wünscht du dir zum Geburtstag?"

Welch eine schwierige Frage, wenn man schon alles hat und nichts mehr braucht! Aber diesmal antwortete ich aus dem Bauch heraus, ohne nachzudenken, hinterher wunderte ich mich darüber, denn diesen Artikel hatte ich nie bewusst haben wollen und auch darüber, dass mir Titel und Autor dieses Buches immer noch geläufig waren, denn es handelte sich um das Buch, das auf der Indienfahrt alle Hippies im Rucksack oder zumindest gelesen hatten, alle außer mir, also antwortete ich spontan: „Die Autobiografie eines Yogi von Paramahansa Yogananda."

So kam ich zu diesem Buch, zusammen mit einem leckeren frischen Zwetschgenkuchen mit Schlagsahne.

Paramahansa Yogananda ist im Westen einer der bekanntesten indischen Yogis des letzten Jahrhunderts. Sein wesentlicher Verdienst bestand darin, die westliche Welt neugierig zu machen auf die Schätze der seit Jahrtausenden in Indien überlieferten und praktizierten Weisheiten. Besonders dieses Buch „Die Autobiografie eines Yogi" trug entscheidend dazu bei, dass ab den 60er-Jahren Ströme von Menschen, besonders aus Amerika und Europa sich aufmachten, um in Indien Erfahrungen mit einem im Westen nicht bekannten geheimnisvollen Wissen zu erleben, vielleicht auch einen von den vielen „Heiligen" zu treffen, von denen Yogananda berichtet. Paramahansa Yogananda, der einer Brahmanenfamilie entstammt, war schon am Ende des 19. Jahrhunderts als Kind von diesen Weisheiten fasziniert und konnte nicht genug davon bekommen, Informationen über die zahlreichen Heiligen und ihren ungewöhnlichen und vielfältigen Fähigkeiten zu erhaschen. Später hat er diese dann besucht, interviewt und in seinem Buch beschrieben. Schier unglaubliche Geschichten sind dabei und natürlich weckten diese das Interesse einer ganzen Generation, die gerade im Begriff war, gegen verkrustete Herrschaftsstrukturen und Denkmodelle in Politik, Wirtschaft und Familie aufzubegehren. Einen weiteren Anlass gab der Vietnamkrieg, ein brutaler Krieg der USA gegen ein kleines kommunistisches Land, in dem Tausende Menschen auf beiden Seiten den Tod fanden, für die neue Generation völlig sinnlos. Wo und was aber war der Sinn? Man war es satt, sich zweifelhaften Entscheidungen Regierender zu beugen, und ging auf die Straße, in Amerika zuerst, dann auch in Europa. Immer mehr Jugendliche schlossen sich an, demonstrierten gegen den Krieg, gegen Atomkraft, gegen Nazis, gegen veraltete Strukturen in den Universitäten, gegen Machtmissbrauch, Männerwirtschaft, Ausbeutung und Industrieabgase. Wir wollten eine bessere Welt. Die einen diskutierten mit dem Megafon und Transparenten, andere mit Gitarre und Schlagzeug, schufen unsterbliche Musik, wieder andere stiegen völlig aus und betäubten sich mit Haschisch und Heroin. Ein weiterer Teil suchte nach dem Sinn im Inneren, bei sich selbst.

Da kam Yoganandas Buch gerade recht.

Es ist langweilig, den Inhalt eines Buches zu beschreiben, ich empfehle, das Werk selber zu lesen. Es ist spannend und humorvoll geschrieben und führt ein in eine Welt, die ein Normaleuropäer nicht für möglich hält. Nach der Lektüre ist man wahrscheinlich ein Anderer, für mich jedenfalls trifft das zu.

Yoganandas Heilige sind faszinierende Gestalten gewesen, die durch außergewöhnliche Fähigkeiten bekannt geworden sind. Die meisten von ihnen lebten in Kalkutta, Benares und in den Bergen des Himalajas. Einer konnte auf Wunsch Düfte materialisieren, ein anderer lebte in zwei Körpern und wurde zur gleichen Zeit an verschiedenen Orten gesehen. Es gab einen schwebenden Baba und einen, der keinen Schlaf mehr brauchte, da er in ständiger Yoga-Ekstase lebte. Eine Yogini, Giri Bala, brauchte keine Nahrung mehr, da sie ihre Lebensenergie aus dem Sonnenlicht und der kosmischen Kraft bezog. Eine andere Frau, Ananda Moyi Ma, „die Glückselige", genannt, lebte ebenso ohne Nahrung, sie schwebte ständig im Samadhi.

1935 lebte Yogananda in Kalifornien und unternahm eine 18-monatige Rückreise von Amerika durch Europa zurück in seine Heimat Indien. Auch in Deutschland verehrten die Katholiken eine Heilige: Therese Neumann, die „Resl" aus dem oberpfälzischen Dorf Konnersreuth. Diese hatte Yogananda zweimal mit seinem aufsehenerregenden amerikanischen Ford in Deutschland besucht. Bekannt war sie durch ihre Stigmen, die sie jeden Freitag durchlitt. Dabei fiel sie in einen Trancezustand, in dem sie aus Kopf, Händen, Füßen und Brust blutete und dabei den Leidensweg Christi durchlitt. Ihr Leiden hat der hellsichtige Yogananda direkt miterleben können. Resl bestätigte ihm, dass auch sie ohne feste Nahrung auskam. „Ich lebe vom Licht Gottes", sagte sie ihm.

Großen Raum nimmt Yoganandas Geschichte mit seinem Guru Sri Yukteswar ein. Dieser lebte wie Yogananda in Kalkutta, nahm ihn als Schüler auf und weihte ihn ein in die Kunst des Kriya Yoga. Die Beziehung eines Schülers zu seinem Guru ist in Indien immer eine besondere gewesen. Während im Westen ein Lehrer oft eine bedauernswerte Person ist, die im Alter von 50 ausgebrannt und mit den Nerven fertig ist und sogar manchmal um sein Leben fürchten muss, war im Osten der Guru, der geistige Lehrer, immer ein Heiliger, dem Respekt, Demut und absoluter Gehorsam entgegengebracht wird. Der Guru sucht seinen Chela, seinen Schüler selber aus, oft wird dieser auf magischem Weg zu ihm geführt. Er bestimmt den Lehrplan und wann der nächste Schritt bis zur Einweihung und bis zur Meisterprüfung erfolgen kann. Es ist eine innige Vater-Sohn-Beziehung, die mit Strenge, Vertrauen und Liebe funktioniert. Das jahrtausendealte Wissen der Rishis ist immer auf diese Art weitergegeben worden, bis in die heutige Zeit.

Auch Yoganandas Meister hatte seinen Guru, das war Lahiri Mahasya aus Benares. Auch dieser ist in dem Buch ausführlich beschrieben. Lahiri Mahasaya, war zunächst ein braver Beamter bei der indischen Eisenbahn und Familienvater, bis er eines Tages auf wundersame Weise in den Himalaya geschickt wurde, wo er in einer Höhle zu seinem Guru geführt wurde. Von diesem erhielt er eine Einweihung in den Kriya Yoga, das ist eine Yogatechnik, die die Vereinigung mit dem Unendlichen zum Ziel hat. Der Meister gab ihm den Auftrag, diese Technik zu verbreiten. Nebenbei lernte er, über seinem Bett zu schweben und hat einmal einen Toten wieder zum Leben erweckt.

Lahiri Mahasayas Guru hieß Babaji.

Andrea kannte natürlich dieses Buch von ihrer ersten Indienreise. Sie war ja auch wie so viele auf einem Heiligentrip gewesen und hatte Yoganandas Werk verschlungen. Nach so langer Zeit vergisst man vieles, und jetzt war sie ganz scharf darauf, ihr Wissen aufzufrischen. Also lasen wir uns einige Kapitel gegenseitig vor. Heute Abend war das 33. Kapitel mit der Geschichte von Babaji an der Reihe.

Hier wird zunächst beschrieben, dass der nördliche Himalaya bis heute von der Anwesenheit des abgeschieden lebenden Meisters Babaji geheiligt wird. Der unsterbliche Babaji ist ein Avatar, was so viel wie „Herabgestiegener" bedeutet, herabgestiegen aus der Gottheit in das Fleisch. Wie in den Upanischaden beschrieben, kann ein Mensch alle Entwicklungsstufen durchleben, bis er sich aus dem Kreislauf von Geburt und Wiedergeburt befreit hat, bis er als im höchsten Grade Befreiter Macht über den Tod erlangt hat. Nur äußerst selten geht ein Wesen in diesem Zustand wieder in einen irdischen Körper ein. Wenn er es aber tut, dann ist er ein Avatar, ein göttlicher Sendbote, der der Welt unermesslichen Segen bringt. Ein Avatar ist nicht mehr den kosmischen Gesetzen unterworfen. Auf den ersten Blick ist nichts Außergewöhnliches an ihm zu bemerken, gelegentlich aber wirft er keinen Schatten und hinterlässt keine Fußspuren im Sand.

Die Avatare des alten Indien sind Krishna, Rama, Buddha, Agastya und Patanchali. Im Westen kennen wir alle den Avatar Christus.

Babajis Mission in Indien besteht darin, die Propheten in ihrer jeweiligen Aufgabe zu unterstützen. So hat er viele Meister, wie z. B. Lahiri Mahasaya, in Yogatechniken eingeweiht.

Babaji steht in ständiger Verbindung mit Christus. Das Werk der beiden erleuchteten Meister, von denen der eine körperlich sichtbar und der andere körperlos ist, besteht darin, die Völker der Erde geistig zu erwecken, damit sie aus eigenem Antrieb die vielen von Menschen gemachten Geißeln wie Krieg, Hungersnot, Rassismus, Gier usw. überwinden können.

Es gibt keine historischen Aufzeichnungen über Babaji. In keinem Jahrhundert ist er an die Öffentlichkeit getreten, der Glanz öffentlichen Ruhms passt nicht zu seinen Plänen. Große Propheten wie Christus oder Krishna kommen auf die Erde, um vor den Augen der Menschen eine bestimmte Rolle zu spielen, sobald ihre Aufgabe beendet ist, verlassen sie die Erde wieder. Andere Avatare wie Babaji befassen sich mehr mit dem langwierigen, viele Jahrhunderte währenden Entwicklungsprozess der Menschheit und nicht nur mit einem epochalen Ereignis. Solche Meister entziehen sich stets den neugierigen Blicken der Menge und haben die Macht, sich jederzeit unsichtbar zu machen. Aus diesem Grunde bleiben eine Anzahl überragender Geistwesen in der Welt unbekannt. Niemals konnten Angaben über Babajis Familie oder Geburtsort in Erfahrung gebracht werden. Meist spricht er in Hindi, unterhält sich auch fließend in jeder anderen Sprache. Er hat den einfachen Namen Babaji angenommen, was „verehrter Vater" bedeutet. „Jeder, der seinen Namen ehrfürchtig ausspricht, zieht augenblicklich seinen Segen auf sich herab", sagte sein großer Schüler Lahiri Mahasaya.

„Der Körper des Gurus weist keinerlei Alterserscheinungen auf, er wirkt wie ein junger Mann von 25 Jahren. Er kann nur dann von anderen gesehen oder erkannt werden, wenn er es wünscht", lasen wir. Sein Körper bedarf keiner Nahrung, manchmal nimmt er Früchte oder Milchreis mit zerlassener Butter zu sich, um seinen Jüngern einen Gefallen zu tun. Mit diesem Jüngerkreis zieht er ständig in den Bergen des Himalayas umher. Yogananda beschreibt einige dieser überlieferten Begebenheiten in seinem Buch, spannende und schier unglaubliche Geschichten, aber ich werde mich hüten, auch diese abzuschreiben. An diesem Abend haben Andrea und ich aber das ganze faszinierende Kapitel über Babaji vorgelesen und waren danach tief bewegt. Denn wenn es stimmte, dass Babaji unsterblich wäre, dann würde er ja jetzt im Augenblick wohl auch noch leben, dort irgendwo in einer Höhle im Himalaya, oder mit seinen Jüngern über Berge wandernd, mit guten Plänen für die Menschheit. Mit dieser beruhigenden Aussicht gingen wir ziemlich spät ins Bett und versanken in einen tiefen Schlaf.

Dann kam Babaji. Die ganze Nacht war er da. Es war kein Traum, in dem eine soeben erlebte Geschichte aufgearbeitet wird, es war keine Vision, so wie damals unter dem Banyanbaum, als ich mein Lichterlebnis mit Christus hatte, es war auch nicht wie eine LSD – Erfahrung, mit bunten Farben und einem Orgasmus im Kopf, so wie die von Anjuna und die anderen, die mir den Weg gezeigt haben, dafür waren meine Drogentrips zu lange her. Ich hatte keine Halluzination oder wirre Spinnerei. In dieser Nacht machte ich eine ganz neue Erfahrung, und sie war echt, das wusste ich. Während des Schlafes war Babaji anwesend. Ich sah kein Gesicht, keinen Körper aus Fleisch und Blut, er sprach kein Wort, ich hörte nichts, aber ich erlebte ihn als Gewissheit, nicht als Traum, sondern als Realität, als Schwingung. Ich schlief, aber gleichzeitig war ich hellwach. Seine Präsenz berührte mich, er war da, ich spürte ihn deutlich, und es war Babaji, da gab es keinen Zweifel. Irgendwie war er mir vertraut, mir war, als würde ich ihn kennen. Ich empfand seine Gegenwart als äußerst angenehm. Er füllte den ganzen Raum und lange war er da. Ich war nicht erschrocken oder irritiert, unerklärliche Dinge waren ja nicht neu für mich. Ich konnte oder wollte nicht reagieren, irgendetwas sagen oder fragen, ich war nur fähig, dieses Ereignis gefasst, staunend, aber auch ein bisschen dankbar anzunehmen, bis er wieder verschwunden war.

Ich weckte Andrea und erzählte ihr alles. Wir waren glockenwach. Glücklicherweise hielt sie mich nicht für übergeschnappt. Hatten wir nicht gerade den Satz gelesen: „Jeder, der seinen Namen ehrfürchtig ausspricht, zieht seinen Segen auf sich herab"? Hatten wir nicht gerade ehrfürchtig über seine Geschichte gestaunt? Der Segen kam augenblicklich, das war keine so dahergesagte Äußerung von Lahiri Mahasaya! Dann war seine nächtliche Erscheinung nur die Folge, die Antwort. Unsere Schlussfolgerung ging noch weiter: In einem anderen Satz hatten wir gelesen: „Er wird nur gesehen oder erkannt, wenn er es wünscht." Er hat sich zu erkennen gegeben. Was bedeutete das für uns? Ein Zeichen? Selbstverständlich! Nur ein bisschen „hallo" sagen? Keineswegs! Das war mehr! Das war nichts Geringeres als eine Einladung, ihn zu suchen. Das war ein Ruf:

„Kommt her, ich bin da!" Da waren wir sofort der gleichen Meinung und beschlossen, Babaji zu suchen.

Aber wie findet man einen, der in einem Buch von 1950 in zwei Kapiteln beschrieben wird? Von Yogananda wussten wir, dass er immer im nördlichen Himalaya gewirkt hatte, dass er sich mit seiner Gruppe mal da und mal dorthin materialisieren konnte. Viel mehr wussten wir nicht über seinen Aufenthaltsort. Aber wir hatten eine Freundin, die wir von der Findhorn Community in Schottland her kannten, eine Indienfahrerin, die schon in Auroville gelebt hatte. Ihr erzählten wir die nächtliche Begebenheit mit Babaji. Solcherlei Geschichten waren für sie nichts Außergewöhnliches, hatte auch selber schon Ähnliches erlebt. Den Namen Babaji kannte sie.

„Der alte Babaji hat sich noch vor dem Weltkrieg in einem Lichtblitz aufgelöst", wusste sie zu berichten. Das war eine Ernüchterung! „Aber nach vielen Jahren war er wieder aufgetaucht und zwar genau an dem gleichen Ort, in Haidakhan", und auch die Jahreszahl 1970 war als Erscheinungsjahr vorausgesagt worden. Sie kannte sogar jemanden, der ihn dort schon einmal besucht hatte und da könne jeder hinfahren. Weiterhin konnte sie berichten, dass es in der Schweiz einen Ashram gab, die Schweibenalp, an dem lauter solche Besucher in einer Gemeinschaft leben würden.

Das war doch eine gute Nachricht. Wir waren auf der Spur. So hatten wir unser erstes Ziel in den Sommerferien, denn diese Gemeinschaft in der Schweiz lud ein zu einem sommerlichen Einheitsfest. Wir packten unsere beiden Kinder in den rostigen R 4 und fuhren los.

31 Auf der Schweibenalp

Die Schweibenalp ist ein traumhaft schöner Ort, in 1000 Meter Höhe über dem Brienzer See gelegen. Nach einer abenteuerlichen Auffahrt mit vielen engen Kurven und Brücken über Sturzbäche fanden wir mit unseren genervten Kindern („wie lange noch, wann sind wir endlich da …") schließlich einen mehrstöckigen, alten Bau mit Charakter und roten Fensterläden, ein ehemaliges Kinderheim, von Wald, Wiesen und Steilhängen umgeben.

Ein buntes Durcheinander unterschiedlicher Leute belebte den Vorplatz. Langhaarige Handwerker, Frauen in Saris, orangene Sanyassins, normale „Normalos" hatten eine Menge zu tun. Wir waren einige Tage vor dem Fest angekommen. Da wurde gehämmert, gesägt, dekoriert, geputzt, hin und hergelaufen, ohne Hektik, aber zielstrebig. Wir sahen eine Weile zu, dann sagte einer „geht zu Sundar" und wir gingen, um Sundar zu suchen, den wir tatsächlich irgendwann fanden, einen netten Mann mit Brille, indischen Kleidern und einem sympathischen Schweizer Dialekt. Er zeigte uns einen schönen Zeltplatz in der Nähe des Hauses, gab uns eine kurze Einweisung in den Ablauf des Festes und vermittelte uns durch seine freundliche Art das Gefühl des Willkommenseins. Er war wohl der Oberboss hier. Unsere beiden Kinder fanden schnell Kontakt zu anderen Kindern, diese gab es reichlich, und bald waren sie verschwunden und machten den Berg unsicher.

Sundar hatte uns auch zur Anmeldung geschickt, wo wir uns in eine Liste zum Karma Yoga eintragen sollten. Bei einer Veranstaltung, zu der zwei- bis dreihundert Gäste erwartet wurden, gab es natürlich eine Menge zu organisieren, Arbeiten die nur von den Gästen selber erledigt werden konnten, Parkplatz einweisen, Klo putzen, Kinder hüten, Blumen für den Tempel pflücken usw. als Dienst am Ganzen. Das ist Karma Yoga. Wir meldeten uns zum Küchendienst, weil wir selber gerne kochen.

Der Koch war ein kleiner, quirliger Asiate, wie wir erfuhren, der Sohn des Kochs des Königs von Malaysia, als es in Malaysia noch einen König gab. „Sweep the floor", sagte er nur kurz, als ich mich bei ihm anmeldete. Nachdem er damit zufrieden war, durfte ich auch Salat waschen, erst eine Wanne voll, am nächsten Tag zwei, dann drei große Waschkörbe voll. Zentnerweise Möhren und Kartoffeln mussten geschält, gewaschen und zerkleinert werden, die Mengen an Lebensmitteln, die wir verarbeiteten, waren beeindruckend, ebenso die Energie, die entsteht, wenn viele Leute, und am Küchendienst waren wirklich sehr viele beteiligt, zusammen helfen, dann war in drei bis vier Stunden kurzweiliger Aktivitäten für ein paar hundert Menschen ein leckeres Essen auf dem Tisch.

Die Mahlzeiten bildeten das Fundament des Sommerfestes und brachten viele Leute zusammen. Aber es ging natürlich auch um die spirituelle Seite des Lebens. Sinn des Einheitsfestes sollte sein, die unterschiedlichen spirituellen Gruppierungen des „New Age" und traditioneller Richtungen, deren geistigen Vertreter, Gläubige und Suchende, so wie wir, an einem Ort ein Wochenende lang zusammenzubringen, um sich auszutauschen, vor allem aber, das Gemeinsame zu feiern, zu tanzen, singen, meditieren, andere Rituale kennenzulernen. Uns interessierte natürlich das Thema Babaji – deswegen waren wir ja hergekommen. Die Schweibenalp war von Sundar im Auftrag Babajis als Babajizentrum gegründet worden und hatte einen Babajitempel im Haus, in dem täglich zweimal, jeweils um sieben Uhr früh und abends eine Art Gottesdienst, der nannte sich Aarti, abgehalten wurde. Überall im Raum hingen Bilder von Babaji in allen Lebenslagen. Wir versammelten uns vor einem über und über mit Blumen geschmückten Altar, auf dem eine kleine Statue stand. Der Zeremonienmeister, auf indisch Pujari genannt, begann das Aarti mit dem Anzünden von Kerzen und Räucherstäbchen, eine junge Frau spielte auf dem Harmonium. Alle standen auf, und plötzlich erhob sich ein Höllenlärm mit Glockengebimmel, Trommelschlägen und einem durchdringenden Getute aus dem Muschelhorn, mein Tinnitus machte Freudensprünge. Währenddessen führte der Pujari die Pujazeremonie aus, er umkreiste die Statue mit Feuer und Luft, verspritzte Wasser in alle Richtungen, bimmelte mit seiner eigenen Glocke und sprach dabei Texte, die keiner von uns verstand, und das mehrere Minuten lang. Urplötzlich war das vorbei, alles setzte sich und das Aartisingen begann. Es waren schöne Melodien, eingängige Rhythmen, begleitet von Harmonium, Trommeln, Zimbeln und anderen Percussionsinstrumenten, es klang alles sehr schön indisch. Ich war überrascht, wie bekannt mir manche Melodien, der Singsang und die Instrumente vorkamen. Das war ja wie in Benares am Ganges und in den unzähligen Tempeln, die ich in Indien besucht und passiert hatte! Wieder einmal fand ich es irre, so etwas in Mitteleuropa, diesmal in der Schweiz, zu erleben. Ich begann, mich hier heimisch zu fühlen. Gewöhnungsbedürftig allerdings waren die Texte, vermutlich Sanskrit. Wir waren erstaunt, wie viele der zahlreichen Anwesenden die eigenartig klingenden Texte ohne Vorlage mitsingen konnten. Wir hatten ein Textbuch, aber Andrea und ich schauten uns nur ratlos an, es war uns schier unmöglich, mehr als ein paar Sekunden zu folgen. So beließ ich es mit Augenschließen, Zuhören und Genießen, dafür gab es am Ende eine Belohnung, das Prasad, wenn Nüsse und Süßigkeiten verteilt wurden. Das gefiel auch den Kindern.

Zu einer anderen Zeremonie musste man ungewöhnlich früh aufstehen, was in einem warmen Schlafsack und wegen der Kinder nicht einfach war und gut organisiert sein musste. Aber ich schaffte es, einmal vor Sonnenaufgang zum Feuer zu gehen. Feuer heißt hier nicht einfach Feuer, sondern auf indisch „havan" und war für fünf Uhr angesetzt. Havan ist ein uraltes Ritual, das seit Jahrtausenden von den Rischis gepflegt und bis heute überliefert wurde.

Es dämmerte bereits. Der Feuerplatz war eine Plattform von ca. sechs mal sechs Metern, in der Mitte eine quadratische Feuerstelle, in der schon lichterloh die Flammen loderten. Das

Ganze war überdacht von einem Schmuckstück von Zeltdach, einer Mischung aus einem indischen Pagoden- und Münchner Olympiastadiondach, ein wahres Meisterwerk. 10 bis 15 Frühaufsteher saßen bereits in Decken eingehüllt im Lotos auf dem Boden, mit geschlossenen Augen in Meditation versunken, vielleicht schliefen sie auch, das war nicht feststellbar. Ich schob ein Kissen unter den Hintern, fand eine bequeme Sitzstellung und mummelte mich in meine Decke ein, denn die Luft war ziemlich frisch.

Ich erlebte das Entstehen eines Tages. Er erwuchs aus dem Grau der Dämmerung, in der Umgebung erwachten langsam ein paar Farben. In die Stille hinein rief der erste Vogel. Ein Zweiter antwortete. Das Feuerholz knackte und verströmte seinen Duft. Und vertrieb mit seiner wohltuenden Wärme einen frechen, kalten Windhauch. Gegenüber, auf der anderen Seite des Brienzer Sees beleuchtete die noch hinter den Bergen versteckte Sonne die ersten Gipfelspitzen rosa. Sonst – Stille. Dazu die reglos sitzenden Menschen um mich herum: eine archaische Szene! Nur Babaji fehlte noch. Oder war er vielleicht mitten unter uns? Es gab so wenige Reize, aber alle intensiv und bedeutend! Ich saß gerade wie eine Antenne auf meinem Kissen. Diese paar Reize elektrisierten alle Sinne. Das war das Jetzt, die Wirklichkeit. Nichts in der Welt war wichtiger, größer als dieser Moment! Und doch gab es eine Steigerung, das Sahnehäubchen: Ein Windstoß bewegte ein Klangspiel am Rande des Feuerplatzes, er komponierte eine sanfte Melodie aus fünf Tönen, diese Töne, als kämen sie aus den Weiten des Weltraums, tanzten mit unserer Seele und verstärkten so den Zauber des Augenblicks. Ich erlebte ein intensives Glücksgefühl. Ich sah, spürte, hörte und schmeckte pralles Leben!

Eine der Gäste des Einheitsfestes war Maria-Gabriele Wosien. Diese Frau war hier eine Berühmtheit, hatte sie doch ein Buch geschrieben mit dem Titel „Babaji – Botschaft aus dem Himalaya". Sie war Anfang der 70er-Jahre als eine der ersten Pilger aus dem Westen in das Dorf Haidakhan im Himalaya gereist, um

Babaji zu besuchen, bald nachdem er aufgetaucht war. Dort hat sie eine Zeit lang gelebt und wurde eine enge Vertraute. Ihr Taschenbuch gab es in dem kleinen Laden im Haus zu kaufen. Es hatte nur hundert Seiten. Wir verschlangen es sofort. Es beginnt mit viel Theorie über Hinduismus, doch dann folgt das Kapitel mit dem Erfahrungsbericht des Mannes Chandramani, der beschreibt, wie er Babaji gefunden hat und was er mit ihm in der ersten Zeit seines Auftauchens erlebt hat. Ich habe mir erlaubt, einen Auszug davon abzudrucken, damit du einen kleinen Eindruck bekommst, mit wem wir es hier zu tun haben.

32 Wer ist Babaji?

Erlebnisberichte nach 1970 aus dem Buch „Babaji – Botschaft vom Himalaya" von Maria Gabriele Wosien, Gertraud Reichel Verlag, Kapitel 4: S. 47 bis 52.

„Mein Vater war schon 25 Jahre lang tot, da geschah es, dass er mir eines Tages im Traum erschien, das war im Juni 1970" beginnt *Tschandramani seine Erzählung. Als Dorfbewohner aus der Gegend Haidakhan war er der Erste gewesen, der Babaji wiederbegegnete.*[4]

„Mein Vater ließ mich wissen", fährt Tschandramani fort, „dass Baba Haidakhan wieder im Körper eines jungen Mannes erschienen war und in der Höhle bei Haidakhan zu finden sei. ‚Gehe hin zur Höhle' sagte er mir, ‚und erweise Babaji deine Ehrerbietung, denn es besteht kein Zweifel darüber, dass er es wirklich ist. Auch rate ich dir, wer immer es auch sein mag, der daran zweifelt, kümmere dich um niemand. Und noch eins sage ich dir: Nie sollst du ihn verlassen, komme was mag.'

Als ich aufwachte, stellte ich fest, dass es erst vier Uhr morgens war. Sofort machte ich mich auf und ging zu der Höhle, die mir in meinem Traum bedeutet worden war. Als ich dort ankam, sah ich im Schein eines kleinen Öllämpchens einen ehrwürdigen Alten sitzen. Er hatte einen langen, weißen Bart und war mit einem weißen Tuch bekleidet. Als er mich erblickte, sagte er: ‚Mein Kind, kehre sofort nach Hause zurück und komme erst nach drei Tagen wieder.'

Ich ging zwar nach Hause zurück, kehrte aber sogleich mit einem Krug voll Milch wieder um. Doch wie groß war mein Erstaunen, als ich in der Höhle anstatt des ehrwürdigen Alten dort einen jungen Sadhu sitzen sah, der nicht älter als 22 Jahre sein konnte und der dunkle Haare und einen langen schwarzen Bart hatte! Er trank ein wenig von der Milch, die ich ihm gebracht hatte und sagte dann zu mir: ‚Erzähle niemandem, was du in der Höhle gesehen hast!'

---

[4] aufgezeichnet im Dezember 1975

Die beiden folgenden Tage ging ich wieder zur Höhle, doch fand ich ihn nicht mehr dort, sah ihn aber am dritten Tag oben im Tempel, gegenüber der Höhle, auf der anderen Seite des Gautama Flusses. In diesem Tempel blieb er 15 Tage lang und begab sich dann auf den Berg Kailash (gegenüber von Haidakhan) hinauf, wo er dann 45 Tage lang unbeweglich in derselben Yogaposition meditierte.

Während dieser Zeit war ich immer bei ihm und habe ihn nicht ein einziges Mal aufstehen sehen, nicht einmal, um sein Bad zu nehmen. Als er schließlich aus seiner tiefen Meditation heraus kam, fragte ich ihn, wie er denn baden würde[5] , denn ringsumher konnte ich nirgends Wasser sehen. Da antwortete er mir: ‚Ich befehle dem Wind, mir Wasser zu bringen und bade darin`. Da bemerkte ich, dass seine schönen langen Haare vor Wasser tropften und sein göttlicher Körper ganz nass war.

Eines Morgens, etwa gegen drei Uhr, verspürte ich plötzlich einen quälenden Durst. Ich sprach darüber zu Babaji, doch entgegnete er, dass im Umkreis von drei Kilometern kein Wasser zu finden sei, und dass es um diese Zeit nicht möglich sei, welches zu suchen. Ich hatte aber solchen Durst, dass ich sogar anfing zu weinen, und mich bei ihm beschwerte, dass es ihm doch als göttliche Inkarnation eine Kleinigkeit sei, Wasser für mich herbeizuschaffen.

Und da ich mich gar nicht beruhigen wollte, nahm er mich schließlich liebevoll bei der Hand und führte mich zum Shiva lingam, der unweit von seinem Meditationsort entfernt war. Kaum waren wir zwei Schritte gegangen, als an beiden Seiten des lingams eine Quelle zu fließen begann, eine aus Wasser und eine aus Milch. Der Wasserstrahl war so stark, dass wir beide gut darin baden konnten. Seit jenem Tage habe ich jedoch dort nie wieder weder Wasser noch Milch fließen sehen. Als ich Baba einmal daraufhin ansprach, sagte er mir: ‚An diesem Tag warst du so durstig, dass Gott einfach Wasser für dich herbeischaffen musste, doch wird dies nie wieder geschehen. `

Während ich mit ihm auf dem Kailash war, sagte der Herr eines Tages zu mir: ‚Tschandramani, heute wird ein Löwe hierher kommen, habe keine Angst. ‚Sobald er dies gesagt hatte, kam auch wirklich ein

---

5   Ein- bis zweimal vor Sonnenauf- und Untergang zu baden ist für den religiösen Hindu eine rituelle Notwendigkeit.

Löwe herbei, der auf Baba zuging wie ein Hund zu seinem Herrn, er wedelte mit dem Schwanz und legte sich zu seinen Füßen nieder. Als der Herr dann mit den Fingern schnalzte, verschwand der Löwe wieder, so plötzlich, wie er erschienen war. Ich hatte außerdem noch zweimal Gelegenheit, den Löwen bei der Höhle unten zu sehen, jedes Mal verhielt er sich wie ein Schoßhund.

Ein anderes Mal sagte der Herr im selben Ton wie zuvor: ‚Es wird eine große Kobra kommen, habe keine Angst.' Da rückte ich so nahe wie möglich an den Herrn heran. Auch diesmal wieder, kaum hatte er ausgesprochen, kam eine riesige, zweieinhalb Meter lange, gold-glänzende Kobra herangeglitten, wand sich um seinen Körper, richtete ihren goldenen Kopf über dem Haupte Babas auf und verharrte etwa zwanzig Minuten lang in dieser Stellung. Dann glitt sie, über meinen Schoß hinweg, herunter und schlängelte sich fort.

Am fünfundvierzigsten Tag, wurde in Haidakhan ein großes yagya, eine Feuerzeremonie, mit einer Lesung der heiligen Schriften und an-schließendem bandhara, dem Festmahl, gehalten. Zu diesem Anlass kam Baba vom Berg herunter.

Insgesamt verbrachte ich mit Baba fünfundvierzig Tage auf dem Kailash und blieb dann noch drei Monate bei ihm in der Höhle, ohne auch nur einmal nach Hause zu gehen, sodass sich meine Familie schon beschwerte, ich sei ein Yogi geworden. Während dieser Zeit aßen und tranken weder Baba noch ich das Allergeringste. Immer, wenn ich auf die andere Seite des Gautama Flusses ging, verspürte ich ein nagendes Hun-gergefühl, doch sobald ich den Fluss wieder überquerte, um zur Höhle zurückzukehren, war mir, als ob ich eine ganze Mahlzeit genossen hätte.

Während dieser Zeit, kurz nach seinem Erscheinen, schlief ich sogar neben Baba in der Höhle. Wir teilten eine Decke, und er pflegte mich einzuschläfern, so wie dies eine Mutter tut, die um ihr Kind besorgt ist.

Immer wenn Baba in der Höhle meditierte, schien ein leuchtend hel-ler Strahl vom Tempel herunter und fiel auf den Herrn. Manchmal sah ich auch solche Lichtstrahlen aus seinen Augen hervorschießen und auf den Shiva lingam in der Höhle fallen. Diese Phänomene haben übrigens außer mir noch andere Menschen bemerkt, die noch heute im Dorf leben und die Wahrheit dieses Erlebnisses bestätigen können.

Im Dezember 1970, während der kalten Winternächte nahm Baba sein Bad für gewöhnlich gegen vier Uhr morgens und blieb eine Stunde lang im Wasser. Ich saß währenddessen in der Nähe am Flussrand und sah jedes Mal einen Strahl überirdischen Lichts auf dem Wasser.

Einmal begleitete ich Baba auf den Siddheswar Berg, der etwa viereinhalb Kilometer von Haidakhan entfernt ist. Wir verbrachten auch die Nacht dort oben. Baba ließ sich zum Meditieren nieder, und ich setzte mich ganz nahe zu ihm. Während er im Zustand tiefster Versenkung (samadhi) war, strahlte sein Körper ein wunderbar göttliches Licht aus, das in mir ein überwältigendes Gefühl gläubigen Erschauerns auslöste.

Als ich Baba zum ersten Mal in der Höhle gesehen hatte, war ich überrascht gewesen, dass er mich mit meinem Namen angeredet hatte. Ich fragte ihn einmal, woher er denn wüsste, wie ich heiße. Da hatte er geantwortet: ‚Dein Vater war ein mir ergebener Schüler, damals warst du noch nicht einmal geboren‘. Und er fuhr fort, mein Haus zu beschreiben, was wir auf unserem Feld anpflanzten, was für Bäume damals um unser Haus standen, als mein Vater noch am Leben war. Als ich meine Mutter darüber befragte, bestätigte sie mir alles bis in die kleinsten Einzelheiten, auch sie lebt heute noch und kann dies alles bezeugen.

1973 wurde die offene Halle neben dem Tempel gebaut, und man hatte mich beauftragt, die Organisation der Bauarbeiten zu leiten. Einmal ging ich von zu Hause, so um die Mittagszeit weg, als meine Frau kurz danach so starke Unterleibsschmerzen bekam, dass sie glaubte, sie würde nicht überleben. Sie schickte deshalb meinen Sohn, um mich wieder zurückholen zu lassen. Kaum aber war der Junge aus dem Hause gegangen, als er Baba kommen sah. Er ging ins Zimmer, fühlte meiner Frau den Puls und rieb sie dann mit vibuthi (heilige Asche aus der rituellen Feuerstelle) ein, wonach sie sich augenblicklich wieder gesund fühlte.

Als ich am Abend nach Hause kam, erzählte sie mir, was sich zugetragen hatte, doch konnte ich es ihr einfach nicht glauben; um genau die selbe Zeit war Baba bei mir im Tempel gewesen, und mein Haus ist gut drei Kilometer vom Ashram entfernt. Diese Begebenheit wurde sogar Anlass zu einer Streiterei zwischen uns.

Als ich am nächsten Tag frühzeitig zum Tempel ging und dem Herrn meine Ehrerbietung bot, fragte er mich gleich: ‚Geht es deiner Frau jetzt wieder gut? Warum hast du mit ihr gestritten? Ich bin wirklich bei dir zu Hause gewesen.' Da senkte ich den Kopf und schwieg beschämt.

„Meine Freunde", so beschließt Tschandramani seine Erzählung, „aufgrund seiner unendlichen Gnade wurde mir das große Glück zuteil, in diesem sterblichen Körper seit Beginn seines Wiederkommens bei ihm sein zu dürfen. Er hat mir seine grenzenlose Liebe geschenkt, und wenn ich noch einen Wunsch habe, so ist es der, nie mehr von ihm getrennt zu sein, und dass er mir seine Liebe und Güte durch alle Zeiten hindurch erhalten möge."

Diese Geschichte ist die erste überlieferte über den „neuen" Babaji.

In der Folgezeit, in der Tausende Menschen nach Haidakhan geströmt sind, wurden natürlich viele bewegende Erlebnisberichte geschrieben, denn die Begegnung mit Babaji hat die Menschen verändert, umgewälzt, tief bewegt, hat unauslöschliche Erinnerungen hinterlassen. Folgende mir bekannte Literatur zu diesem Thema sei hier aufgezählt:

- Gertraud Reichel, Babaji – von Herz zu Herz
- Gertraud Reichel, Babaji – Pforte zum Licht
- Gora Devi, Auf der Suche nach Wahrheit und Liebe
- Gora Devi, Das Abenteuer einer Transformation,
- Günter Fleisch, Erlebnisse aus einer anderen Welt
- Maria Gabriele Wosien, Ich bin Du – Babaji
- Maria Gabriele Wosien, Babaji – Botschaft vom Himalaya
- Radhe Shyam, Leben aus dem Sein, Buch über Babaji
- Shdema Goodman, Babaji, Am Quell der Wahrheit
- Unergründlich tief wie das Meer – 108 Begegnungen

alle im G. Reichel Verlag erschienen.

Außerdem:

- Christa Falk: „‚Komm ...' Begegnung mit Babaji", Ch.-Falk-Verlag.
- Renata Caddy, Segen von Babaji, Schirner Verlag

33 Haidakhan

Groß war die Enttäuschung, als wir erfuhren, dass Babaji gar nicht mehr auf dieser Welt war. Bereits 1984 war er in Haidakhan gestorben, oder, wie gesagt wurde, in den Mahasamadhi, auf Deutsch Nirwana, eingegangen. Wir waren zu spät gekommen. Doch nicht ganz. Uns wurde gesagt, Babaji hätte kurz vor seinem Abschied versprochen, wiederzukommen, und zwar nach einer Zeit von Chaos und Zerstörung, die er für unsere Welt vorausgesagt hatte. Diese Periode hat er „Mahakranti" genannt, die „große Umwälzung." Außerdem hat er für die Zeit seiner körperlichen Abwesenheit einen Vertreter eingesetzt, der seine ganze Kraft übertragen bekommen hatte und Babaji wirke jetzt durch ihn wie früher. Auch dieser Vertreter lebe in der Nähe von Haidakhan und führe sein Werk weiter. Dieser Vertreter war ein langjähriger Schüler und enger Vertrauter des Meisters und hieß Sri Muniraji. Also, wer bei Sri Muniraji ist, der ist bei Babaji, ohne spirituellen Unterschied. Beim Gemüse schnippeln auf der Schweibenalp erzählte uns das eine Frau, die oft bei Babaji gewesen war und auch jetzt noch einmal jährlich dorthin reiste, um ihren Dienst zu tun. Natürlich war es nun anders, aber sie liebte Sri Muniraji genauso und sah in ihm den leibhaftigen Babaji. Wir sollten auf alle Fälle dorthin fahren!

Wie das gehen sollte, dass ein Mensch, wenn er wirklich ein Mensch war, alle spirituellen Gaben auf einen anderen Menschen übertragen konnte, das war erst einmal schwer verständlich, es sei denn, er war nur äußerlich gesehen ein Mensch. In Wahrheit war wohl Babaji wirklich das Mysterium, von dem viele Schriften und Hunderte von Menschen berichten, die ihm begegnet sind, und auch, was ich selbst in meinem Innersten spürte. Und was ich Jahre später als eine meiner größten spirituellen Erfahrungen erleben durfte.

Wir waren nun nicht mehr aufzuhalten. Wir schrieben, wie es der Brauch war, einen Brief nach Haidakhan, einige Wochen später kam die freundliche Antwort, wir könnten kommen. Inzwischen waren wir einer mehr geworden, denn kurz vor Neujahr kam unser Silvesterkracher Benjamin auf die Welt. Der sollte mit seinen 13 Monaten mitkommen. Für seine beiden Brüder engagierten wir eine Freundin, die den Haushalt weiterführte, denn die Kinder mussten ja zur Schule.

Anfang Februar flogen wir ab und meldeten uns im Laden bei Sri Muniraji in der kleinen Stadt Haldwani am Fuße des Himalayas. Es begrüßte uns ein indischer Gentleman mittleren Alters, mit wachem Blick, dunkler Hautfarbe und entspannten, freundlichen Gesichtszügen, seine leicht angegrauten Haare waren nach hinten gekämmt. Er lud uns ein, vor seinem Laden Platz zu nehmen, und zugleich brachte ein Junge ein paar Tassen Chai vorbei. Sri Muniraji interessierte sich für unsere anstrengende Reise mit einem Baby, und er erzählte von der Kumbha Mela, dem größten Fest der Welt, das vor Kurzem in Allahabad am Zusammenfluss von Ganges und Yamuna stattgefunden hatte, mit 30 Millionen Hindus. Ich versuchte vergeblich mir 30 Millionen Menschen an einem Flussufer vorzustellen. Genauso wenig gelang es mir, vorzustellen, dass unser Gastgeber ein großer Heiliger sein sollte, der Vertreter des großen Meisters Babaji, versehen mit allen Gaben dieser Christusgestalt, möglicherweise selber einer der großen Heiligen dieser Erde. Ich sah keinen Heiligenschein, keinen blumengeschmückten Thron, keine herrschaftlichen Gewänder, wie man es von Erscheinungen seines Kalibers hätte erwarten können. Sri Muniraji zeigte sich uns als ein ganz normaler Geschäftsmann wie seine Nachbarn, schlicht und bescheiden, mit einer sympathischen Ausstrahlung und hier saßen wir zwanglos plaudernd beim Tee, als wäre das das Normalste von der Welt.

Sri Muniraji betrieb in Haldwani ein Fuhrunternehmen, und so organisierte er für uns eine Fahrt direkt nach Haidakhan zum Ashram auf einem seiner LKWs. Wir sollten uns um zwölf Uhr mittags am Abfahrtsplatz einfinden. Die Abfahrt lief typisch indisch ab. Wir waren pünktlich da, ebenso einige Mitfahrer, die schon auf der Pritsche Platz genommen hatten. Weitere kamen nach und nach dazu. Die meisten hatten große Gepäckstücke dabei, Ackerwerkzeuge, Säcke mit Reis und Dal, Fahrräder und Käfige mit Hühnern. Allmählich füllte sich die Ladefläche. Mit unserem weißen Baby aus Germany waren wir die große Attraktion. Die Infos wurden stichwortartig ausgetauscht, mit unseren paar Brocken Hindi kamen wir schnell an unsere Grenzen, denn hier wurde „Kumaon" gesprochen, eine Bergsprache, dem Hindi so ähnlich, wie Schwyzerdütsch dem Deutschen. Englisch war auf dieser Pritsche weniger bekannt. Inzwischen war es ohne Dach in der Sonne ganz schön warm geworden. Die Häuserfassaden in der Nachbarschaft kannten wir nach zwei Stunden auswendig, doch schließlich wurde der Diesel angeworfen und als auch wirklich das letzte Haus in diesem Viertel mit schwarzem Qualm eingehüllt war, fuhren wir tatsächlich los, mit voller Ladung, hinaus aus der Stadt, den Fluss entlang das Tal hinauf, vorbei an Shops, Hütten, Tempeln, Feldern und Ziegenherden, unterbrochen von vielen Stopps, wo Mitfahrer herunterhüpften und neue Gäste über die Bordwand kletterten. Einen längeren Aufenthalt gab es, als Stühle für eine Hochzeitsgesellschaft aufgeladen wurden. Diese sollten in einem Dorf weiter oberhalb abgeliefert werden. Da wurde es etwas enger. Später war der Fahrer verschwunden. Wir erfuhren, dass wir vor dem Haus seiner Familie standen. Also musste er schnell etwas zu Mittag essen. Dabei wurde unser Benjamin von ein paar Frauen im Dorf entdeckt, die ganz entzückt jauchzten über das dicke, weiße Baby aus Deutschland. Eine nahm ihn auf den Arm, wiegte ihn, gab ihn weiter an die nächste Frau und weiter, und bevor wir reagieren konnten, war auch er im Haus verschwunden und kam nicht wieder. Da wurden wir doch etwas nervös. Das merkten die anderen Fahrgäste, lachten und beruhigten uns, und wir taten so, als wäre alles ok. War es dann schließlich auch, denn mit dem Fahrer kam auch unser Benjamin wieder.

An der Haltestelle Damsite waren die meisten Fahrgäste abgestiegen und die Fahrt wurde abenteuerlich. Eine Straße gab es nicht mehr, nur noch eine Piste im Schotterbett des „Gautama Ganga", einem Nebenfluss des Ganges. Mehrmals musste der Fluss durchquert werden, der LKW schaukelte hin und her, wir hatten Mühe, uns und vor allem unser Kind festzuhalten. Zu beiden Seiten des Tales ragten steile Berge empor. Manchmal sahen wir ein paar Terrassen mit grünen Flecken, auch ein paar Kühe grasten auf den Abhängen, aber nach menschlicher Besiedlung sah das nicht aus, eher nach Steinwüste, Unfruchtbarkeit und Einsamkeit. Wo fuhren wir nur hin? Nach einigen weiteren Kilometern entdeckten wir einige hohe Tempeldächer am linken Ufer. Eine bärtige Gestalt in einem knallroten, bis an die Füße reichenden Gewand überquerte gerade den Fluss. Diese Auffälligkeiten ließen vermuten, dass wir dem Ziel näherkamen. Unser Truck verließ das Flussbett und hielt vor einer Ansammlung von Hütten am andern Ufer. Hier war die Endstation. Jetzt sahen wir über uns den Ashram, nie in dieser Gegend hätten wir eine dermaßen beeindruckende, eng an den Berg geschmiegte Ansammlung von Bauwerken vermutet. Eine imposante, weitläufige Anlage mit vielen, großen, rosafarbigen Gebäuden, terrassenförmig auf einen steinigen Abhang gebaut, zwischen dem breiten Flussbett und dem dschungelartigen Unterholz – in the middle of nowhere. Das schien so unwirklich, genauso hätte hier ein Ufo stehen können. Ebenso fiel der mächtige Bodhibaum auf, unter dem Babaji ein kleines Zimmerchen bewohnt hatte. Und natürlich gab es im Zentrum einen Tempel, der durch sein steiles Kuppeldach mit einem Om auf der Spitze auffiel.

Wir kannten Bilder von diesem Ort, aber das hier in echt zu sehen, war schon ein irres Gefühl. Natürlich kamen wir mit einer aufgeregten Vorfreude und einer geheimen Erwartungshaltung, aber wir spürten vom ersten Moment an, als wir den Fuß in das Gelände setzten, dass hier ein besonderer Platz war, egal, wohin wir kamen, lange, bevor wir seine Mitte, den Tempel und seinen Ursprung, die Höhle, betraten.

Da schien Platz zu sein für Hunderte von Menschen. Hier unten grünte und blühte es, es gab Bäume, einen künstlichen See und eine weiß gestrichene Treppe von hier nach oben, von der wir schon wussten, dass sie 108 Stufen zählte, so viel wie Shiva Namen hat. Vor den Hütten hockten einheimische Männer. Sie hatten außer dem Beobachten der soeben eingetroffenen Gäste nichts zu tun. Erst als unser Reisebegleiter lautstark in ihre Richtung rief, bewegten sich einige langsam, um beim Ausladen der Ladung zu helfen. Eine der Hütten war ein Chai-Shop. Von dort kam ein Europäer, nur mit einem grünen Lungi bekleidet, auf uns zu und begrüße uns.

„Hi, I am Ananda from Italy, welcome to Haidakhan. Come on, have some chai …"

Das war eine gute Idee, das taten wir auch, und schon waren wir angekommen.

Wir waren endlich dort angekommen, wohin wir seit fast zwei Jahren strebten. Dass wir nicht persönlich von Babaji empfangen wurden, spielte keine Rolle. Babajis Spuren sollten wir in der nächsten Zeit überall spüren, durch seine Schüler, die vielen Bilder, sein Werk und die Zeichen, die wir immer wieder direkt oder in der Meditation gezeigt bekamen.

Der Weg ins Himmelreich war mit Kind und dem ganzen Gepäck über 108 steile Stufen ganz schön anstrengend, und in den kommenden vier Wochen sollten wir diese Treppe über einhundert Mal besteigen, täglich mindestens zweimal rauf und zweimal runter, so wurde sie uns sehr vertraut. Oben durchschritten wir mehrere bunt bemalte Torbögen, dann standen wir vor dem blitzsauberen Tempel mit dem hohen Dach, den wir von Abbildungen schon kannten. Hier also war Babaji zu Hause! Das äußerliche Ziel war erst einmal erreicht, es war ein erhebender Augenblick.

Ganga aus Italien hatte Dienst in der Anmeldung. Sie knuddelte gleich unser Baby und gab uns ein eigenes Zimmer, als Familie mit Kind hatten wir einen Sonderstatus. Sonst wurden Männlein und Weiblein getrennt in Mehrbettzimmern untergebracht. Auch beim Karma Yoga wurden wir teilweise freigestellt, außerdem war Windelwaschen ja auch Karma Yoga. Die Besucherzahl war im Februar noch überschaubar, außer dem Shivafest „Shivaratri" standen keine großen Veranstaltungen bevor, dann allerdings platzte der Ashram aus allen Nähten. So bekamen wir Gelegenheit, die Menschen besser kennenzulernen. Deutsche und Italiener waren in der Mehrheit. Gaura Devi, eine ehemalige 68er-Revoluzzerin aus Italien hatte die Leitung inne. Kharku aus USA war der Sekretär von Sri Muniraji. Der Tempel war fest in indischer Hand, unterstützt von Raguvir aus Holland und einigen temperamentvollen Italienerinnen. Sabine aus Hannover betrieb zusammen mit Kharku den Laden, in dem es tolle bunte Saris und Lungis gab, in einer guten Qualität, die man in Indien selten fand. Ebenfalls aus Hannover kam Johannes, ein Arzt, Ursula und Thomas aus Köln hatten wie wir ein einjähriges Kind dabei. Eines Tages saß Michael aus Münster beim Aarti. Ihn kannten wir schon von der Schweibenalp. Er hatte ein Liederbuch geschrieben, dass heute noch für alle Singkreise Grundlage des Bajansingens ist. Nach dem Fall der Grenzen im Osten reisten Jaroslav aus Prag, die ersten Russen und eine Gruppe Polinnen als erstes nach Haidakhan.

Auch sie hatten die „Autobiografie eines Yogi" gelesen.

Ein Ashram ist kein normaler Ort, das wird am Tagesablauf deutlich, der sich bei uns allerdings mit unserem einjährigen Baby etwas anders gestaltete, als normal. Das bedeutete in erster Linie stillen, wickeln, Windeln waschen, Kind bei Laune halten, mehrmals am Tag die 108 Treppenstufen rauf und runter tragen. Dazwischen nahmen Andrea und ich natürlich auch abwechselnd am Ashramprogramm teil. Das fing an in völliger Finsternis: Um vier Uhr regte sich das Leben auf dem Gelände. Babaji pflegte dann ein Bad im Fluss zu nehmen, in Begleitung seiner Schüler. Dieses Ritual wurde ohne ihn natürlich beibehalten, wenn auch nicht mehr von jedem. Für uns eine völlig neue Lebenserfahrung. Man stelle sich vor, zunächst einmal um diese Uhrzeit aus dem Bett zu kommen, dann im Dunkeln die

108 Stufen zum Fluss hinabzusteigen. Es war immerhin frischer Februar. Im höheren Himalaya lag überall Schnee. Hinter dem Chai-Shop war der Gautama zu einem kleinen See angestaut. Wasser- und Lufttemperatur lagen im niedrigen zweistelligen Bereich. Aber hier in Haidakhan lernt man, von geliebten Gewohnheiten wie lange zu schlafen und danach gleich zu frühstücken Abschied zu nehmen. Und so schafften auch wir, nicht nur, uns zu überwinden, in das kalte Wasser zu tauchen, sondern auch noch, allmählich Freude bei so einem Tagesanfang zu empfinden, dem ersten Erfolgserlebnis. Natürlich macht es Sinn, den Tag früh zu beginnen. Ruhezeiten gab es in der Mittagshitze. Um fünf Uhr versammelte man sich zum Chandan vor Babajis Zimmerchen. Einer nach dem anderen erhielt von dem indischen Pujari eine Bemalung aus einer Kampferpaste auf die Stirn, mit drei Fingern zog er drei waagrechte gelbe Striche, auf das dritte Auge kam ein roter Punkt, auf den noch ein paar Reiskörner geklebt wurden, alles mit einer Hand. Zusammen mit der entsprechenden Kleidung wie Sari, Kurta und Lungi sah das richtig stimmig aus und wurde mit Würde getragen. Der nächste Höhepunkt war dann das Feuer im Dhuni, für mich seit der Schweibenalp eine der schönsten Momente, in völliger Ruhe zu sitzen, das Mantra zu wiederholen, natürlich auch abzuschweifen, hin und wieder einzunicken, in die Flammen zu schauen, das Holz knacken zu hören und die Ankunft des neuen Tages mit seinen Geräuschen, Düften und immer neuen Farben zu beobachten. Zum Schluss spricht der Pujari noch ein paar Sanskritverse, ein paar Lieder werden gesungen, dann löst man sich wieder auf. Inzwischen ist es halb sieben, Frühstück, außer einer köstlichen Tasse Chai, gibt es noch immer nicht, braucht auch keiner, denn die geistige Nahrung ist nahrhaft genug. Um sieben Uhr folgt das Aarti: Während der Pujari, die Puja, also die Shivazeremonie mit Feuer, Wasser, Luft und Räucherstäbchen ausführt, machen jede Menge Glocken, Muscheln und Trommeln wie bereits beschrieben einen ohrenbetäubenden Lärm, dann plötzlich ist wieder Stille. Jetzt

folgt das Konzert. Bestimmte Sanskrit- und Hinditexte, bei dem jeder mitspielen und –singen kann, werden, geführt vom Harmonium, begleitet von Trommeln, Tabla, Zimbeln, Percussion, Gitarre, Flöten, was gerade da ist. Je mehr Sänger und Musiker mitmachen, umso stimmungsvoller und hörenswerter ist das Aarti. Oft waren wir über 50 Leute, beim Abendaarti um 19 Uhr kam die Landbevölkerung dazu, dazu wurde besonders andächtig aus voller Kehle gesungen und die einheimischen Trommler wollten es den italienischen so richtig zeigen.

Der Tag lief also ziemlich geregelt und ausgefüllt ab, denn zum Karma Yoga war man auch noch angehalten. Wir halfen mal in der Küche mit, und um das neu gebaute Krankenhaus legten wir einen Garten an, das ging aber nur bis halb elf Uhr, dann wurde die Februarsonne zu heiß. Langeweile gab es nicht. Schön waren die Badezeiten am Fluss am Nachmittag, die Ausflüge in die Umgebung, einmal stieg ich mit einem Führer auf den Hausberg, den Mt. Kailash, dem kleinen Bruder des über 6000 Meter hohen Mt. Kailash in Tibet, eine ganze anstrengende Tageswanderung bei großer Hitze. Natürlich steht auf dem Gipfel auch ein Tempel. Dort war Babaji, wie beschrieben, 45 Tage, ohne einmal aufzustehen, in tiefer Meditation gesessen. Heute lebt dort ein Pujari, der für jeden Besucher gerne eine Puja ausführt und sich über Mitbringsel freut.

Besondere Momente gab es, wenn Sri Shastriji und Sri Muniraji in den Ashram kamen, am Wochenende oder zu einem der zahlreichen Hindufeste wie Shivaratri, dem Fest für Shiva im Februar, im April war Holi, das Frühlingsfest, bei dem sich alle Leute mit Farbe bewerfen. Sri Shastriji war eine stattliche Gestalt, mit einem prächtigen weißen Schnurrbart und seinem würdevollen Äußeren der Prototyp eines indischen Gelehrten. Er war ein ayurvedischer Arzt und hatte viele bedeutende Bücher geschrieben. Es war eine Freude, ihm zuzuhören.

Shastriji war es, der 1970 den jungen Babaji überzeugend als Wiedergeburt des alten Haidakhan Baba identifiziert hat. Das sprach sich schnell herum und bald kamen viele Inder, aber auch die ersten „Neugierigen" aus dem Westen. Besonders junge Frauen wurden von dem hübschen jungen Mann stark angezogen, auch sexuell. Aber es stellte sich bald heraus, dass Babaji hundertfach mehr zu bieten hatte, als körperliche Attraktivität. Nach 1970 wurde es eng in Haidakhan. Für alle Besucher, die länger bleiben wollten, mussten Plätze geschaffen werden. Babaji wurde Baumeister. Er dirigierte den Bau von Unterkunftshäusern, das Verlegen von Strom-, Licht-, Wasser- und Abwasserleitungen und Kanälen, Terrassen und Gärten wurden angelegt und bepflanzt. Die Einheimischen bekamen Arbeit, Babaji sorgte dafür, dass sie ordentlich bezahlt wurden. Seine Besucher trieb er zu Höchstleistungen an. Jeder, der mitwirkte, machte eine Metamorphose durch. Jedem Besucher hielt Babaji einen Spiegel vor, wer das verstand, erkannte sich selbst. Nicht jeder konnte bleiben, so lange er wollte. Manche schickte er zu einem anderen Ort, der ihrer spirituellen Heimat besser entsprach. Freaks auf Guru-Shopping-Tour mussten das Gelände bald verlassen, andere wurden auf wundersame Weise hierhergezogen – viele erlebten ähnliche Geschichten wie ich, als ich zu Sai Baba gezogen wurde, und natürlich auch hierher.

Da ich Babaji in Haidakhan nicht persönlich erlebt habe, kann ich leider außer den paar Anekdoten hier in diesem Buch keine eigenen Geschichten von ihm erzählen und empfehle noch einmal, die erwähnten Bücher der anderen zu lesen, falls du dich dafür interessierst. Dann erhältst du erst eine Vorstellung davon, mit wem wir es hier zu tun haben.

Nach den ersten vier Wochen an diesem herrlichen Ort Haidakhan fuhren wir mit dem Bus nach Chilianaula bei Ranikhet, um Sri Munirajis Ashram zu besuchen. Dieser liegt höher in den Bergen, auf 2000 Meter Höhe. Von hier hat man einen atemberaubenden Blick auf einen der höchsten Berge Indiens, den Nanda Devi und Trisul, den Dreizack, an der Grenze zu Tibet, beide knapp 8000 Meter hoch. Hier war Sri Muniraji, der Vertreter Babajis während der kommenden 14 Tage ständig anwesend. Muniraji heißt „der Schweigsame", und so war er auch, aber wir genossen seine Nähe. Sri Muniraji kümmerte sich hier um das Krankenhaus, das auf dem Gelände neu gebaut wurde, er führte Zeremonien durch und war immer ansprechbar für die Gäste im Ashram. Er segnete unsere Kinder und kümmerte sich um die Heilung unseres Benjamins, nachdem er sich irgendwelche Amöben eingefangen hatte.

So verbrachten wir insgesamt sechs Wochen in dieser ungewöhnlichen Umgebung, die Zeit war reich an Erfahrungen und nachhaltigen Erlebnissen. Es gibt viele Berichte von schier unglaublichen spirituellen Erlebnissen mit Babaji, die in den vorher erwähnten Büchern festgehalten sind. Babaji hat seine Begleiter manchmal verschwenderisch, manchmal sehr sparsam daran teilhaben lassen. Das hörte auch nach seinem Mahasamadhi, dem Übergang in die andere Welt nicht auf, wie ich aus eigener Erfahrung wusste. Insgeheim hatte ich gehofft, dass ich auf dieser Reise weitere solcher „Geschichten" erleben würde. Ich musste einige Zeit warten, aber ich hatte schließlich Glück mit ein paar subtilen, sehr liebevollen Botschaften, die ich gerne für mich behalte. Dabei erfuhr ich nicht, ob Babaji oder Muniraji dahintersteckten, das war mir auch egal.

Aber hier sei noch ein Erlebnis erzählt, das uns alle drei betraf, eine Geschichte, die ich nach all den vielen „übersinnlichen" Begebenheiten nicht unter „Zufall" einordnen kann:

Auf der Rückfahrt im „de luxe Night Bus" bekamen wir die Plätze neben dem Fahrer in der ersten Reihe. Es war dunkel, unser Benjamin war gleich eingeschlafen. Es dauerte nicht lange, und es zeigte sich, was die Auszeichnung „de luxe" bedeutete: Zur Beglückung des Publikums wurde ein indischer Film aufgelegt, der Monitor hing hinter dem Fahrer, die Lautsprecher direkt über unseren Köpfen, wobei das Wort „Laut" ziemlich untertrieben war. Bis zum Anschlag wurden wir von dramatischen Dialogen und quietschenden Bollywood-Schnulzen beschallt. Am Anfang war das noch ein bisschen lustig, aber nachdem unser Baby das gar nicht lustig fand und zum Schreien anfing, versuchten wir, den Fahrer dazu zu bewegen, die Kiste ein wenig leiser zu drehen. Das gelang nicht, die letzte Reihe hatte ja auch „de luxe" gebucht und er wippte weiter im Takt der Musik. So mussten wir drei den Film ertragen und stopften dem Kind Taschentücher in die Ohren. Es war der Horror, wir litten weiter, baten aber in höchster Not Babaji um Beistand, so ein Problem sollte er doch lösen können. Der Film ging weiter mit ein paar harmlosen Liebesszenen, dann gab es Streit mit einem Nebenbuhler, dann knackte der Lautsprecher, er knarzte und stotterte, litt noch eine Weile und plötzlich gab die ganze Vorstellung ihren Geist auf und der Spuk war zu Ende.

Wir grinsten, dankten und kamen gut zu Hause an.

In Deutschland ging das bewährte Leben weiter, aber es war wie nach jeder solchen Reise nicht mehr dasselbe. Jede Reise erweitert den Horizont. Aber es war wohl so, dass die Leitsätze Babajis in unseren Tagesablauf einflossen. Babaji hat einmal gesagt, dass die Aufgabe unserer Zeitepoche „Karma Yoga" wäre. Das heißt im weitesten Sinne Arbeit, Arbeit im Bewusstsein der Schöpfung: Dienst an der Schöpfung, für das Leben, für die Mitmenschen, für den Planeten. Der Begriff des „Karma Yoga" spielte in unserem Alltag mehr und mehr eine führende Rolle. Arbeiten konnten wir schon. Eine Familie mit drei Kindern zu unterhalten bedarf einiger Anstrengungen. Das hieß für uns in erster Linie zunächst, für die Familie zu sorgen, unseren Lebensunterhalt zu sichern, unser Geschäft aufzubauen.

Dann haben wir auch noch ein großes Haus gekauft. „Karma Yoga" nahmen wir wörtlich und als Auftrag. Das gab uns die Energie, die anfallenden Arbeiten zu meistern. Geschuftet haben wir auch wie die Verrückten, oft bis in die Nacht, ohne Wochenende und Urlaub. Es funktionierte. Das Geschäft kam auf solide Füße, das Haus, welches wir preiswert als leeres Gemäuer komplett ohne Infrastruktur erstanden hatten, wurde mit viel Eigenleistung und teuren Handwerkern ein Schmuckstück, aus einer Wildnis drum herum entstand ein blühender

Garten, unser Paradies. Die Kinder entwickelten sich prächtig und gingen mit einer guten Ausbildung ins Leben hinaus.

Aber braucht man für das alles einen Guru? Muss man nach Indien fahren, damit man das „richtige" Arbeiten lernt, oder die „richtige" Einstellung zum Leben? – Mitnichten!

Braucht man einen Guru, um zu erkennen, was richtig und was falsch ist? – Natürlich nicht!

Ist das Leben erst lebenswert, wenn man einen Guru kennengelernt hat? – Aber nein!

Die Erde dreht sich auch ohne Guru weiter.

Aber er hat uns auch nicht geschadet. Das Wissen um einen Guru gibt dem Leben Halt, stabilisiert alles. Existenzängste sind nicht mehr notwendig, denn ich weiß, es wird alles gut! Ich habe einen großen Bruder, auf den immer Verlass ist. Der kann sogar Wünsche erfüllen, man muss halt konkret darum bitten! Ich spreche für mich selber, aber ich bin sicher, dass es sich dabei um ein universelles Gesetz handelt. Was man aus seiner Erfahrung macht, bleibt jedem überlassen. Meine Erfahrungen habe ich hier niedergeschrieben, die wollten raus aus dem Kopf, vielleicht auch deshalb, um denen, die Probleme mit dem Leben haben, eine Perspektive zu zeigen. Dabei ist es völlig egal, welche Instanz, oder Person oder Gottheit du ansprichst, ob sie Babaji, Ammaji, Jesus, Buddha oder Allah heißt. Tatsache aber ist die Existenz einer solchen Instanz und das soll erst einmal in deinen Kopf hinein. Neulich sah ich den Film „Good Luck Finding Yourself" mit Rainer Langhans, dem Mitbegründer der Kommune 1 in Berlin. Diese Kommune, eine der ersten in Deutschland, zumindest die bekannteste, stand unter anderem für die Befreiung aller Fesseln und Gewohnheiten und der Ablehnung des Establishments und damit aller Autoritäten und Instanzen. Genau die gleiche Geisteshaltung hatte ich damals mit der 68er-Bewegung übernommen. Der Film begleitete seine Reise mit drei Freundinnen durch Indien, auch zu einem Guru. Auch Rainer Langhans hatte eine Metamorphose hinter sich. In diesem

Film sagte er wörtlich, mit Blick zu seinem Meister: „Es gibt eben doch eine Instanz!" Ich bin also nicht der Einzige, der das erkannt hat.

Alles andere ergibt sich von selbst. Beginne den Kontakt! Und wenn es nur der Satz ist „Wenn es dich gibt, lieber Gott, dann beweise es mir gefälligst!" Oder setze dich ans Lagerfeuer und schaue den Flammen zu, oder den Wellen am Meer. Oder mache einen Vollmondspaziergang. Beginne den Kontakt und achte auf die Zeichen! Du wirst dich wundern, was alles passiert, wenn du diesen Kontakt beginnst. Aber du musst es tun und wollen.

Inzwischen, nach so vielen Jahren des Zusammenlebens mit diesem „Phänomen" weiß ich, dass ich selber dieser Jesus, dieser Shiva Shankara bin, also nicht der Ganze, aber immerhin eine kleine Ecke davon, genau gesagt, ein Siebenmilliardstel vom Ganzen, Tiere, Pflanzen und Sandkörner nicht mitgerechnet. Was mich betrifft, 172 Zentimeter groß, 68 Kilogramm schwer, ein paar Jahrzehnte alt, aber ein Teil davon und auf ewig untrennbar verbunden, komme, was wolle, ob ich will oder nicht. Genauso wie du, lieber Freund und deine Freunde und Nichtfreunde und Verwandten und Bekannten.

Nun, ich habe nicht mehr den Ehrgeiz, dem Chef persönlich gegenüberzustehen, oder mit dem Geist des Wassers ein Pläuschchen zu halten. Ein paar Mal waren diese Begegnungen ganz unterhaltsam und spannend, aber die Intensität dieser Erlebnisse kann kein Mensch auf Dauer verkraften.

Ich bin glücklich, dass mir immer noch Kontakte beschert sind, wie beschrieben, Gespräche oder auch mehr, wie im folgenden Kapitel, selten von mir herausgefordert, sie ergeben sich einfach überraschend zu den passenden Zeitpunkten.

Wir Menschen brauchen die Gewissheit, dass wir nicht alleine sind, wie ein Baby, das seine Mutter braucht. Diese Notwendigkeit hört nie auf. Auch nicht, wenn wir erwachsen sind, eine Firma leiten oder ein Land regieren. Wir brauchen Partner, Freunde, Gemeinschaften, Netzwerke. Aber das reicht nur bedingt, um einen Sinn in dem ganzen Menschheitsdrama zu entdecken. Besser geht es, wenn wir spüren, dass wir anerkannt oder sogar geliebt werden. Klarer wird die Sache, wenn wir bewusst sind, dass es da noch mehr gibt, als das, was wir sehen und anfassen können.

Es ist in uns angelegt, die Sinnfrage zu stellen und natürlich, die Antwort danach zu suchen. Spätestens im Moment unseres Ablebens wird uns diese Frage beantwortet. Doch wir wollen das alles schon früher wissen und fangen damit früher oder später an, mehr oder weniger erfolgreich. Ich wage zu behaupten, dass der Lebensweg jedes Menschen nichts anderes ist, als die Suche nach sich selbst, das heißt, die Suche nach seinem Ursprung, nach dem Rest der kleinen Ecke, die wir selber sind!

Darum sind die Momente, in denen wir zur Ruhe kommen, in der Meditation, in der Kirche, bei Sonnenuntergang, einem Waldspaziergang, auf einem Berggipfel, am Meer, im Garten, bei den Bienen, unter dem Sternenhimmel und natürlich im Zauberlicht des Vollmonds so unendlich wertvoll. Dann erkennen wir die Winzigkeit unserer kleinen Ecke und sehen, was wirklich groß ist. Viel Glück!

34 Guru Darshan

Darshan ist ein Sanskritwort und bedeutet „sehen" oder „Vision", im Göttlichen sein, oder das Göttliche sehen und erkennen, das kann man bei Wikipedia nachschauen.

In den Literaturangaben weiter oben finden sich viele Erlebnisberichte, wie sie das „Göttliche Sehen" erlebt haben.

Als Babaji gerade in der Öffentlichkeit aufgetaucht war, gab es natürlich viele Zweifler, nicht nur unter den Anhängern des „alten" Haidakhan Baba, die wohl eher einen alten Weisen als einen Jugendlichen als Inkarnation erwartet hatten. Auch die Übernahme des vorhandenen Tempels in Haidakhan war keinesfalls selbstverständlich, es gab zunächst einigen Widerstand. Sogar die Regierung schickte einen Beamten, der den Betrug des jungen Mannes, der sich anmaßte, Babaji zu sein, entlarven sollte. Diesen Beamten, er hieß Jaimal, habe ich bei meinem ersten Besuch in Haidakhan noch kennengelernt. Babaji gewährte ihm sein Darshan indem er sich unmissverständlich zu erkennen gab. In einem Sekundenbruchteil war Jaimal für immer bekehrt, er kündigte daraufhin seinen Job bei der Regierung und blieb bei Babaji im Ashram, wo er dann für Leitungsbau und Bewässerungssysteme zuständig war. Eine große Zahl anderer Menschen erlebte eine ähnliche Erfahrung.

Einer von den vielen indischen Feiertagen ist das „Holi", das das Ende des Winters und den Beginn der heißen Jahreszeit im Monat März markiert. Wehe dem, der sich an diesem Tag im Freien aufhält: Garantiert wird man da mit einem Eimer Farbe getauft, ein im Wasser gelöstes, vermutlich hochgiftiges intensives Farbpulver. Am Ende läuft die ganze Stadt mit triefend nassen, farbigen Klamotten herum. Fremde sind eine besonders begehrte Zielscheibe, jeder Treffer wird mit Jubel begleitet. Zusätzlich wird sich auch gerne betrunken, es ist der Tag, ähnlich unserem Fasching, an dem der Inder die Sau rauslässt.

Auch im Ashram in Haidakhan wird Holi gefeiert, wie alle indischen Feiertage ist es ein religiöses Fest. Für uns drei war es die Abschiedsfeier am letzten Tag unseres Aufenthaltes.

Gegen Mittag kam Sri Muniraji zu Besuch. Kaum war sein Wagen aus Haldwani eingetroffen, war der halbe Ashram zusammengelaufen, um ihn zu begrüßen. Sri Muniraji kam die 108 Stufen hochgestiegen, von einigen Schülern begleitet. Meist war er von einem festen Kern von Vertrauten umgeben, Kharku, Raguvir, Gaura Devi, Ganga, einigen weiteren Italienern und Indern, sie alle folgten ihm, während wir anderen Spalier standen, einige verbeugten sich oder knieten sich vor ihm nieder. Sri Muniraji lächelte, grüßte zurück, er und sein Gefolge zogen an uns vorbei, zum Tempel und weiter zu seiner Wohnung. Zu diesem Zeitpunkt wurden noch keine Farbeimer geworfen, später dann mit Begeisterung.

Das Bemerkenswerte an diesem Ereignis war für mich, dass sich die allergleiche Szene wiederholt hat, die in einem Traum begann, viele Jahre später, zu Hause in Deutschland, aber diesmal mit einer ganz anderen Bedeutung:

Ich sah Sri Muniraji die Treppen hochsteigen, die erwähnten Personen folgten ihm, wir anderen standen zur Begrüßung am Weg. Die kleine Gesellschaft kam näher, Sri Muniraji voran, genau wie damals, er durchschritt das Spalier, dann war er auf meiner Höhe.

Plötzlich stoppte er direkt vor mir, drehte sich in meine Richtung und blickte mir in die Augen. Ich in seine. In diesem Moment ergoss sich in hellem Licht ein unbeschreiblicher Strom von Liebe über mich. Dieser Liebesstrom kam aus seinem Innersten über die Augen und traf mich wie ein Blitz genau ins Herz. Jetzt öffnete sich sein Herz, das war, als hätte sich ein gleißend heller Raum geöffnet und sein Licht über mich geschüttet. Im selben Augenblick erkannte ich ihn und wusste, wer er ist. Unmissverständlich, alle Zweifel über den Haufen werfend.

Ohne weiteren Kommentar setzte er seinen Weg fort, die anderen folgten ihm und schon war die Szene vorüber.

Überwältigt blieb ich zurück. Ich hatte einen lupenreinen Guru Darshan erlebt!

35 Auf der Erde

Um 19 Uhr mache ich Feierabend, von der Steuerabrechnung für das letzte Quartal hab ich erst mal genug. Ich brauche frische Luft. Ich ziehe mich warm an und gehe raus in die Winternacht.

Der schmale Halbmond hinter den Wolken bringt den Schnee auf den Wiesen an der Eger und auf den Fichten am Waldrand ein wenig zum Leuchten. Ich stapfe durch den Schnee, das Flusstal entlang nach Wendenhammer. Ich spüre, dass ich begleitet werde.

„Schön, dass du da bist, da können wir uns ein wenig unterhalten", sage ich.

„Was gibt´s für Fragen?" Er kommt immer sehr direkt zum Thema.

„Zum Beispiel, was ich jetzt schreiben soll."

„Um was geht es denn?"

„Genau. Um was geht es?"

Darf ich an dieser Stelle meinen mysteriösen Begleiter vorstellen, der da so plötzlich in die Geschichte hereingeschneit kommt? Ich war eigentlich gar nicht so überrascht über sein Erscheinen. Wir kennen uns seit Jahrzehnten und unterhalten uns oft über wichtige Dinge des Lebens. Meistens nur kurz, er hat wohl viel zu tun und ist schnell wieder weg. Vielleicht liegt das auch an meiner Konzentrationsfähigkeit. Unsere Begegnungen sind sehr intensiv und erfordern höchste Konzentration, die ich leider nicht lange halten kann. Auch die Gespräche sind oft wie nach einem Traum schnell wieder vergessen. Es bleibt nur ein starkes Gefühl in der Seele und die Gewissheit seiner Existenz. Deswegen habe ich angefangen, ein bisschen aufzuschreiben, Stichwörter, ganze Sätze, Inhalte, sogar ein paar Geschichtchen sind schon entstanden und auf vielen Zetteln gesammelt. Aber auf Zetteln bringt das nichts. Wenn ich mal viel Zeit habe, fasse ich das Ganze zu einem Geschichtenbuch zusammen. (Diese

Anekdote hier stammt aus einer Zeit, in der ich wirklich nur Zettel gesammelt habe. Inzwischen ist es mir gelungen, daraus Geschichten und sogar eine ganze Geschichtenerzählung zu basteln, wie du siehst. Aber weiter ...)

Heute Abend habe ich Glück. Ich hatte Papier, Stift und ein LED-Lämpchen eingesteckt, das man hinters Ohr klemmen kann. Da hat man beide Hände frei und so kann ich Protokoll führen, bis mir die Finger abfrieren, es ist nämlich saukalt. Außerdem hat er schon immer gemeint, ich solle gleich Notizen machen, das wäre besser als später oder gar nicht. Heute hat sich das gelohnt.

Doch ich wollte meinen Begleiter vorstellen. Wer dieses Buch gelesen hat, kann sich schon denken, wer das ist. Er hat schon in einigen Geschichten die Hauptrolle gespielt. Bis heute kenne ich seinen Namen nicht, obwohl ich ihn schon oft danach gefragt habe. Vielleicht hat er keinen, vielleicht will er sich nicht verraten, vielleicht soll ich selbst drauf kommen, oder ihm einfach einen Namen geben. Mit ihm habe ich ein wunderschönes Leben verbracht und ich denke, er hat schon manches Mal am Schicksalsrädchen gedreht, auf meine Bitte hin, aber auch ohne, dass ich was davon gemerkt habe. Als Kind hat man einen Schutzengel, sagt man. Ich gehe davon aus, dass auch mein Bekannter ein Engel ist.

Und nun nerve ich ihn wieder mit diesen Millionen Jahre alten Fragen „worum geht es eigentlich, warum bin ich hier, was tu ich hier, ich und wir alle, die ganze Menschheit." Ich sehe unseren kleinen blauen Planeten um die Sonne herumflitzen, Jahr für Jahr, rum und rum und rum, ohne Ende, immer wieder, immer wieder. Wir malochen, essen, trinken, vögeln, glotzen, jeden Tag, Tag für Tag.

„Irgendwie kommt mir das wie ein Gefängnis vor", sage ich, denn mit dieser Vision hatte ich mich seit einiger Zeit beschäftigt. Ich kann aus meiner Haut nicht raus und die Menschheit von diesem Planeten nicht weg. „Das ist doch wie im Gefängnis, oder?"

„Gut erkannt!"

Diese präzise, knappe Antwort bestätigte wohl, dass da was dran ist. Der Pfarrer in der Kirche spricht von einem „Jammertal" und der „Erlösung", die irgendwann kommen soll, die Hindus sehen im hiesigen Leben das Leiden, auf das im Jenseits das Nirwana folgt. Auch die Buddhisten sehnen sich nach „Befreiung". Also geht der Befreiung die Gefangenschaft voraus.

„Aber warum sind wir gefangen?", frage ich weiter.

„Zur Strafe."

„Was für eine Strafe?"

„Todesstrafe."

Todesstrafe. – Natürlich. Das Thema hatten wir schon einmal. Wenn man bedenkt, dass jedes Leben mit dem Tode endet – logisch. Du wirst geboren, und schon steht fest, dass du sterben musst. Offen ist nur das Datum. Du machst es dir hier ein bisschen gemütlich und plötzlich – zack – Todesstrafe. Ein Herzkasper, ein Krebs, ein Tsunami, ein Verrückter neben dir sprengt sich in die Luft … Du hast keine Chance zu entwischen. Der Tod kann doch nur eine Strafe sein, oder?

„--"

„Und für was, Herr Richter?"

Keine Antwort.

Keine Antwort bedeutet: „Weiß ich doch selber."

Ich schaute hoch zum Mond, der muss es ja auch wissen. Er war inzwischen ein gutes Stück höher gewandert, hatte sich von den Wolken befreit und strahlte für einen Halbmond beachtlich hell und klar. Der kurze Blick zum Mond hat mich abgelenkt.

Natürlich weiß ich das selber, und sah das ganze Beweismaterial im Kopf. Mein Begleiter hatte sich verdrückt. Ich war allein mit meinen Gedanken. Die Gedanken hatten die entspannte Stimmung zwischen uns vertrieben. Unsere Unterhaltungen können nur in einer absolut entspannten, harmonischen, gedankenfreien Atmosphäre stattfinden, und die war jetzt leider unterbrochen.

Es folgte ein Shitstorm der gar nicht lustigen Dinge, für die wir Menschen verantwortlich sind:

Bürgerkriege tobten in Afghanistan, Sri Lanka, Äthiopien, Libanon, Sudan, Liberia, Uganda, der zweite Golfkrieg wurde gerade angezettelt, Israel und Palästina beschossen sich andauernd gegenseitig, Jugoslawien stand kurz vor dem großen Abschlachten, das zehn Jahre andauerte, nicht einmal zwei Flugstunden von uns entfernt.

Ich kann mich noch gut an all die anderen Kriege in Korea, Vietnam, Nordirland, Irak, Israel und am Golf erinnern, gerade erleben wir die Kämpfe in der Ukraine und natürlich in Syrien.

Jeden Tag kracht es irgendwo, gibt es Tote, Verletzte, Vertreibungen, Traumatisierungen, Hass, Rache und Mordlust, neue Krisen werden angezettelt.

Das kann doch nicht im Sinne des menschlichen Plans sein! Die Menschheit hätte als führende Intelligenz das Potenzial, ein Paradies zu erschaffen, das man sich in den kühnsten Fantasien kaum vorstellen kann! Und was macht sie draus? Das sehen wir jeden Tag.

Vergleichen wir die Welt mit einem menschlichen Körper. Wir haben gelernt, dass ein Körper nur gesund sein kann, wenn alle Organe in Harmonie zusammenspielen. Die Kombination aus gesunder Ernährung, guter Luft, einer liebevollen Atmosphäre, ergibt einen gesunden Körper. Sind Körper und Geist gesund, freut sich der Mensch. Das Gleiche gilt doch auch genauso im Großen für die Erde. Was für ein strahlender Planet könnte unsere Mutter Erde sein, würden alle seine „Organe" schön zusammenarbeiten, mit dem Ziel, aus der Erde einen solchen strahlenden Planeten zu machen?

Eigenartigerweise funktioniert das Ganze irgendwie schon, aber für eine vernünftige Zukunft braucht man doch eine Vision! Schon für eine Partnerschaft zu zweit braucht man eine gemeinsame Vision, wenn sie halten soll! Wenn uns etwas an der Zukunft der Erde liegt, brauchen wir eine globale Vision. Die sehen wir nicht. Wie kann ich in meinem Paradies in Deutschland glücklich sein, wenn gleichzeitig eine Milliarde Menschen nicht genug zu essen haben? Man stelle sich das vor, Kinder kommen auf die Welt und werden nie satt! Das ist die Realität!

Das elementare Thema „Hunger abschaffen" als globale Aufgabe gibt es nicht. Kriege vermeiden erst recht nicht.

Ich werde jetzt nicht noch einmal die ganze Misere von Klima, Umwelt usw. aufzählen, damit könnte ich ein paar Kapitel vollkriegen, wir wissen alle, wie es aussieht.

Als wir vor vierzig Jahren über den Hippie-Trail nach Indien zogen, gab es auch schon Konflikte, Krisen und Kriege. Wir kamen zurück, in der Hoffnung, die Welt könne besser werden, wir waren euphorisch, ein neues Zeitalter der Liebe würde beginnen, es war eine tolle Aufbruchsstimmung in unserer Generation zu spüren, in der ganzen Welt. Der Hippie-Trail war eine Offenbarung, er war der Weg in die Zukunft, gespickt mit Schönheit und Magie, in berauschende Fremde und der Weg zu sich selbst, was für ein Glück!

Viele Jahre lang strömte die Jugend der Welt dorthin und wieder zurück, dann war es vorbei. Die Sowjetunion überfiel Afghanistan, die USA machten die Taliban stark, was die dort angerichtet haben, wissen wir. 40 Jahre später ist dort immer noch Krieg!

Nein. Die Welt ist ganz und gar nicht besser geworden! Und das liegt nicht an den Medien. Man sollte doch besser allmählich die Bremse anziehen. Wie wir sehen, sind die meisten überforderten Machthaber dazu nicht in der Lage.

Die Aussicht: Die Menschen sollen ruhig so weitermachen, dann ist es mit diesem Parasiten bald vorbei, Erde, Mond und Sonne lachen sich eins und alles fängt von vorne wieder an.

Oder?

36 Auf dem Mond

Alle diese beachtlichen Leistungen wurden vollbracht durch eine Spezies, den Homo sapiens, der sich rühmt, die Krone der Schöpfung zu sein, der von sich behauptet, den Höhepunkt der Erdgeschichte darzustellen, weil er eine herausragende Eigenschaft besitzt, durch die er jedem anderen Wesen, das je die Erdoberfläche bewohnt hat, weit überlegen ist: die Intelligenz!

Wie arrogant! Jeder Regenwurm macht das besser! Das ist nicht zum Lachen. Seit es Vegetation gibt, verwandeln Eisenia fetida und seine weltweiten Verwandten alles, was nicht mehr gebraucht wird, in wertvolle Gartenerde und schaffen damit die Grundlage für das blühende Paradies Erde. Tag für Tag produziert jeder Wurm seine Erdhäufchen selbstlos, selbstständig, nachhaltig, regelmäßig, ohne Diskussion, ohne Streit. (Ohne Intelligenz?) Hat schon jemand beobachtet, dass sich die Würmer dabei gegenseitig umbringen? Die intelligenten Menschen können es schaffen, innerhalb weniger Generationen, alles, inklusive sich selbst, auszurotten.

Ein weiteres Beispiel: Apis mellifera, die Bienen wurden erschaffen, damit sie die Blüten bestäuben, um das Weiterleben unzähliger Pflanzen zu sichern – oder wurden die Blüten erschaffen, damit die Bienen Pollen und Honig ernten können? Beide brauchen sich, ergänzen sich, sind voneinander abhängig und benehmen sich auch so, es ist ein perfektes Geben und Nehmen. Wie wir Menschen leben Bienen in Staatengemeinschaften, in hochkomplexen, intelligenten Systemen mit ca. 50000 Bewohnern, in denen die Aufgabenverteilung perfekt durchorganisiert ist. Jedes Wesen hat seine Aufgabe, je nach Alter und Entwicklungsstand den passenden Job. Jede Biene weiß zu jeder Zeit, was gerade zu tun ist, und viele hoch spezialisierte Tätigkeiten sind zu erledigen, vom Putzen, der Herstellung von Babyfutter, Königinspeise und Honig, Baumaterial, bis zu Dichtungsmitteln und Medikamenten. Sie ist Amme, Köchin,

Baustoffproduzentin, Baumeisterin, Sicherungsposten und Grenzsicherungssoldat, sie kümmert sich um die Versorgung der Kinder, der Königin und Drohnen, der Verarbeitung der Lebensmittel und schließlich fliegt sie unzählige Male in die Natur, taucht ein in die Blüten von Blumen und Bäumen, erlebt dort wahrscheinlich einen Rausch an Farben und Düften, erntet, verpackt und konserviert die Ernte, bringt alles kilometerweit sicher nach Hause zurück und teilt den Kolleginnen auch noch mit, wo, was, wie viel von den Schätzen zu finden ist, sie organisiert die Fortpflanzung und die Wohnungsbeschaffung. Das tut sie fürs ganze Volk, nie für ihre eigene Karriere oder um des Verdienstes willen. Dabei könnten die Bienen stolz sein auf eine lange Liste von Produkten, die sie selber herstellen, in einem Überfluss, dass sogar wir davon in großer Menge ernten können: Honig, Blütenpollen, Bienenbrot, Bienenwachs, Propolis, Gelée royale, Apilarnil, Bienengift, es gibt sogar noch andere. Ich glaube, es ist den Bienen fremd, auf ihre Leistungen stolz zu sein, sie machen es einfach und wissen, dass es so sein soll, doch das schmälert ihren Verdienst in keiner Weise.

Jedes Bienenvolk hat sein eigenes Überleben zum Ziel. Niemals will ein Volk ein anderes in der Leistung übertrumpfen, schneller und besser sein oder von irgendeiner Religion oder Ideologie überzeugen oder gar annektieren. Man beobachte diese Tiere in der Natur, manchmal tummeln sich fünf und mehr davon auf einer Blüte, auch zusammen mit Hummeln, Schmetterlingen, Wildbienen, es gibt keine Reiberei, keinen Kampf um den besten Platz, es ist ein wundervoller Anblick, wie sie sich arrangieren. Für mich sind die Bienen die Krone der Schöpfung. Wir Menschen haben noch einen weiten Weg vor uns.

Das System Biene funktioniert seit 100 Millionen Jahren. Damit haben sie einen gewaltigen Entwicklungsvorsprung vor dem Menschen.

Wir sollten daher die Hoffnung nicht aufgeben!

Jede Spezies braucht ihre Entwicklungszeit, die Welt wurde auch nicht in einem Tag erschaffen, sondern in sieben (Genesis).

Die Reifezeit des Homo sapiens hat ein paar Tage länger gedauert, aber eine Million Jahre für die Menschwerdung sind ja wirklich auch nicht viel, so gesehen haben wir uns ganz schön rasant entwickelt.

Doch in letzter Zeit sind diese Klagen gekommen.

Wäre ich der Schöpfer dieser Welt und hätte vor Myriaden von Jahrtausenden die ganzen Galaxien, Sonnen, Monde und besonders diese Kugel Erde geschaffen, ihr einen Hauch Geist eingeblasen und die Evolution angestupst, dann wären mir diese Klagen nicht egal, denn ein Gott strebt nach Perfektion. Ich würde dort einmal vorbeikommen, um mir das alles anzusehen. Es sind mehr als Klagen gekommen, Hilferufe, Beschimpfungen, verzweifelte Gebete, Panik, Schreie in Todesangst, ja sogar Zweifel an meiner Existenz. Das klang gar nicht gut. Da musste wohl etwas unternommen werden.

Ich würde auf den Mond fliegen, mich bequem im Lotos auf einen Mondstein setzen und den Anblick dieser kleinen wunderschönen blauen Kugel auf mich wirken lassen. Ich sähe die Perle zwischen all den anderen weit entfernten Himmelskörpern, mit ihren Meeren, Kontinenten, Landschaften, Wolken, Bergen und Seen, ich sähe den grandiosen Grand Canyon in Colorado, Jog Falls und die Palmenküsten von Goa, die Bergriesen des Himalayas, das Valle Gran Rey auf Gomera, die Calderas auf La Palma, die Calanques am Mittelmeer, die liebliche Fränkische Schweiz, die bewaldeten Berge und Bächlein des Fichtelgebirges, die unendliche Vielfalt der Tier- und Pflanzenwelt, die perfekte Harmonie aller Zusammenhänge in der Natur, das alles würde mich high machen, und ich würde mich in dieses Kleinod unsterblich verlieben und schwören bei Gott, dem Allmächtigen, dass ich es nie und nimmer zulassen werde, dass dieser wunderbare Schatz von irgendjemandem aufs Spiel gesetzt wird.

Gott hörte die Musik der Menschen, von Bach bis Pink Floyd, Klänge, die die Ohren verzaubern, und immer wieder fällt ihnen etwas Neues ein. Was haben die Menschen für schöne Bilder gemalt und Skulpturen geschaffen, unmöglich, auch nur die High-lights aufzuzählen. Fleißig und erfinderisch waren sie schon immer, zuerst das Rad, dann das Fernrohr und Mikroskop, den elektrischen Strom, Maschinen, U-Bahnen und Flugzeuge haben sie geschaffen und sogar hier auf dem Mond sind sie gelandet. Das war ein toller Moment! Gott schaute auf die Fußspuren der beiden Astronauten, die noch vollständig erhalten waren. Ein ulkiges vierrädriges Fahrzeug mit Solarantrieb hatten sie stehen gelassen, sogar der Schlüssel steckte noch. Er setzte sich hinein, gab Gas und umkurvte auf dem holprigen Mondboden einige Krater und fuhr mit großem Vergnügen Slalom um die Gesteinsbrocken. Einfach großartig, diese Menschen!

Diese Menschen, seine Erfindung, waren sein Meisterwerk, blitzgescheit, zu allem fähig und wunderschön anzuschauen. Besonders diese Hippiemädchen fand er sehr gelungen. Nein, eigentlich waren sie alle gleich schön und liebenswert. Jede einzelne dieser mittlerweile sieben Milliarden Personen hatte ihren eigenen Charakter, ihren eigenen Witz, ihre besonderen Fähigkeiten, ihre Art zu denken und zu fühlen, jedes Weiblein und Männlein war ein Original, er liebte jedes einzelne von ihnen, sein Kind, sein Ebenbild, ausgestattet mit einer sprühenden Fantasie, atemberaubenden Ideen und einer erstaunlichen Intelligenz.

Er empfand eine überschäumende Liebe für seine Menschlein, und sendete Wellen dieser reinsten Liebe in Richtung der Erde, die sogleich davon überflutet wurde wie von einem Ozean. Das machte ihm Spaß und er wiederholte das Gleiche noch einmal, noch intensiver, in alle Richtungen und das gesamte All bekam diese Liebe zu spüren, bis in der Ferne die Sterne blinkten und die Galaxien leuchteten.

Es war rührend, dass die Liebe, die er ihnen gab, manchmal auch zurückgekommen ist. Zu allen Zeiten, in allen Kulturen, bei den alten Ägyptern, den Indianern, wie auch in heutigen Urwaldstämmen haben die Menschen erkannt, dass sie nicht von alleine entstanden sind, sondern dass es einen Schöpfer gibt und einen Plan für das ganze Universum wie auch für jeden einzelnen Menschen. Die Menschen haben erkannt, dass sie nur ein Teilchen vom Ganzen sind und erahnt, wie unermesslich groß das wirklich Große sein muss. Und dass das unermesslich Große belebt ist und aus einer Liebe besteht, die so groß ist, wie das ganze Universum. Dann fingen sie an, sich Rituale auszudenken und Häuser zu bauen, um darin für ihren Schöpfer zu danken, beten und zu singen, dann wurden die Häuser immer größer und sie bauten gigantische Kathedralen mit beeindruckenden hohen Türmen und riesigen verzierten Kuppeln und wundervolle Tempelanlagen. Das hätte es in dem Ausmaß nicht gebraucht, aber die Menschen wollten das so, und jetzt haben wir halt überall in der Welt so schöne Bauwerke.

Nun aber schaute er sich die Beschwerden an, die in Kapitel 35 aufgelistet sind. Die waren ihm nicht unbekannt, sogar berechtigt, er kannte noch unendlich viel mehr. Die Ursache war auch bekannt. Die Voraussetzung für die grandiosen Leistungen der Menschen ist ihr Verstand. Und genau der ist auch die Ursache für alles Leid. Logisch. Das macht die Polarität. Mit dem Verstand hat der Mensch auch die Verantwortung für seine Taten geerbt. Also ist er selber für die Folgen verantwortlich. Er, der Gott hatte da nicht einzugreifen. So einfach war das, sorry. „Deveru sahaia" sagen die Inder, auf Deutsch „Gott hilft" oder „Gott regelt das schon". Das ist mittelalterlich, naiv. Gerade in Indien kriegt man kaum noch Luft, über dem Kontinent liegt eine Smogglocke, die die Sonne oft nicht mehr durchlässt. Sie machen die Kacke und Deveru wischt sie wieder weg. Nehi! Nein, so läuft das nicht.

Sich in die Angelegenheiten anderer einzumischen, war überhaupt nicht sein Ding. Er arbeitete gerade an der Lösung eines Problems, das ihn sehr beschäftigte: Tief im Raum tauchten neuerdings so gefräßige schwarze Löcher auf, die wie Monster alle Sterne und Galaxien in der Umgebung verschluckten, und kaum eine Spur hinterließen. Am Ende fraßen die das ganze

Universum auf! Da musste eine Lösung gefunden werden! Und jetzt kamen die Menschen auch noch mit ihren Schwierigkeiten. Er hatte ihnen doch klare Regeln gegeben, die er vor ein paar Jahren einem Herrn Mose diktiert hatte, es dürfte doch keine Probleme geben, wenn man sich daran hielt! Dann gab es neulich einen Aufruhr in Palästina, weshalb er seinen besten Schüler schicken musste, um aufzuräumen. Den haben sie gefoltert und wieder zurückgeschickt, die Mistkerle.

Er setzte sich wieder auf seinen Mondstein und schaute sich die Erde noch einmal genauer an.

Um Gottes Willen! Das sah ja wirklich übel aus. „Kaum hat man ihnen mal den Rücken zugekehrt, machen die Jungs Brösel aus der Erde, ein Mahakranti, wie es Babaji benannt hat", dachte er. „So geht das nicht. Da muss ich mir doch was einfallen lassen. Die schwarzen Löcher müssen halt noch ein bisschen warten!"

Gott stand auf, denn der Mond hatte sich zu einer schmalen Sichel verkleinert, auf der er keinen Platz mehr hatte. Er steckte sich die Mondsichel zum Schmuck ins Haar, dann überlegte er sich, wie er das anstellen würde, dass die Erde zur Vernunft kommt.

„Das kriegen wir schon hin!", sagte er sich. „Es gibt ja noch andere Menschen, die genauso verliebt sind in die Erde, in die Natur, die ein Gespür für die Schöpfung und das Leben haben, ein Bewusstsein für die Bedürfnisse der Menschen. Das sind richtig viele! Mit denen werde ich was machen", dachte er und hauchte seine Gedanken in Richtung Erde …

Genau das haben wir gespürt damals, wir Hippies. Wir waren die Sternensaat, die auszog, um die Liebe in die Welt zu bringen, mit Blumen und unsterblicher Musik, mit schönen weiten Kleidern, langen Haaren, einem neuen, erweiterten Bewusstsein, gerne auch mit wohlschmeckenden Hilfsmitteln. Wir wollten anders sein, Karriere und Geld zu machen war nicht unser Weg. Wir wollten tun, was wir gerne taten, was Spaß und Sinn macht. Wir wollten Frieden stiften, die Welt reparieren, verbessern und die Menschen glücklich sehen.

Neben den Hippies wachten unzählige Menschen auf, die die Bedürfnisse der Erde erkannten und gegen die verkrusteten alten Strukturen rebellierten und die Zerstörung der Welt aufhalten wollten. Auf allen Ebenen machten sie sich an die Arbeit, die Nahrungsmittel, Landwirtschaft, die Politik, das Klima, das Sozialwesen, die Lebensbedingungen, Schulen, Medizin, die Wirtschaft, einfach alles zu erneuern, zu verbessern, auch spirituell. Sie wollten die ganze Misere wieder ausgleichen, unaufhaltsam, nachhaltig, von unten her, in kleinen Schritten, wie die Graswurzeln das Gute in die Welt bringen, die ihre Welt besser machen statt schneller, lustiger statt ernster, liebevoll statt unmenschlich.

Gleichzeitig arbeiteten aber die anderen Brüder sehr zielstrebig und überzeugt in die Gegenrichtung. Ob er diese beiden Richtungen wieder zusammenbringen könnte?

Er dachte an die Führer der Welt, die von den Menschen dazu eingesetzt waren, für das Wohlergehen ihrer Völker zu sorgen. Schnell checkte er sie alle durch und fand keinen, der imstande war, das Theater wieder richten zu können. Dann schaute er sich alle zukünftigen Präsidenten, Könige und Diktatoren an, musste herzlich lachen und schüttelte den Kopf. Also, bei den Politikern musste er nicht suchen.

Aber dann fiel ihm eine Lösung ein!

37 Der Anfang

Ich habe überhaupt keinen Grund zum Jammern, ich hatte das schönste Leben, das man sich vorstellen kann, ich bin verliebt in eine tolle Frau, habe ein Zuhause mit Katze und Garten, ein Auto und ein Fahrrad für schöne Touren mit guten Freunden und wir sind Fußballweltmeister. Ich schaue zum Fenster hinaus und sehe nur intakte Natur, Blumen, Obstbäume, fruchtbare Felder, ausgedehnte Wälder und meistens auch schönes Wetter. Mir geht es gut, ich bin glücklich.

Die Brennpunkte sind woanders, manchmal gar nicht so weit weg und an viel zu vielen Stellen überall in der Welt verstreut. Dort ist alles anders, dort ist das Gejammer, bescheiden ausgedrückt. Das muss aufhören! Genau das ist der Schatten auf meinem Glück, wobei mein eigenes Glück überhaupt nicht interessant ist, sondern der Zustand der Welt, um den geht es. Der macht mich seit Jahrzehnten betroffen, zieht mich oft runter. Wer dieses Buch gelesen hat, hat sicher gemerkt, dass mich dieses Thema schon seit Jahrzehnten nicht mehr loslässt. Ich will, dass das aufhört! Die Welt könnte so viel besser sein! Ich will, dass sie allen Menschen eine menschenwürdige Heimat bietet, mit gesunder Luft zum Atmen, genug zum Essen und Trinken für alle, lebenswürdige Lebens- und Arbeitsbedingungen und Perspektiven für alle. Ist das so naiv, so abwegig, sich das vorzustellen? Eine Welt ohne Waffen, in der Vertrauen regiert statt Hass, Partnerschaft statt Unterdrückung, Fairness, statt Gewinnsucht, usw. usw.

Theoretisch gibt es diese Welt dann, wenn ich weiß, dass mein Gegenüber nicht mein Feind ist, sondern genauso wie ich, ein Stückchen Gottheit. Wenn ich das weiß, besser noch, wenn wir das beide wissen, kann der oder die getrost ein Depp sein, aber ich sehe seinen göttlichen Ursprung, und damit ist er nichts mehr und nichts weniger wert, als ich selbst, denn er ist ja meinesgleichen und eigentlich ist das ein Grund, diese Person zu lieben, wie schon in der Bibel steht, das geht nämlich auch!

Eileen Caddy, die Mitbegründerin der spirituellen Gemeinschaft Findhorn in Schottland, hatte dort mit Tausenden Besu-
chern zu tun, die als Sucher oder aus Neugier dorthin strömten.
Natürlich waren dabei auch schwierige Menschen, bei denen
ein anderer leicht aus der Haut gefahren wäre. Niemand kann
permanent strahlend wie ein liebender Engel seine Arbeit machen. Jeder hat seine Launen und ist, wie er ist. Und wenn Eileen Caddy von einem harten Brocken herausgefordert wurde,
löste sie das Problem, indem sie innerlich sagte „I love you,
I bless you, I see the divinity in you", auf Deutsch: „Ich liebe
dich, ich segne dich, ich sehe den göttlichen Kern in dir." So hat
sie manchen Konflikt entschärft.

Tatsache ist, ohne die göttliche Instanz geht es nicht, da können wir anstellen, was wir wollen! Immer, wenn wir mit Menschen zu tun haben, haben wir einen verkleideten kleinen Gott
vor uns, auch wenn der nichts davon weiß. Aber ich behandle
ihn als solchen, soll er sich doch wundern, mit Sicherheit be-
wirkt das etwas in ihm …

Lieber Mitmensch, der du immer noch am Lesen bist, ich
freue mich, dass du es bis hierher ausgehalten hast. Ich wollte
mich hier von dir verabschieden und danken für die gemeinsame Zeit, die wir zusammen verbracht haben, denn ich komme
langsam zum Ende dieser Geschichte. Eigentlich hatte ich vor,
diese Erzählung mit dem Kapitel 36 auslaufen zu lassen, denn
es war alles gesagt, was ich erzählen wollte.

Aber ich musste noch ein Weiteres anfügen, weil nämlich,
während ich mit dem vermeintlich letzten Kapitel beschäftigt
war, mein innerer Kumpel, von dem ich erst neulich berichtet
hatte, dass ich nicht weiß, wie er heißt, sich noch einmal gemeldet hat. Er hat mir nämlich seinen Namen verraten, ohne dass
ich ihn dazu genötigt hatte. Einfach so, kurz vor Schluss, völlig
überraschend, wieder einmal gut getimed.

Ich war erst einmal ziemlich verblüfft über seinen Namen,
aber dann habe ich ihn verstanden und schließlich war mir das
völlig klar, denn zum ersten Mal habe ich ihn sehen können.

Das hat natürlich Bedeutung, gerade zum Ende der Geschichte.

Es tut mir leid, ich werde diesen Namen zunächst für mich behalten, aber die Kernaussage seiner Offenbarung war „Ich bin du!" Also, wir haben es hier mit keinem Fremden zu tun, sondern um einen alten Bekannten, der schon immer da war, mitten drin. Eigentlich war das keine Überraschung, aber das Begreifen und Behalten fällt oft so schwer. Ist doch gut, dass man an solche Tatsachen manchmal erinnert wird. Das ist Liebe!

Das war nicht alles. Es entwickelte sich ein Gespräch zwischen uns. Wie schon öfters kamen wir sofort wieder auf unser gemeinsames Thema: die schlimme Welt. Gerade waren in Syrien wieder Bomben explodiert, die Ukrainer beschossen sich immer noch gegenseitig und in Paris hatte eine Horde von Islamisten einige Massaker angerichtet, es war wieder unerträglich. Jetzt, wo ich seinen Namen wusste, musste ich wieder einmal nachfragen, ob es nicht doch möglich wäre, dass mein innerster Freund seine guten Beziehungen zu den überirdischen Mächten einsetzen könnte, um diese vielleicht zu einem Intervenieren in die menschlichen Geschicke bewegen könnte, da die Menschen, wie wir sehen, dazu nicht in der Lage seien.

Es kam die kurze, überraschende Antwort: „Die Pläne sind fertig!"

Diese klare Antwort hatte ich nicht erwartet. Sie ging weiter: „Ihr werdet eine spirituelle Umwälzung größten Ausmaßes erleben!" Das war die Ankündigung der Vision, „der Globalen Vision", wie ich sie mir immer gewünscht und immer erhofft hatte, denn genau das braucht die Welt, die spirituelle Wende, weltweit, global, und die ist eingeleitet, auch wenn wir das Gegenteil davon sehen. Der Frühling lässt sich nicht aufhalten, auch wenn noch Schnee liegt.

„Und wann soll die Wende denn stattfinden?"

„Sofort, unverzüglich."

„Wenn genügend Leute mitmachen", fügte er noch an.

Na klar. Wir sind es, die verändern wollen. Also machen wir die Arbeit. Logisch! Tun wir ja schon die ganze Zeit. Wir sind schon viele, aber lange nicht genug. Und wenn ich nun die Frage stellen würde, was jeder tun soll, dann käme mit Sicherheit die Antwort „jeder, was er/sie kann". Auch logisch! Die Bienen machen uns das vor, obwohl die von einer „globalen Vision" noch nie etwas gehört haben. Aber WIR haben davon gehört. Und wenn du jetzt noch fragst „Was soll denn überhaupt diese Globale Vision sein", dann sage ich dir, die ist eingebaut in jedes Menschenkind, das auf die Welt kommt, du trägst sie mit dir herum, bewusst, oder unbewusst, und in dem Moment, wo du die Frage danach stellst, fängt sie an, dir darauf Antworten zu geben, pass gut auf! So einfach ist das. Auf jeden Fall bist du nicht alleine. „Deveru sahaia" sagen die Inder. Eine mittelalterliche, naive Weltsicht. Und doch die Wahrheit und nichts als die Wahrheit.

Epilog

Diese Geschichtenerzählung ist ein biografisches Werk, d. h. die Geschichten in diesem Buch habe ich so erlebt. Mit dem Schreiben dieser irren Zeiten konnte ich alles noch einmal erleben, auch begreifen und verarbeiten, und das an den schönsten Stellen unserer Welt. Denn wer einmal die Welt geschmeckt hat, den zieht es immer wieder hinaus, und überall nahm ich Papier und Kugelschreiber mit, um ein paar Seiten weiterzukommen: an die Strände von Lanzarote, La Palma, Vagator und Palolem in Goa, Kudly Beach von Gokarna, Hohwacht-Ostsee, Spiagga Cecina-Toscana. Viele Seiten entstanden in den Kardamon-Bergen in Kerala, in einem Hotel in Mumbai, hoch über dem Ganges in Benares, in einer Pension in Darjeeling und in Haidakhan. Viele Jahre habe ich meine Geschichten nur auf Zetteln gesammelt. Oft monatelang blieb das Manuskript unberührt, es gab immer „was Wichtigeres". Die Fertigstellung war kein Thema. Denn: Der Weg ist das Ziel und der Weg war traumhaft schön! Es hat so viel Spaß gemacht, dieses Werk zu schreiben! Jetzt allerdings bin ich froh, an einem Ende angelangt zu sein, aber das Ende des Buches ist nur ein Punkt, kein Schlusspunkt, denn die Geschichten gehen immer weiter, deshalb ist das letzte Kapitel auch kein Ende, sondern eher ein Anfang.

Natürlich habe auch ich mir ein Recht auf künstlerische Freiheit genommen. So habe ich bei manchen Personen nicht den Ruf- sondern den Zweitnamen oder einen ganz anderen verwendet. An ein paar Stellen musste ich mit ein wenig Fantasie nachhelfen, um die Geschichte etwas farbiger, runder zu gestalten. Wer mich kennt, merkt sofort, welche Stellen ich meine. Ich versichere aber, dass gerade die am unglaublichsten erscheinenden Ereignisse der Wahrheit entsprechen! So, wie es hier geschrieben steht, habe ich es erlebt. Und das war auch der Grund, warum ich mit dieser Geschichtensammlung angefangen habe, denn so Vieles war echt nicht mehr normal, und das musste nach so vielen Jahren raus aus meinem Kopf. Ich denke, hier auf dem Papier ist sie auch gut aufgehoben und ich wünsche mir, dass du etwas damit anfangen kannst. Dann hat die Arbeit noch einen weiteren Sinn gehabt.

OM NAMAH SHIVAY

Danksagung

Unzählige Begegnungen mit Menschen aus aller Welt waren es, die diese Geschichte bereichert haben, aber nur einigen konnte ich eine Rolle geben. Danken will ich allen gleichermaßen, weil sie untrennbar mit meiner Geschichte verbunden sind, besonders meine Freunde zu Hause. Der Geografin Antonia Blasi danke ich für die Anfertigung der drei Landkarten, dem Maler Michael Engelhardt, dass er sein Aquarell „Am Strand von Imjambakam" für das Cover zur Verfügung gestellt hat. Herrn Stefan Huber für seine ehrlichen, deutlichen Worte, Juliane, dass sie immer da war, Babaji für die Inspiration und allen Mitarbeitern des Verlages für die Fertigstellung des Buches. Und ich danke dem Mond mit seinen mehr als sieben Gesichtern für die ständige Begleitung in allen Lebenslagen.

Über den Autor

Helmut Tietz, geboren 1948, bezeichnet sich heute nicht mehr als „Hippie".
Er ist gelernter Imkermeister und lebt im Fichtelgebirge in Oberfranken. Dort betreibt er mit seiner Familie einen Bienenladen, eine Kerzenwerkstatt, ein Restaurant und mit Freunden die Kleinkunstbühne „Kulturhammer e. V."